조선후기
류치명의 시대인식과 문인집단

조선후기
류치명의 시대인식과 문인집단

김지은 지음

경인문화사

저자의 말

대학원 재학시절 이병휴 선생님을 모신 특강에 참석한 적이 있다. 평생을 조선시대 연구에 매진하셨던 삶의 소회와 후학을 위한 지침을 전해주시는 뜻깊은 자리였다. 강연을 듣는 가운데 유난히 마음에 와닿는 말씀이 있었다. "인간은 역사 속에서 일어나는 현상과 사건들에 대해 반응하는 본능을 지니며, 이는 개인이 그것들을 어떻게 인식하는가에 따라 달라집니다. 여기에서 '현실인식과 대응'의 논리가 성립됩니다. 또 인간은 자기 시대의 제도, 사상, 생활 양식 등으로 대변되는 문화의 영향 속에서 살아가기 때문에 이에 길들고 속박될 수밖에 없습니다. 여기에서 '시대 구속성'의 논리가 성립됩니다. 하지만 인간은 시대의 구속을 체념하거나 그 속에서 안주하려고만 하지 않습니다. 더러는 일탈을 위해 애쓰기도 하고, 더러는 극복을 통해 한 단계 진전된 다음 세계를 지향하기도 하죠. 그 대응의 강도와 방법 그리고 방향 여하에 따라 인물에 대한 역사적 평가와 위상은 달라집니다." 석사논문 주제에 대한 물음표가 느낌표로 바뀐 순간이었다. 그날 이후 '인간'과 '인식' 그리고 '대응'은 연구의 큰 줄기가 되었으며, 조선시대를 살아간 인물에 본격적인 관심을 두기 시작했다.

석사학위논문의 연구주제는 성호 이익으로 잡았다. '실학·개혁·실용·박학 등 시대를 앞서갔다고 평가받는 진보적인 인물이 과연 당시 여성들은 어떻게 인식하였을까?'라는 호기심에서였다. 문제의식을 구체적으로 논증해가는 과정에서 기존에 알고 있던 역사상이 인물 연구를 통해 보다 선명해질 수도 오히려 혼란스러워질 수도 있다는 것을 깨달았고, 이는 박사과정으로 진학하는 동력이 되었다.

그러던 어느 날 지도교수이신 우인수 선생님께서 '영남 남인'으로 눈을 돌려 연구해보면 어떻겠냐는 조언을 해주셨다. 항상 저자의 선택을 존중해 주시며 묵묵히 지켜봐 오신 분이셨기에 그 무게가 남다르게 느껴졌다. 지역의 역사를 지역 출신의 전공자가 연구해보는 것은 여러 가지로 의미가 있을 것이란 말씀도 덧붙이셨다. 어릴 적부터 살아온 곳이라 영남에 대한 친근감은 남다른 것이었고, 선생님 또한 영남 남인과 관련한 수많은 연구를 축적해오셨던 터라 곁에서 배우며 나아가기에 최선의 길이라는 생각이 들었다. 이후 조선후기 영남 남인의 존재와 변화 양상에 주목하며 연구의 토대를 쌓아갔다.

퇴계 이황을 위시한 학문적 자부심으로 무장하였던 영남 남인은 오랜 시간 재야의 지식권력으로 꾸준한 영향력을 행사하였다. 이황의 대표 제자들을 중심으로 한 계파의 분화는 이후 전개된 치열한 갈등의 원인이 되었지만, 혼인과 학맥을 중심으로 한 관계망과 조직화한 세력은 사안에 따른 위기 대응에 놀라운 결집력을 보여주기도 했다. 그리고 갈등과 결집을 이 끌어가는 중심에는 각 계파의 적통을 이었다고 평가받는 학자들이 있었다.

류치명은 19세기의 다양한 시대적 혼란 속에서 김성일로 이어진 퇴계학 맥을 대표하는 위치에 선 인물이다. 퇴계학 연구와 전승에 심혈을 기울인 보수적 사상가로 알려진 류치명과는 달리, 그의 제자들은 민족운동에 헌신한 실천적 성향으로 학계의 주목을 받아왔다. 이 지점에서 의문이 생겼다. 제자들의 활약은 분명 스승과의 연속성에서 비롯된 것일 텐데, 과연 류치명은 현실의 문제를 어떻게 인식하고 어떻게 해결해가고자 했을까? 박사학위논문의 주제는 이렇게 정해졌고, 이후 미진한 부분을 보완하는 작업이 계속되었다. 이 책은 그 결과물을 정리한 것이다.

학위논문에 수록된 일부와 이후의 성과를 종합하면서 분석이 미흡하거나 의미 부여가 과한 부분은 수정·보완을 통해 일관된 문제의식 아래 논지가 전개될 수 있도록 다듬었지만, 여전히 부족한 것이 사실이다. 하지만

'류치명'에 초점을 맞추어 그가 살아간 시대와 환경 및 다양한 활동과 문인집단을 살펴본 수년의 시간은 필자에게 인물 연구의 심화라는 일차적 목적을 넘어 영남 남인에 대한 유연한 이해를 가능케 하였다. 또 진보와 보수, 이상과 현실 등 이분법적인 이해의 틀을 벗어나 복합적이고 다양한 변화의 실상을 들여다본 경험은 앞으로의 연구에 중요한 밑거름이 되리라 믿는다.

이 책이 세상에 나오기까지 많은 분의 도움이 있었다. 먼저 우인수 선생님께서 베풀어주신 은혜의 깊이는 말로 다 표현할 수 없다. 항상 말씀보단 선생님의 삶 자체로 학자의 자질과 지향해야 할 방향을 가르쳐 주셨고, 태연한 듯 계시지만 제자에 대한 걱정을 놓지 않으셨다. 선생님의 격려와 믿음이 있었기에 나약한 제자는 연구자의 길을 포기하지 않고 걸어올 수 있었다. 이 자리를 빌려 진심으로 감사의 인사를 올리고 싶다. 더불어 지금은 퇴직하신 역사교육과의 장동익, 이문기, 김진웅, 임대희 선생님과 재직 중이신 김중락, 홍성구, 방지원 선생님의 가르침과 조언도 잊을 수 없다. 대학원생을 거쳐 조교에 이르기까지 15년 동안 역사교육과 선생님들에게 분에 넘치는 사랑과 삶의 지침을 배웠다. 평생 잊지 않고 마음에 새기며 살아갈 것이다. 필자의 학위논문을 심사해주신 남인국, 이수환, 구완회, 정재훈 선생님과 출판에 도움을 주신 정우락 교수님께도 다시 한번 감사의 말씀을 드린다.

한편 한국국학진흥원은 조선시대 영남 남인 연구의 중추적 역할을 담당해 온 기관이다. 학부 선배님이시자 연구위원으로 계신 김형수 선생님의 인솔로 처음 이곳을 방문하였고, 이후 학위논문을 작성하면서 류치명과 관련한 수많은 기관의 자료를 참고하였다. 이 같은 인연이 행운으로 이어져 2020년부터 소속 연구위원으로 재직하고 있다. 정종섭 원장님 이하 한국국학진흥원 여러 선생님께도 감사의 인사를 드린다.

가족의 배려와 응원은 무엇보다 큰 버팀목이 되어주었다. 엄하셨지만 공부하는 딸을 누구보다 자랑스러워해 주신 하늘에 계신 아버지, 한없는 사랑으로 품어주시고 베풀어주신 시부모님, 한결같은 모습으로 결혼생활의 이상을 현실로 만들어준 내 인생의 교과서 남편 조민재, 세상 무엇보다 귀하고 빛나는 나의 딸들 하윤이와 서윤이, 언니보다 더 넓고 깊은 마음으로 많은 도움을 준 동생 정은이, 이 책이 가족들 모두에게 작은 선물이 되길 희망한다.

어려운 여건 속에서 출판을 흔쾌히 허락해 주시고 꼼꼼한 편집과 교정을 맡아주신 경인문화사와 초고를 읽으며 교정의 수고로움을 마다하지 않은 임근실 박사 그리고 서강덕 후배에게도 감사의 마음을 전한다.

끝으로 자신의 삶을 깎아가며 큰딸을 위해 희생해 오신 세상에서 가장 멋진 존경하는 우리 엄마 김영숙 여사님에게 이 책을 바친다.

2022년 8월
도산에서
김지은

목 차

■ **저자의 말**

서 론

　19세기 조선은 대내외적으로 급변하는 상황에 직면하고 있었다. 세도정치의 전개와 부세 제도의 문란은 기존 사회체제의 동요를 일으켰다. 천주교로 대표되는 새로운 사상의 확산은 더욱 가속화되었으며, 이양선 출몰이 증가하는 등 외세의 접근은 현실로 다가오고 있었다. 조선의 지식인들은 성리학적 사회 질서의 붕괴 위기를 극복하기 위한 대응 방안을 모색해 나가야만 했다.

　영남 남인은 1694년(숙종 20) 갑술환국으로 중앙 정계에서 실각한 이후, 재야의 정치세력으로 존재하였다.1) 그러나 퇴계 학맥을 계승하고 있다는 그들의 학문적 위상은 꾸준히 동경의 대상이 되었고, 이를 바탕으로 조정과의 연계를 이어갈 수 있었다. 19세기에 이르면 영남 남인을 둘러싼 상황에도 많은 변화가 생겨났다. 세도정치의 시행은 조정과의 단절을 가져왔고, 추숭 기근으로 인한 백성들의 고충은 극심해져 갔다. 여기에 천주교에 대한 탄압과 배척이 강화됨에 따라 다수의 교도가 영남으로 유입되었으며, 그 세력을 확산시켜 나갔다. 더욱이 퇴계학에 대한 이해와 지향점의 차이에 따라 系派의 분화가 이루어졌고, '屛虎是非'가 전개되는 등 내부 갈등과 대립은 더욱 격화되었다.2)

---

1) 퇴계 이황은 학맥과 지연을 초월하여 거의 전국적으로 모여든 사류를 포용하고 있었다. 그러나 동서분당을 계기로 학파의 분화가 이뤄지면서 영남이라는 지역성을 띤 퇴계학파는 당색 상 서인 또는 북인에 대칭되는 '남인'이 되었다. 남인 가운데 영남지방의 남인은 '영남 남인[嶺南]'으로, 기호지방의 남인은 '근기 남인[京南]'으로 불리었다(李樹健, 『嶺南學派의 形成과 展開』, 일조각, 1995, 405~406쪽).
2) 퇴계학파는 이황이 세상을 떠난 후부터 핵심제자들을 주축으로 계파의 분화가 이루어지기 시작했다. 그들은 서로 간의 비판적 견제와 공조 속에서 서인 정권에 대항하는 영남 남인의 결집한 모습을 보여주었다. 그러나 점차 학문경향이나 현실대

이처럼 19세기 영남 남인은 중앙정계와 멀어진 재야 사족의 위치에서
향촌 사회의 혼란과 천주교의 직접적인 위협, 그리고 내부 분열이라는 다
방면의 어려움을 맞닥뜨리고 있었다. 그들은 시대의 문제를 해결하기 위해
수취제도의 개선 방안을 고심하였고, 대안을 마련하고자 노력하였다. 또
퇴계학의 심화와 도통의 확립을 통해 자신들의 정체성을 확고히 하였으며,
세력을 조직화하였다. 이를 바탕으로 성리학적 사회질서를 위협하는 종
교·문물에 대한 철저한 배척을 주장하는 등 적극적인 척사운동을 전개하
였다. 특히 1881년(고종 18)의 '嶺南萬人疏'는 척사운동이 지역과 학파를
초월하여 전국적으로 전개된 중요한 계기가 되었다. 이 과정에서 영남 남
인의 움직임을 주도한 세력이 바로 류치명과 그의 문인들이었다.

定齋 柳致明(1777~1861)은 19세기 영남 남인을 대표하는 위치에 있는
학자이다. 그는 외증조 李象靖의 제자인 柳長源과 南漢朝의 문하에서 수학
하며 퇴계학을 중심으로 한 사상체계를 완성해 나갔다. 1805년(순조 5) 문
과 급제 후 여러 벼슬에 제수되었지만, 당시 다수의 영남 남인이 그러하였
듯 대부분 사직을 청하였다. 대신 평생을 학자로서의 삶에 몰두하며 강학
과 저술을 통해 이상정으로 계승된 학맥의 전승을 위해 노력하였다. 강회
에서 두각을 나타낸 류치명은 영남 학계의 주목을 받기 시작하였고, 先學
의 저술을 교정·편찬하는 작업을 통해 자신의 입지를 다져나갔다.

한편 류치명은 긴 시간은 아니었지만, 관직 활동을 통한 정치 경험을 쌓
기도 하였다. 1834년(순조 34)에는 시대의 병폐와 해결 방안을 논한 사직소

응에서 차별적 경향을 보였으며, 정치적·사회적으로 계파의 우위를 선점하기 위
한 갈등의 양상이 나타났다. 류성룡 계열의 '屛派'와 김성일 계열의 '虎派'의 盧
江書院(虎溪書院) 주도권을 둘러싼 분쟁이었던 '병호시비'는 퇴계학파의 분화와
갈등을 상징하는 사건이었다. 특히 18세기 후반 이상정을 중심으로 세력을 재결집
한 호파가 호계서원 장악을 통해 병파와 대등한 위상을 확보하기 위한 노력을 전
개하였고, 그 결과 병호시비는 더욱 격화되었다(설석규, 「退溪學派의 分化와 屛
虎是非(Ⅱ) -盧江(虎溪)書院 置廢 顚末-」, 『퇴계학과 유교문화』 45, 경북대
퇴계연구소, 2009).

를 계기로 特敎가 내려져 승정원 동부승지에 임명되었고, 1840년(헌종 6)
에는 楚山都護府使로 부임하여 2년 동안 목민관으로서의 역량을 발휘하였
다. 1853년에는 병조 참판에 제수되기도 하였다. 특히 1855년(철종 6)에는
영남 남인의 정치적 숙원을 대변하며 사도세자의 추숭을 청하는 상소를
올려 전라도 智島에 유배되었고, 이를 계기로 그의 영향력과 학문적 위상
은 더욱 확고해졌다. 류치명은 '김성일 - 장흥효 - 이현일 - 이재 - 이상정'
으로 이어지는 퇴계학맥의 嫡傳을 계승한 虎派의 領袖로 자리매김하였고,
이 과정에서 자연스럽게 그를 따르는 수백 명의 문인집단이 형성되었다.
    류치명과 관련한 연구는 그의 사상에 대한 성격 규명으로 시작되었다.3)
이를 통해 류치명은 이황 - 이현일 - 이상정으로 이어지는 퇴계학맥의 계
승자이며, 시대의 변화에 따르는 새로운 이론의 정립보다는 先賢들의 학문
과 이론을 정밀히 검토하고 수양론과 예학에 관심을 보인 보수적 성향의
학자로 평가받았다.4) 이후 학계에서는 그의 문인집단에 많은 관심을 보였
다. '정재학파'로 불리는 그의 문인들은 19세기 말 개항 이후 안동을 중심
으로 한 영남의 척사운동을 이끌어 나갔으며, 의병운동 및 민족 독립운동
의 주역으로 활동하였다. 이에 정재학파의 형성 과정과 위정척사운동부터
민족저항운동에 이르기까지의 활동 양상 등을 규명하는 연구가 활발히 진
행되었다.5) 이와 함께 정재학파의 사상적 특징을 살피고, 다른 학파와의

---

3) 劉明種, 「退溪의 分開說과 剔拔說 - 定齋 柳致明의 理解를 中心으로 - 」, 『퇴계
   학보』 87, 퇴계학연구원, 1995 ; 都珖淳 編, 「柳致明의 人物과 學問思想」(尹天根)
   『嶺南學派의 硏究』, 병암사, 1995.
4) 금장태, 「제 3장 定齋 柳致明의 위학론과 성리학」『退溪學派와 理철학의 전개』,
   서울대학교출판부, 2000.
5) 金祥起, 「1895-1896년 安東義兵의 思想的 淵源과 抗日鬪爭」, 『사학지』 31, 단국사
   학회, 1998 ; 權五榮, 「定齋學派의 형성과 衛正斥邪運動」, 『한국근현대사연구』 10,
   한국근현대사학회, 1999 ; 「19세기 安東儒林의 學脈과 思想」, 『대동문화연구』 36,
   성균관대 대동문화연구원, 2000 ; 「19세기 嶺南 理學의 전개와 그 실천적 성향」,
   『국학연구』 9, 한국국학진흥원, 2006 ; 박원재, 「석주 이상룡의 현실인식과 유교적
   실천론 - 정재학파의 유교개혁론(1) - 」, 『오늘의 동양사상』 11, 예문동양사상연

비교를 통해 그 위치를 검토한 연구도 있었다.[6]

정재학파와 관련한 연구의 외연이 확장되어감에 따라 류치명의 가문과 인물 연구가 본격적으로 이루어졌다. 전주류씨 수곡파 가문에 대한 고찰과 함께 류치명 종가를 주제로 한 성과가 축적되었고,[7] 류치명 개인의 생애와 학문적 위상을 정리한 교양서가 출간되었다.[8] 이 외에도 그가 남긴 기록을 바탕으로 다양한 주제의 연구가 진행되었다.[9] 특히『정재집』에 대한

구원, 2004 ;「동산 유인식의 계몽운동과 유교개혁론 - 정재학파의 유교개혁론 연구(2) - 」,『동양철학』26, 한국동양철학회, 2006 ;「후기 정재학파의 유교개혁론 연구 -海窓 宋基植의『유교유신론』을 중심으로-」,『국학연구』10, 한국국학진흥원, 2007 ;「후기 정재학파의 사상적 전회의 맥락 - 이상룡과 유인식의 경우를 중심으로 - 」,『대동문화연구』58, 성균관대 대동문화연구원, 2007 ; 설석규,「정재학파 위정척사론의 대두와 성격」,『국학연구』4, 한국국학진흥원, 2004 ; 강윤정,「定齋學派의 現實認識과 救國運動」, 단국대학교 박사학위논문, 2006.

6) 김종석,「한말 영남 유학계의 동향과 지역별 특징」,『국학연구』4, 한국국학진흥원, 2004 ; 김낙진,「定齋 柳致明과 西山 金興洛의 本心 중시의 철학」,『율곡사상연구』16, 율곡학회, 2008 ; 이상호,「정재학파 성리학의 지역적 전개양상과 사상적 특성」,『국학연구』15, 한국국학진흥원, 2009 ;「寒洲學派 心卽理설에 대한 定齋學派 심성론의 비판적 특징」,『유교사상문화연구』43, 한국유교학회, 2011 ; 김지은,「서구 문물 유입에 따른 정재학파와 미토학파의 사상적 대응 비교」,『영남학』67, 경북대 영남문화연구원, 2018.

7) 한국국학진흥원,『조선후기 수곡파 자료로 본 조선후기 양반가의 생활상』, 한국국학진흥원, 2004 ; 안동대학교 안동문화연구소,『안동 무실 마을 - 문헌의 향기로 남다』, 예문서원, 2008 ; 柳榮洙,「全州柳氏 水谷派 家學의 形成과 展開」, 경북대학교 석사학위논문, 2008 ; 김희곤,「정재 유치명 종가 3대의 독립운동」,『한국독립운동사연구』37, 독립기념관 한국독립운동사연구소, 2010 ; 오용원,『영남학의 맥을 잇다, 안동 정재 류치명 종가』, 예문서원, 2016 ; 한국국학진흥원,『한국국학진흥원소장 국학자료목록집 33. 전주류씨 정재종택』, 한국국학진흥원, 2016.

8) 권진호,『19세기 영남학파의 종장 정재 류치명의 삶과 학문』, 한국국학진흥원, 2008.

9) 윤동원,「정재 류치명의 생애와『坪上及門諸賢錄』에 관한 연구」,『도서관』62, 국립중앙도서관, 2007 ; 김미영,「조선후기 상례의 미시적 연구 : 정재 류치명의 상례일기『考終錄』을 중심으로」,『실천민속학연구』12, 실천민속학회, 2008 ; 김현미,「정재 류치명의 여성형상 - 정재집 소재 여성관련 저술을 중심으로 - 」,『한국고전여성문학연구』19, 한국고전여성문학회, 2009.

검토와 류치명의 공부론, 독서론, 수양론에 나타난 학문관 및 경학적 특징을 종합적으로 살핀 연구가 이뤄져 이해의 깊이를 더하였다.[10]

지금까지 이뤄진 류치명 연구는 생애 및 학문적 특징에 대한 일반적인 검토와 경학을 중심으로 한 사상적 측면의 고찰이 주를 이루었다. 또한 학계에서 무엇보다 관심을 보인 것은 19세기 말 이후 외세의 침략에 적극적으로 대항하였던 문인집단의 실천적 성향과 활동이었다. 그러나 류치명을 퇴계학과 예학 연구에 심혈을 기울인 보수적 사상가로 평가하였던 기존 연구의 틀은 현실 위기를 극복하기 위해 민족운동 과정에서 큰 활약을 하였던 문인집단과의 연속성에 대한 이해의 간극을 좁히지 못하는 한계를 갖고 있다.

이 책은 기존의 연구성과를 바탕으로 류치명과 그의 문인집단과의 연결고리를 규명하는 데 목적을 두고 있다. 따라서 류치명이 보여준 시대인식과 실천적 자세에 주목하여 경세관을 살피고, 문인집단으로의 전승 양상과 특징을 통해 역사적 의미를 고찰해보고자 한다. 이는 류치명에 대한 인물 연구의 심화일 뿐만 아니라 19세기 이후 영남 남인의 변화 양상에 대한 이해에 도움이 될 것이다.

류치명은 정치적·사상적 위기와 영남 남인의 내부 분열 등 19세기의 다양한 시대적 혼란 속에서 김성일로 이어진 퇴계 학맥을 대표하는 위치에 선 인물이었다. 그는 영남 남인의 결집과 정치적 재기를 위해 누구보다 많은 고민과 노력을 기울였다. 또 지방관으로서 백성들의 생활을 안정시키는 방안 마련에 고심하였다. 더욱이 천주교로 대표되는 새로운 사상의 도전에 직면해서는 '척사'의 입장에서 유교 중심의 전통적 사회질서를 지키기 위해 힘을 기울였다. 현실 문제에 대한 류치명의 실천적 자세와 노력은 강학 활동을 통해 자연스럽게 문인들에게 전승되었고, 이는 문인집단의 성장과

10) 柳榮洙,「定齋 柳致明 硏究(1)」,『동방한문학』44, 동방한문학회, 2010 ;「定齋 柳致明 經學 硏究」, 경북대학교 박사학위논문, 2011.

활동에 큰 원동력이 되었다.

제1장에서는 류치명의 가계와 학문적 위상에 대하여 살펴볼 것이다. 류치명이 대학자로 성장할 수 있었던 것은 전주류씨 수곡파 가문의 학문적·사회적 입지가 바탕이 되었기에 가능한 일이었다. 먼저 수곡파 가문이 혼인·혈연관계를 통해 안동에서 영향력을 확대해 나가는 과정을 정리하겠다. 다음으로 류치명의 가계를 살필 것이다. 그의 일가는 퇴계학의 존숭을 통해 호파를 대표하는 위치를 정립하고자 노력하였고, 이후 독립운동에도 적극적으로 참여할 만큼 실천적 성향을 지니고 있었다. 류치명의 학문적 위상은 이황 이후 이상정으로 이어진 퇴계학맥에 기반 한 사승 관계와 강학을 중심으로 한 학문활동을 중심으로 검토할 것이다.

제2장에서는 류치명의 현실인식과 경세관의 특징을 고찰할 것이다. 우선 경세관의 연원을 '영남 퇴계학맥과 가학, 근기지역 성호학파와의 교유, 명대 유학자의 구황책 수용'이라는 세 가지 측면으로 나누어 그 내용과 특징을 확인해 볼 것이다. 이후 류치명이 관료 생활에서 보여준 시대인식과 경세 활동을 자세히 검토하겠다. 특히 초산도호부사로 활동한 2년은 목민관으로서의 능력을 유감없이 발휘한 시간이었다. 류치명은 초산의 어려운 상황과 폐단을 해결하기 위해 노력하였고 조정과 백성의 인정을 받았다. 여기서는 그의 경세 활동을 '부세 제도의 정비, 진휼의 시행, 사회풍속 교화'로 나누어 살펴볼 것이다. 마지막으로 류치명이 77세에 지은 '3강 10목'을 통해 경세관의 실상을 파악한 후, 문인에게 전승된 양상을 추적해 볼 것이다.

제3장에서는 1855년(철종 6) 류치명이 사도세자 추숭 상소를 올린 경위와 전라도 智島에서의 유배생활을 살펴볼 것이다. 1855년은 사도세자 탄생 2周甲이 되는 해로, 영남 남인에게는 정치적 숙원을 풀 수 있는 중요한 시기였다. 류치명은 영남 유생들의 사도세자추존만인소 준비와 별개로 그해 3월 사도세자의 추숭을 청하는 상소를 올렸고, 그 결과 유배형에 처해졌

다. 먼저 영남 남인의 사도세자 추숭 노력 과정에서 류치명의 상소가 갖는
위치를 고찰해볼 것이다. 그리고 류치명이 단독으로 상소를 올리게 된 이
유와 봉입 과정, 상소의 내용과 조정의 반발 등을 검토하여 그에게 유배형
이 내려진 경위를 밝힐 것이다. 이어 유배생활의 실상을 살펴보겠다. 안동
에서 지도에 이르는 유배길의 노정과 류치명이 섬의 환경에 적응해가는
모습을 정리하고, 유배생활의 일상을 후원자 및 지인들과의 교류와 학문활
동으로 나누어 조명해보겠다.

　제4장에서는 19세기 후반과 20세기 초 외세의 침입에 적극적으로 대응
하였던 류치명 문인집단의 실천적 성향을 이해하는 중요한 단서로 류치명
의 척사론과 전승 양상을 규명해 볼 것이다. 척사론의 배경을 19세기 호파
를 중심으로 한 영남 남인의 사상적 흐름에서 살핀 후 류치명을 중심에 두
고 종적인 사승관계와 횡적인 교우관계에서 논의된 척사론을 검토하여 류
치명의 척사론이 갖는 성격을 밝힐 것이다. 이후 그의 척사론이 직전 문인
들에게 전승된 양상을 살펴 그 의미를 고찰하고자 한다. 이는 현실 문제에
관심을 두고 폐단의 시정을 위해 노력하였던 그의 시대인식과 경세관이
문인집단으로 어떻게 전해졌는지를 확인할 수 있는 과정이라 생각한다.

　제5장에서는 류치명의 문인록 분석을 통해 문인집단의 실제적 양상과
성격을 파악할 것이다. 문인록은 학파 연구의 기초가 되는 자료로 이에 대
한 면밀한 검토는 해당 학자에 대한 이해와 학문적 영향력을 넘어 당대 수
많은 지식인의 정보를 확인할 수 있는 중요한 작업이다. 현재 확인되는 류
치명의 문인록은 다섯 종류로 불분명한 서지정보와 수록 문인의 차이 속
에 여러 연구에서 혼재되어 인용되고 있다. 이에 다섯 종류의 문인록에 대
한 자료 소개와 수록 정보의 차이를 비교하여 그 편찬 순서를 밝힐 것이
다. 이를 통해 문인록 증보 과정에서 나타난 단계별 양상과 특징을 살펴보
겠다. 그리고 가장 먼저 작성된 문인록인 「及門諸子錄」의 자료적 가치를
규명하고, 이를 중심으로 류치명 문인집단의 구성과 실상을 파악해 보겠다.

이 책에서는 류치명의『定齋集』을 중심으로 그와 밀접한 관련을 맺고 있었던 인물들의 문집과 저술을 주요 자료로 활용하였다.『鶴峯集』(김성일),『葛庵集』(이현일),『星湖僿說』·『星湖全集』(이익),『大山集』·『大山先生實紀』(이상정),『順菴集』(안정복),『東巖集』(류장원),『晩谷集』(조술도),『立齋集』(정종로),『損齋集』(남한조),『牧民心書』(정약용),『異學集辨』(류건휴),『順窩遺藁』(안경의),『凝窩全集』·『凝窩集』(이원조),『直齋集』(김익동),『性齋集』(허전),『肯庵集』(이돈우),『湖學輯成』(류치엄),『拓菴集』(김도화),『西山集』(김흥락),『俛宇集』(곽종석) 등이다. 또 문중의 족보인『全州柳氏大同譜』와『星山李氏世譜』등을 활용해 그의 가계와 혼인 관계를 추적하였다.

류치명의 관료생활과 경세 활동을 면밀히 살피기 위하여『조선왕조실록』뿐만 아니라 연대기자료인『비변사등록』,『승정원일기』,『일성록』을 함께 활용하였다. 나아가『明世宗實錄』과『王廷相集』등을 통해 명대 유학자의 구황책을 검토하였다. 그의 유배생활은『涪島趨拜錄』(류치엄)을 주 자료로 활용하였으며 관련 읍지를 함께 참고 하였다.

류치명 문인집단의 규모와 실체를 파악하기 위해서는 문인록 즉,「及門諸子錄」(『考終錄』內, 한국국학진흥원소장, 1冊, 1861),『及門錄』乾·坤(한국국학진흥원소장, 2冊),『坪上及門諸賢錄(表題: 坪門諸賢錄)』(한국국학진흥원소장, 1冊),『坪上及門諸賢錄(表題: 坪門諸賢錄)』乾·坤(안동대학교도서관소장, 2冊),「定齋門人錄」(『全州柳氏水谷派之文獻叢刊』12권 內, 안동수류문헌간행회, 1989)과『大坪約案』,『晩愚亭約案』을 분석하였다. 특히 시기적으로 제일 앞선 문인록인「급문제자록」은 필자의 연구를 통해 처음으로 소개된 자료이다.

제1장
가계와 학문적 위상

1. 가문의 위상과 가계

1) 전주류씨의 안동 입향과 가문의 위상

소백산맥의 조령과 죽령 등 큰 고개의 남쪽 지방이라는 의미인 '嶺南'은 경상도의 별칭으로 고려 말부터 사용되었고, 조선후기부터 하나의 역사적 용어로 일반화되었다.[1] 16세기 이후 사림을 중심으로 정계가 재편됨에 따라 조선은 성리학적 이상이 실현되는 나라를 목표로 하였다. 이 과정에서 '정몽주 - 길재 - 김숙자 - 김종직'으로 연결되는 성리학의 정통이 영남에서 계승되어 왔다는 점이 부각되었고, 영남은 상대적으로 조선시대 사림파의 근거지라는 특수성을 갖게 되었다.[2]

退溪 李滉의 등장은 영남이 가지는 학문적 위상을 더욱 확고히 하는 계기가 되었다. 선조 대 동인과 서인의 분당으로 시작된 사림의 분화 속에서 이황을 중심으로 한 학파는 '南人'으로 일컬어지는 정치세력을 형성하였다. 남인은 서인과의 정국 주도권 경쟁에서 우위를 점하기도 하였지만 대부분 불리한 위치에 있었고, 결국 정권에서 밀려나 재야의 세력으로 존재하였다. 다수의 남인은 영남에 머물며 퇴계학의 학문적 심화와 전승을 사명으로 여기고 재지 사족으로서의 입지를 다져나갔다.

조선후기 '安東'은 강력한 士族과 吏族을 기반으로 영남 내에서 지방행정과 문화의 중심지로 자리매김하였다. 뿐만 아니라 기호학파에 대칭되는 영남학파의 본산으로서 서인 정권에 대항하는 남인의 구심점 역할을 하였

---

1) 李樹健, 『嶺南學派의 形成과 展開』, 일조각, 1995.
2) 李秉烋, 『朝鮮前期 士林派의 現實認識과 對應』, 일조각, 1999.

다. 조선 건국 이래 안동은 上京 세력과 재지 세력의 노력으로 사회·경제
적 기반을 확장해 나갔다. 이를 바탕으로 정계와 학계를 대표하는 다양한
인재가 배출되었고, 향교와 서원을 통해 다시 많은 유생을 양성하면서 학
파의 세력을 공고히 하였다. 이 같은 안동의 학문적 위상은 여러 학자에게
동경의 대상이 되었다.[3] 숙종 대 실각 이후에도 안동을 중심으로 한 남인
은 영남의 유림을 대표해 꾸준히 중앙의 정치세력과 대결하거나 제휴하며
재기를 위해 노력하였다. 또 근기 남인과의 교유를 이어가며 儒疏 등의 방
법을 통해 자신들의 결속력을 다져갔다.[4]

    그러나 19세기 세도정치의 전개로 영남 남인과 중앙 정계와의 제휴는
불가능한 현실이 되었고, 그들의 정치적 입지는 더욱 취약해졌다. 더하여
퇴계 학맥의 도통 정립과 향촌 운영의 주도권을 둘러 산 치열한 갈등 즉,
'屛虎是非'가 전개되면서 안동 내 영남 학파의 분열과 대립 양상은 격화되
었다. 이상정을 虎溪書院에 추향하는 것에 대해 강력한 반대를 표명하였던
류성룡 계열의 屛派는 주로 家學으로 학맥을 전수하며 안동의 서쪽인 풍
산류씨 세거지 '河回'를 중심으로 권역을 형성하였다.[5] 반면 이상정을 호
계서원에 추향하여 김성일 이후 '장흥효 - 이현일 - 이재 - 이상정'으로 이
어진 학맥을 퇴계학의 도통으로 확립하고자 하였던 虎派는 의성김씨 세거
지인 '川前', '金溪' 등과 한산이씨의 세거지인 '蘇湖' 그리고 전주류씨 세
거지였던 '臨東'을 중심으로 안동 동남부 쪽에 권역을 형성하였다. 그리고
안동 북쪽에는 양론을 보합하는 위치에 있었던 진성이씨가 중심이 되어

---

3) 星湖 李瀷은 영남을 '인재의 府庫'라 칭하였고, 안동과 예안을 알맹이에 해당하는
   명당으로 평가하였다(『星湖僿說』 3, 天地門 「兩南水勢」; 『星湖僿說』 1, 天地門
   「白頭正幹」).

4) 李樹健, 앞의 책, 1995, 556~588쪽.

5) 병파 계열은 하회 외에도 상주를 주된 거점으로 확보하고 있었다. 류성룡이 상주
   목사로 재직하던 시절 정경세를 제자로 길러냈고, 뒤이어 셋째 아들인 류진이 상
   주로 옮겨 거주하면서 상주 지역에서는 정씨와 류씨를 중심으로 서애의 학맥이 계
   승되었다(우인수, 『朝鮮後期 嶺南 南人 研究』, 경인문화사, 2015, 22쪽).

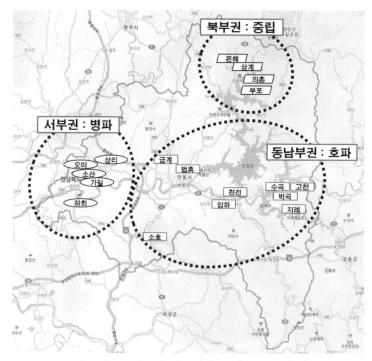

〈그림 1-1〉 19세기 안동지역 퇴계학파의 분열·대립 양상

또 하나의 권역을 이루고 있었다. 그들은 퇴계학을 가학으로 전승해오며 도산서원을 중심으로 예안에 세거하고 있었다.

병호시비 과정에서 이상정의 학문을 집성하고 호파의 공론을 종합·주도한 세력은 전주류씨 가문이었다. 전주류씨는 400년간 '무실'에 거주하며 안동 동부지역을 대표하는 班村을 형성하였다. 무실은 아기산에서 흘러온 물이 마을을 감싸고 있는 모습에서 비롯된 '水谷'의 순우리말 지명으로 현재 임동면 수곡리와 박곡리 일대에 해당한다.6) 조선시대 이 지역은 진

―――――――――――

6) 무실이 속한 임동면은 원래 임하현에 속해 있다가 조선 숙종 대 임하현이 나누어지면서 안동에 편입되었으며, 1895년 임동면으로 명칭을 바꾸어 안동군에 편입되었다. 이후 1993년 임하댐 건설에 따른 행정구역 조정으로 지례리와 수곡리 일부

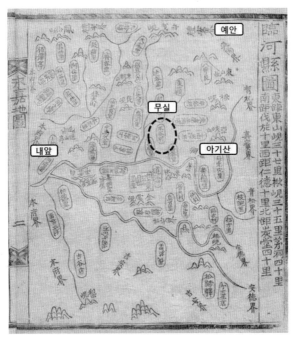

〈그림 1-2〉『永嘉誌』臨河縣圖 내 무실[7]

보 등과 연결되어 영남 내륙에서 동해를 통하는 교통의[7]요지였다. 무실마
을은 한들[大坪], 원두들[院坡], 늘치미[樓枕], 독골[道谷], 갈전[葛田], 박실
[朴谷] 등의 많은 자연촌으로 구성되어 전주류씨의 각파들이 흩어져 거주
하였다. 그러나 1993년 임하댐 건설로 인하여 대부분 지역이 수몰되었고,
후손들은 선산 해평 등으로 이주하여 그 명맥을 이어 나가고 있다.[8]

가 폐지되었고, 1995년 안동시 임동면으로 개칭되었다. 동쪽으로는 청송군 진보면,
영양군 입암면과 인접하고 남쪽으로는 안동시 길안면, 북쪽으로는 안동시 예안면
과 접하고 있다(한국국학진흥원, 『한국국학진흥원소장 국학자료목록집33 - 전주류
씨 정재종택』, 한국국학진흥원, 2016, 8쪽).
7) 서울대학교 규장각한국학연구원 소장, 『永嘉誌』(http://e-kyujanggak.snu.ac.kr/geo).
8) 무실의 행정구역 및 지형, 역사적 변천과 마을의 규모 등은 '안동대학교 안동문화
연구소, 『안동 무실 마을 - 문헌의 향기로 남다』, 예문서원, 2008, 12~22쪽'을 참고

제1장 가계와 학문적 위상 17

조선시대 안동에서 큰 세력을 형성하고 있었던 대표적인 토성은 안동권씨와 안동김씨였다. 14세기 중엽부터 진성이씨 등 다른 지역에 본관을 둔 성씨들이 안동으로 유입되기 시작하였다. 15~16세기가 되면 더욱 많은 성씨가 안동에 입향하였고, 동성마을을 형성하며 자신들의 세거지를 확보해 나갔다. 이때 혼인은 가문의 세력 확대에 중요한 수단이 되었다. 동성마을은 18~19세기 더욱 확산되어 재지사족 간의 향촌사회 운영 및 학맥의 주도권 경쟁에서 인적·경제적·공간적 기반이 되었다. 전주류씨 역시 의성김씨와의 혼인을 계기로 16세기 중엽 안동에 입향한 이후 무실을 중심으로 동성마을을 형성하였고, 이를 바탕으로 학문적·경제적 입지를 다져나갔다.

전주류씨는 시조인 柳濕(1367~?)의 다섯 아들이 모두 과거에 급제한 것을 계기로 본관인 전주를 떠나 상경하였다. 그 후 류습의 7세손 柳潤善(1500~1557)이 영주에 강력한 사회경제적 기반을 갖고 있었던 반남박씨 朴承張의 사위가 되었고, 서울에서 영주로 거처를 옮기면서 영남과의 인연을 맺었다. 류윤선은 柳城(1533~1560)과 柳垣 두 아들을 두었고, 큰아들 류성이 淸溪 金璡(1500~1580)의 맏사위가 되면서 안동에 입향하였다.[9] 川田[내앞]을 포함한 안동의 臨河 일대에 풍부한 경제적 기반을 구축하고 있었던 김진은 재산의 일부인 무실 땅을 사위인 류성에게 지급하였고, 이에 류성이 영주를 떠나 이곳으로 移居한 것이다.

전주류씨 수곡파는 외가인 의성김씨의 경제적·학문적 위상을 배경으로 보다 쉽게 안동 내에서 입지를 다져나갈 수 있었다. 두 가문은 혼인 및 사

할 수 있다.

9) 김진은 26세에 사마시에 합격한 이후 김인후, 이황 등 당대 명유들과 교유하였다. 을사사화가 일어나자 낙향하여 후학양성에 힘을 기울였으며, 강력한 경제적 기반을 바탕으로 안동을 대표하는 재지사족으로 자리매김하였다. 특히 김진의 다섯 아들인 '金克一, 金守一, 金明一, 金誠一, 金復一'이 모두 과거에 합격하면서 그의 가문은 학문적·경제적 입지가 확고한 명문거족의 명성을 얻게 되었다.

승관계를 통해 꾸준히 긴밀한 관계를 이어갔으며, '川金水柳'로 칭해지기
도 하였다. 이 과정에서 전주류씨 수곡파는 김성일로 전해진 퇴계 학맥을
계승하고, 이를 도통으로 정립하는 데 주도적 역할을 담당하는 안동의 유
력 가문으로 성장하였다.[10)]

18세기에 이르면 '김성일 - 장흥효 - 이현일 - 이재'로 이어지는 학맥이
정립되었고, 이재의 외증손인 大山 李象靖(1711~1781)은 학맥을 통해 계승
된 퇴계학을 집대성하였다. 이상정의 문하에서는 많은 학자가 배출되었는
데, 전주류씨 수곡파 인물들도 상당수 포함되어 있었다. 그들 가운데 柳範
休는 이상정으로부터 旨訣을 받아 학문적 후계자로 인정받았고, 柳晦文과
柳魯文은 각각 이상정의 아들인 李埈의 장·차녀와 혼인하였다. 이처럼 전
주류씨 가문은 학문적 관계뿐만 아니라 혈연적으로도 이상정과 밀접한 관
련을 맺고 있었다. 이후 그들은 이상정의 학문을 '湖學'이라 명명하는 등
그 계승을 위해 노력하였으며, 가문의 학문적 입지는 더욱 확고해졌다.

16세기부터 20세기 후반에 이르기까지 수곡파 가문에서는 100여 명에
가까운 학자를 길러내었고, 그들은 수많은 저술을 남겼다.[11)] 가학으로 전
승된 理學·易學·禮學 등에 대한 깊이 있는 이해는 가문의 학문적 관심과
수준을 보여주는 것이라 할 수 있다. 또 旌閭 3명, 殉節 2명, 불천위 5명,
薦士 5명, 문과 10명, 무과 3명, 음사 39명, 증직 21명, 생원 19명, 진사 14
명, 항일운동 11명, 독립투사 19명 등은 배출하여 가문의 위상을 드높였
다.[12)] 특히 류치명은 활발한 활동을 통해 수백 명의 문인을 양성하였고,

---

10) 전주류씨의 안동 입향 과정에 대해서는 '정만조, 「朝鮮後期 全州柳氏 水谷派의
     文化史的 意義」『전주류씨 수곡파 자료로 본 조선후기 양반가의 생활상』, 한국
     국학진흥원, 2004 ; 안동대학교 안동문화연구소, 앞의 책, 2008, 23~27쪽'에 자세히
     설명되어 있다.
11) 정재종택에서 한국국학진흥원에 기탁한 자료는 고서 733종 2,121책, 고문서 606
     점, 목판 1,086점, 서화 20점, 기타 12점 등 총 3,845점에 이른다(한국국학진흥원,
     앞의 책, 2016, 203쪽).
12) 전주류씨 수곡파 가문 내 주요 학자와 저술 및 행적은 '권오영, 「전주류씨 수곡파

안동뿐만 아니라 영남 전역에 영향을 끼쳤다. 문중의 학자들은 류치명의
문인집단에서 상당한 비중을 차지하였고, 훗날 위정척사 운동 및 의병운동
을 이끌어 나가는 중심세력이 되었다.

　한편 전주류씨 수곡파 가문의 학문적 성장은 17세기 이후 도산서원 원
장의 구성을 통해서도 확인할 수 있다. 도산서원은 이황을 배향한 곳으로
영남 남인의 학문적·정치적·사회적 활동의 중심지였으 활동의 중심지였으
며, 학파를 상징하는 공간이었다.13) 그러므로 도산서원의 원장은 학식과
덕망을 갖춘 존경의 대상이었을 뿐만 아니라, 영남 남인을 대표하는 권위
를 인정받는 존재로 인식되었다.14)

의 가학연원과 사상적 특징」『전주류씨 수곡파 자료로 본 조선후기 양반가의 생
활상』, 2004, 198~205쪽'에 정리되어 있다. 이 글에서 권오영은 전주류씨 수곡파의
학문적·사상적 특징을 다음과 같이 정리하였다.
① 시문학에 뛰어남
② 理學 연구 심화(류치명『朱節彙要』, 류정문『近思錄集解增删』, 류치엄『仁
說集解』·『四七彙編』, 류건휴『異學集辨』등)
③ 易學 연구에 탁월(류관현『易圖撮要』, 류정원『易解參攷』, 류휘문『周易經
傳通編』, 류형진『讀易管窺』등)
④ 우수한 禮學 연구(류경휘『家禮輯說』, 류도원『四禮便考』, 류장원『常變通
攷』, 류건휴「喪禮備要疑義」, 류치명『家禮輯解』등)
⑤ 역사와 학자들에 대한 체계적 정리(류건휴『國朝故事』, 류도원『東獻輯錄』,
류인식『大東史』등)
⑥ 경전과 성리서에 대한 활발한 주석 연구(류장원『四書纂註增補』, 류건휴『東
儒四書解集評』등)
⑦ '湖學'의 집대성(류건휴『溪湖學的』, 류장원『溪訓類編』, 류치엄『湖學集成』,
류장원『湖書類編』, 류치명『大山實記』등)
13) 이수환, 『朝鮮後期書院研究』, 일조각, 2001, 326쪽.
14) 도산서원의 원장 구성과 관련한 서술은 '우인수, 「조선후기 도산서원 원장의 구성
과 그 특징」, 『퇴계학과 유교문화』 53, 경북대 퇴계학연구소, 2013'을 참조하여 요
약·정리한 것이다.

〈표 1-1〉 18세기 전주류씨 도산서원 원장 명단15)

연번	세수	이름	생몰년	원장선임 연도	경력	사승관계
1	13世	柳敬時	1666~1737	1721 / 1736	1694년(숙종 2) 문과, 사헌부 장령	이현일 문인
2	14世	柳升鉉	1680~1746	1738 / 1743	1719년(숙종 45) 문과, 공조 참의	이현일 문인
3	14世	柳觀鉉	1692~1764	1747 / 1752	1735년(영조 11) 문과, 형조 참의	이현일 문인
4	15世	柳正源	1703~1761	1756	1735년(영조 11) 문과, 사간원 대사간	류승현 문인
5	16世	柳範休	1744~1823	1797	1780년(정조 4) 생원, 안변도호부사	이상정 문인

17세기, 원규에 따라 2년의 임기를 준수하며 주로 예안 출신의 인물을 선출하였던 도산서원 원장은 18세기가 되면서 변화를 보이기 시작하였다. 당시 노론 집권세력은 영남에서의 세력 확장을 위해 서원 건립을 시도하는 등 남인 내부의 갈등을 유발하고 있었다. 이에 도산서원은 예안뿐만 아니라 주변 군현의 명망 있는 인물을 원장으로 초빙하여 우호 세력을 확보하고, 이황과 도산서원이 가지는 상징성을 더욱 확고히 하고자 하였다. 이 과정에서 원장의 대부분을 예안 거주 가문(진성이씨, 광산김씨, 봉화금씨)의 인물로 선출하였던 17세기와는 달리 18세기에는 인근 지역 여러 가문의 영향력 있는 인물로 원장을 선출하였고, 관료 출신 원장의 비율도 증가하였다.

주목할 만한 것은 18세기 도산서원 원장을 역임했던 159명 가운데 5명 이상의 원장을 배출한 가문은 예안 거주 가문이었던 진성이씨(60명)·광산김씨(23명)와 그 외 의성김씨(8명)·안동권씨(6명)·전주류씨(5명)의 다섯 가문뿐이라는 점이다.16) 이 같은 사실은 전주류씨 수곡파 가문이 당시 안동

---

15) 우인수, 앞의 논문, 105~112쪽의 표를 재구성한 것이다.

에서 손꼽히는 학문적 입지와 위상을 확보하고 있었다는 것을 보여주는
것이라 할 수 있다. 이처럼 수곡파 가문은 18세기에 이르면 도산서원의 원
장을 역임한 5명 중 4명이 문과 출신일 만큼 현달한 자들을 배출하고 있었
고, 김성일 이후 이상정으로 이어진 퇴계학맥을 계승하면서 가문의 학통을
정립해 가고 있었다.

　류치명이 호파를 중심으로 한 영남 남인을 대표하는 위치에서 퇴계학의
도통을 계승한 학자로 자리매김할 수 있었던 것은 안동 내 전주류씨 가문
의 입지가 바탕이 되었기에 가능한 일이었다.

2) 류치명의 가계[17]

　전주류씨 수곡파의 입향조였던 류성(8世)은 28세의 나이로 요절하였다.
부인 의성김씨도 남편의 삼년상을 치른 뒤 식음을 전폐한 채 지내다 순절
하였다. 류성과 의성김씨의 두 아들인 柳復起(1555~1617)와 柳復立(1558~
1593)은 외가에 맡겨져 성장하였다. 이후 동생 류복립은 從祖인 柳潤德(류
윤선의 형)의 후사로 出系하였고, 류복기만 수곡에 남아 가문을 책임지게
되었다.

　류복기(9世)는 외숙인 鶴峯 金誠一(1538~1593)의 문하에서 수학하며 자
연스럽게 퇴계학맥을 계승하였고, 임진왜란이 일어난 후에는 김성일의 독
려로 의병활동에도 적극적으로 참여하였다. 그는 6남 3녀의 후사를 두었는

---

16) 이 외 풍산류씨와 한산이씨가 각 4명, 진주강씨·창녕성씨·함양박씨가 각 3명, 경주
　　이씨·안동김씨·예안김씨·풍산김씨·한양조씨가 각 2명의 원장을 배출하였고, 1명
　　을 배출한 성씨는 23개이다.

17) 류치명의 가계와 이후 서술한 학맥에 대해서는 '『定齋集附錄』권1, 「年譜」; 권
　　오영, 앞의 논문, 2004 ; 권진호, 『19세기 영남학파의 종장 정재 류치명의 삶과 학
　　문』, 한국국학진흥원, 2008 ; 안동대학교 안동문화연구소, 앞의 책, 2008 ; 柳榮洙,
　　「定齋 柳致明 硏究(1)」, 『東方漢文學』 44, 동방한문학회, 2010 ; 오용원, 앞의 책,
　　2016 ; 한국국학진흥원, 앞의 책, 2016'의 내용을 참고하여 구성하였다.

데, 이들이 수곡을 중심으로 박곡 등 인근 지역에 세거하며 가세가 번창하기 시작하였다. 특히 류복기는 후손의 학문을 진작시키고 인재를 양성하기 위한 강학 공간으로 아기산 남쪽에 '岐陽書堂'을 세웠고, 이는 가문의 학문적 기틀이 되었다.

류복기의 큰아들 柳友潛(1578~1635, 10世)은 임진왜란 당시 19세의 나이에도 불구하고 아버지의 뜻을 이어 창의에 가담하였다. 1608년(광해군 1)에는 안동의 읍지인『永嘉誌』편찬에 참여하는 등 활발한 활동으로 점차 안동 내에서 존재를 드러내었다. 또「門中完議」를 제정하여 수곡 일대 전주류씨 가문의 결속과 상부상조에 의한 단합의 초석을 마련하였다. 류복기·류우잠 부자의 노력으로 전주류씨 수곡파 가문은 명문가로서의 기반을 갖추기 시작하였고,[18] 이후 인근 유력 가문과의 혼인을 통해 인적 관계망은 더욱 확대되었다.

류우잠 이후 柳樀(11世) - 柳振輝(12世)를 지나 류진휘의 둘째 아들인 柳奉時(1654~1709, 13世)는 두 아들 柳升鉉(1680~1746)과 柳觀鉉(1692~1764)의 교육을 위해 북쪽의 한적한 渭洞으로 이사하였다. 류봉시는 '三檟亭'이란 서재를 짓고 두 아들의 학문 대성을 염원하며 10년간 교육에 매진하였다. 그 결과 류승현(1719년(숙종 45)), 류관현(1735년(영조 11)) 모두 대과에 급제하였고, 여러 벼슬을 거치며 도산서원 원장에도 임명되는 등 전주류씨 가문을 크게 일으켰다.

류치명의 고조부가 되는 류관현(14世)은 18세 무렵 아버지를 여의고 형 류승현에게 학문을 배웠다. 급제한 이후에는 사헌부 감찰·경성부사 등을 거쳐 시강원 필선을 역임하며 사도세자의 교육을 담당하였다. 특히 지방관으로 부임했을 때 백성을 구휼하고 선정을 베풀어 목민관으로 명성을 얻

18) 전주류씨 수곡종택에는 류복기의 호인 '岐峯'과 류우잠의 호인 '陶軒'에서 첫 글자를 딴 "岐陶遺業"이란 현판이 걸려 있다. 이를 통해 가문의 번성에 헌신한 先祖의 노력에 대한 후손들의 공경과 학문 정신에 대한 계승 이념을 알 수 있다(한국국학진흥원, 앞의 책, 2016, 39쪽).

었으며, 그 내용이 정약용의 『목민심서』에 소개되기도 하였다. 그는 柳通源(1715~1778), 柳道源(1721~1791), 柳長源(1724~1796) 등 다섯 아들을 두었다. 이들 중 류도원은 형 류승현의 후사로 출계하였고, 류장원 또한 출계하여 가문의 번성을 이어갔다.

류통원(15世)은 류치명의 증조부이며, 조부는 생원을 지낸 柳星休(1738~1819, 16世)이다. 류치명의 아버지인 柳晦文(1758~1818, 17世)은 10살부터 從祖父인 류도원에게 수학하였다. 그는 훗날 이상정의 문인이 되었고, 이완(1740~1789)의 딸과 혼인하여 이상정의 손녀사위가 되었다. 1783년(정조 7)에 사마시에 합격하여 진사가 되었으며, 사도세자의 신원을 요구하는 상소 운동에도 적극적으로 참여하였다. 류회문은 병호시비 과정에서 류장원·류건휴 등과 함께 호파의 공론을 모으고 이끌어가는 역할을 하였다. 류치명(18世)은 1777년(정조 1) 10월 13일, 류회문과 한산이씨 이완의 장녀인 어머니 사이에서 태어났다. 이상정은 외가에서 출생한 외증손에게 손수 '致明'이란 이름을 지어주었다. 그는 양 가문의 사회적·경제적 명망과 퇴계학맥을 계승하는 데 앞장서 온 학문적 위상을 배경으로 많은 기대를 받으며 성장하였다. 류치명의 생애와 주요 활동을 표로 정리하면 표 〈1-2〉와 같다.

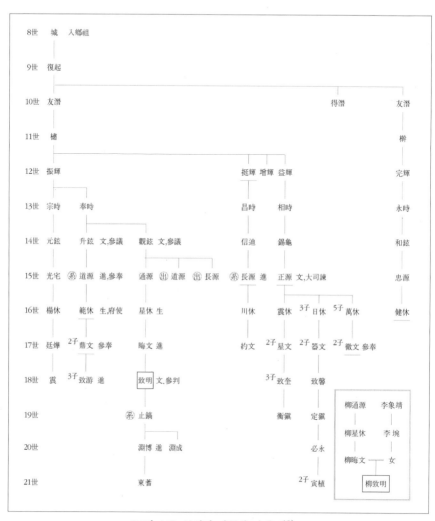

〈그림 1-3〉 류치명 가문의 가계도19)

---

19) 류치명 가문의 가계도는 '『全州柳氏大同譜』권2, 322~489쪽'을 참고하여 작성하
   였다. 경우에 따라 '2子, 3子' 등을 표기하여 가계도를 생략해 구성하였고, 별도의
   표기가 없는 것은 장자를 나타낸 것이다. 류치명과 관련된 가문의 학자들은 밑줄
   로 표시하였다.

〈표 1-2〉 류치명의 생애와 주요 활동[20]

연도	나이	류치명의 행적
1777(정조 1)	1세	10월 13일, 안동부 일직현 소호리 외가에서 출생
1778(정조 2)	2세	5월, 大坪의 본가로 돌아옴
1781(정조 5)	5세	柳長源에게 나아가 수학하기 시작 12월, 외증조부 李象靖의 상을 당함
1784(정조 8)	8세	외조부 이완이『大山集』교정을 위해 본가에 옴
1789(정조 13)	13세	1월, 모친상을 당함
1793(정조 17)	17세	10월, 선산김씨 金復久의 딸과 혼인
1796(정조 20)	20세	7월, 스승 류장원의 상을 당함
1797(정조 21)	21세	3월, 南漢朝에게 입문
1798(정조 22)	22세	1월, 부인 선산김씨의 상을 당함
1799(정조 23)	23세	4월, 평산신씨 申魯岳의 딸과 혼인
1800(정조 24)	24세	『朱子書節要』를 요약·정리하여『朱節彙要』를 완성
1801(순조 1)	25세	12월, 鄭宗魯를 찾아뵘
1802(순조 2)	26세	6월, 孤雲寺에 가서『大山集』의 간행을 봄
1804(순조 4)	28세	2월,『心經』을 읽음, 柳範休에게 편지를 보내 질의함
1805(순조 5)	29세	가을, 문과(東堂試)에 급제함
1806(순조 6)	30세	6월, 承文院 副正字에 보직됨
1807(순조 7)	31세	3월, 경상감영에서 행해진 향음주례에 참석
1809(순조 9)	33세	7월, 스승 남한조의 상을 당함
1811(순조 11)	35세	8월, 류범휴가 주관한 高山講會에 참석하여 이상정의 　　性道說을 강함
1815(순조 15)	39세	2월, 成均館 典籍에 임명
1818(순조 18)	42세	2월, 안동부에서 행해진 향음주례에 참석 5월, 외숙 李秉遠과 內延山을 유람 6월, 司諫院 正言이 됨 9월, 부친 류회문의 상을 당함
1819(순조 19)	43세	4월, 조부 류성휴의 상을 당함
1823(순조 23)	47세	8월, 류범휴를 곡함
1824(순조 24)	48세	1월, 司憲府 持平에 임명 10월, 李秉運, 이병원, 姜橒 등과 黃山寺에서『中庸』을 강함
1825(순조 25)	49세	2월, 泗濱書院의 강회에 참석하여『心經』을 강함

---

20) 이 표는『定齋集附錄』권1,「年譜」의 내용을 요약·정리하여 구성하였다.

연도	나이	류치명의 행적
1826(순조 26)	50세	2월, 司諫院 正言에 제수 됨
1827(순조 27)	51세	2월, 世子侍講院 文學이 됨
1830(순조 30)	54세	5월, 柳健休·柳徽文·柳鼎文과 함께 스승 류장원이 지은 『常變通攷』를 10년의 교정을 거쳐 간행하고 발문을 지음
1831(순조 31)	55세	1월, 全羅右道掌試都事에 임명 10월, 고산서당에서 학생을 선발하여 교육을 행함 11월, 岐陽先社에 月朔課講規를 만듦
1832(순조 32)	56세	3월, 李玄逸의 緬禮에 참석하고 제문을 지음 4월, 弘文館 校理가 됨 9월, 紹修書院·三溪書院의 강회에 참석한 뒤, 石泉精舍에 머무르며 權斗經의 문집인『蒼雪齋集』을 교정함 10월, 弘文館 修撰에 제수 됨
1833(순조 33)	57세	10월, 三從弟 柳致儉의 아들 柳止鎬를 양자로 들임 12월, 예학에 관심을 갖고「深衣諸說」과「程子冠制」를 지음
1834(순조 34)	58세	2월, 司諫院 獻納에 제수 됨 10월, 校理·承政院 同副承旨·經筵參贊官·司饔院 副提調에 임명 12월,「禮疑叢話」와「讀書瑣語」를 지음
1836(헌종 2)	60세	3월,『家禮輯解』완성 9월,『養蒙正訓』편집
1837(헌종 3)	61세	「絜矩說」지음
1838(헌종 4)	62세	6월, 司諫院 大司諫에 제수 됨
1839(헌종 5)	63세	12월, 楚山都護府使가 됨
1840(헌종 6)	64세	1월, 부인 평산신씨의 상을 당함 2월, 초산에 부임함 8월, 妙香山을 유람 9월,「學記章句」를 찬집, 향교에서 강회를 실시함
1841(헌종 7)	65세	2월, 平壤에 가서 箕子祠를 배알하고 井田制의 遺墟를 봄
1842(헌종 8)	66세	2월, 안동으로 돌아옴 8월, 工曹 參議에 제수 됨 「祭祀鬼神說」,「祭饌說」지음
1843(헌종 9)	67세	5월, 鳳停寺에 가서『退溪集』重刊을 봄
1844(헌종 10)	68세	6월, 류정문의『近思錄集解增刪』을 교정하고 서문을 지음
1845(헌종 11)	69세	『大山先生實記』(10권 5책)를 완성하고 발문을 지음
1846(헌종 12)	70세	9월, 고산서당에서 玉山講義를 강하고 향음주례를 행함

연도	나이	류치명의 행적
1847(헌종 13)	71세	6월, 사빈서원에 모여 『鶴峯集』 重刊을 교정하고 발문을 지음
1848(헌종 14)	72세	2월, 류건휴의 『異學輯辨』을 교정함
1849(헌종 15)	73세	7월, 대사간에 제수 됨
1850(철종 1)	74세	「包特說」을 지음
1852(철종 3)	76세	「不睹不聞說」을 지음
1853(철종 4)	77세	5월, 嘉善大夫로 승진함 6월, 同知義禁府事, 漢城府 左右尹이 됨 9월, 五衛都摠府 副摠管에 제수 됨 10월, 兵曹 參判에 제수 됨, 「三綱十目」을 작성
1854(철종 5)	78세	11월, 柳致儼의 『湖學輯成』을 교정 「大山先生神道碑」지음
1855(철종 6)	79세	3월, 사도세자를 추숭하고 祔廟할 것을 청하는 상소를 올림 5월, 전라도 智島에서 유배생활 시작 「讀書說」을 지음 12월, 석방되어 돌아옴 「葛庵先生神道碑」를 지음
1856(철종 7)	80세	12월, 虎溪書院의 강회에 참석
1857(철종 8)	81세	5월, 강학과 후학 양성을 위한 晩愚亭을 건립
1858(철종 9)	82세	7월, 만우정에서 류장원이 편찬한 『四書纂註增補』를 교정
1859(철종 10)	83세	6월, 李源祚와 만우정에서 禮義에 대해 논변함
1860(철종 11)	84세	6월, 제자들과 仁說을 강론함 7월, 同知春秋館事에 제수 됨
1861(철종 12)	85세	4월, 만우정에서 제자들과 함께 강학을 행함 10월 6일, 졸함

　류치명은 두 부인인 선산김씨와 평산신씨 사이에서 딸만 셋을 두었고, 이들은 모두 의성김씨와 혼인하였다. 이에 57세가 되던 해 류도원의 증손인 柳致儼의 아들 柳止鎬(1825~1904)를 양자로 들였다. 류지호(19世)는 1873년(고종 10) 蔭補로 監役에 제수되었고, 이후 사헌부 감찰, 新昌縣監, 德山縣監, 漣川郡守 등을 역임하였다. 단발령이 내려지자 류지호는 안동 의병의 핵심 지도부로 활동하였고, 金道和 등과 함께 「虎溪通

文」을 발의하였다. 그는 柳淵博(1844~1925)과 柳淵成(1857~1819) 두 아들을 두었다.

류연박(20世)은 1882년(고종 19) 사마시에 합격하여 진사가 되었다. 1895년 아버지 류지호와 함께 안동의진에 참여하였으며, 1919년 3월 金昌淑이 주도한 '파리장서'에 서명하여 유림의 독립선언과 독립청원을 독려하였다. 류연성은 1919년 안동의 만세 시위를 계획·주도하다가 체포되어 옥중에서 순국하였다.[21] 류치명 가문은 퇴계학의 존숭을 통해 호파를 대표하는 학문적 위상을 정립하였다. 그리고 일제의 탄압에 직면하자 적극적인 자세로 안동의 독립운동을 이끌어가며 명문가로서의 사회적 역할을 충실히 행하는 모습을 보여주었다.

2. 퇴계학맥의 계승과 학문 활동

1) 퇴계학맥의 계승

류치명은 전주류씨 수곡파 내 전승된 가학적 전통과 이황 - 김성일로부터 이상정으로 이어진 퇴계학맥에 기반을 둔 사승관계를 통해 자신의 학문을 형성하였다.[22] 師承에 관한 尹最植의 질문에 류치명은 "열세 살부터

---

21) 류치명 후손의 독립운동과 관련해서는 '김희곤, 「定齋 柳致明 종가 3대의 독립운동」, 『한국독립운동사연구』 37, 독립기념관 한국독립운동사연구소, 2010'에 자세하다.

22) 전주류씨 수곡파의 가학에서 禮學의 발달은 이상정으로 이어진 퇴계학의 존숭과 함께 중요한 특징 중 하나이다. 류복기는 김성일을 통해 예와 관련한 가문의 실천 윤리를 정립해 나갔으며, 예학에 대한 관심은 가문 출신 학자들의 많은 禮書 편찬으로 이어졌다. 류치명의 스승이자 從曾祖父인 류장원은 가문의 예학을 대표하는 인물이라 할 수 있다. 그러나 여기서는 류치명의 학문적 연원을 퇴계학통의 맥락에서 살펴보는 것이므로 예학과 관련한 가학의 전승 양상은 생략하도록 하겠다.

스무 살까지 東巖[류장원] 선생의 문하에서 친히 가르침을 받았고, 스무 살
이후 비로소 損齋[남한조] 선생을 찾아뵙고 배움을 청하였다"고 하며 자신
의 학문적 연원을 밝혔다.[23) 여기서 류장원은 가학을 대표하는 스승이라
할 수 있고, 남한조는 이상정으로 이어진 퇴계학맥에 기반한 사승관계를
대표하는 스승이라 할 수 있을 것이다.

류치명은 1781년(정조 5) 5세부터 從曾祖인 東巖 柳長源(1724~1796)에게
학문을 배우기 시작하여 류장원이 세상을 떠난 1796년(정조 20)까지 15년
동안 문하에서 수학하였다. 류장원은 1724년(경종 4) 정월 수곡 大坪에서
태어나 9세부터 伯父인 류승현에게 수학한 인물로, 密菴 李栽(1657~1730)
의 문인이었던 九思堂 金樂行(1708~1766)에게도 의문이 있을 때마다 편지
로 질의하며 가르침을 받았다.[24) 이후 763년(영조 39)에 사마시에 합격하
였고, 1769년(영조 45)에는 46세의 나이로 이상정에게 나아가 가르침을 청
하였다. 그는 출중한 학문적 자질로 이상정에게 斯道의 계승자로 평가받았
으며, 李宗洙·金宗德과 함께 '湖門三老'로 칭해졌다.[25)

류장원은 이현일로 이어진 퇴계학맥을 계승한 학자들과의 교유를 통해
형성된 관계망을 바탕으로 이상정의 가르침과 저술을 종합·탐구하는 데
매진하였고, 만년에는 대평에 지은 '東巖亭'에서 저술과 교육으로 여생을
보내었다. 그의 학문은 류건휴·류휘문·류정문 등에게 전승되어 18세기 영
남학파 내 가문의 위치를 확고히 하는 기반이 되었다. 류치명은 한 사람의
가치관을 형성하는 가장 중요한 시기인 유년기부터 15년간을 류장원의 문
하에서 수학하였다. 이를 통해 그의 학문관 형성에 류장원이 얼마나 큰 영

---

23) 『定齋集附錄』 권4, 「語錄(尹最植)」. "問先生平日師承 曰 自十三歲 至二十 親
炙於東巖之門 二十後 始往謁損翁而請學"
24) 이 외에도 류장원은 김낙행의 문인이었던 金江漢(1719~1779)과 가장 친밀하게 교
유하며 학문을 토론하였고, '이현일 - 김성탁'으로 이어진 학맥을 계승한 金正漢
(1711~1766)과 강론을 하며 자신의 학문관을 구축하였다(설석규, 「東巖 柳長源의
학문과 현실대응 자세」, 『조선사연구』 15, 조선사연구회, 2006, 67~70쪽).
25) 『東巖集』 권14, 附錄 「行狀(南漢朝)」.

향을 미쳤는지 충분히 짐작할 수 있다.

류장원이 세상을 떠나고 1년 뒤인 1797년(정조 21), 21세의 류치명은 아버지 류회문의 편지를 들고 문경의 선유동에 '玉霞亭'을 지어 후학을 양성하고 있었던 損齋 南漢朝(1744~1809)를 찾아가 가르침을 청하였고, 이후 12년간 그 아래에서 수학하였다. 남한조의 본관은 의령으로 상주에서 태어났다. 9세에 아버지 南必容이 사망하자 어머니는 그를 외삼촌인 素庵 金鎭東(1727~1800)에게 보내 수학하게 하였다.26) 1781년(정조 5) 38세의 남한조는 스스로 이상정을 찾아가 제자가 되었고, 四書와 性理書를 탐독하며 본격적으로 학문에 몰두하였다.27) 이상정의 아들인 이완 및 이종수·김종덕·류장원 등과 가까이 지내며 학문적으로 교유하였으며, 특히 류장원을 각별히 존경하였다. 바로 이점이 계기가 되어 류치명은 류장원에 이어 남한조를 스승으로 모셨다.

남한조 또한 이상정으로 계승된 퇴계학맥을 중심으로 자신의 학문관을 형성하였고, 특히 異端과 邪說을 배척하는 데 관심을 기울이며 천주교를 적극적으로 비판하였다. 류치명은 남한조를 매달 찾아가 뵙거나, 공부 중에 궁금하고 의심나는 것은 편지를 보내 질문하는 등 끊임없이 가르침을 청하였다. 이를 통해 류치명은 학문적 성취를 이뤄 갔으며, 이단에 대한 경계와 자신의 척사관을 형성해 나갔다.

---

26) 김진동은 밀암 이재의 문인이었던 李守淵(1693~1748)에게 수학하였고, 류장원·김종덕 등과 교유하며 학문을 토론하였다.
27) 영남퇴계학연구원, 「76. 남한조(南漢朝)」『高山及門錄』(상), 국학미디어, 2011, 353~360쪽.

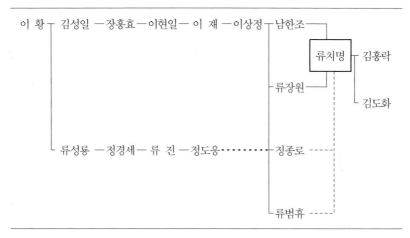

〈그림 1-4〉 류치명의 학맥도

이 외에도 류치명은 수시로 당대 名儒에게 가르침을 청하였다. 25세가
되던 1801년(순조 1)에는 상주의 立齋 鄭宗魯(1738~1816)를 찾아가 강론에
참여하기도 하였다. 정종로는 류성룡의 高弟인 愚伏 鄭經世(1563~1633)의
6대손으로, '류성룡 - 정경세 - 柳袗(류성룡의 三子) - 鄭道應(정경세의 孫,
정종로의 高祖)'로 이어지는 계통의 가학을 계승한 인물이었다.[28] 정종로
는 학맥과 인물에게 얽매이지 않고 여러 학자와 교유하는 모습을 보여주
었다. 40세가 되던 1777년(정조 1)에는 이상정을 찾아가『중용』과『대학』
등을 강론하며 그의 문인이 되었다. 또 이상정과 함께 '嶺中三老'라 칭해지
던 崔興遠·朴遜慶에게도 질의를 통해 가르침을 얻었다.[29] 상주에 살고 있
었던 남한조와도 긴밀한 관계를 유지하였고, 그를 학문적 道伴으로 칭하며
친분을 나타내었다.[30] 류치명 또한 정종로와의 관계 속에서 학파를 초월

28) 우인수, 앞의 책, 2015, 336~345쪽.
29) 영남퇴계학연구원, 「44. 정종로(鄭宗魯)」『高山及門錄』(상), 국학미디어, 2011, 248~
   258쪽.
30) 安泳翔, 「《퇴계학자료총서》제8차분 해제 :『損齋集』」, 『퇴계학』16, 안동대 퇴
   계학연구소, 2007, 226~228쪽.

해 교유의 폭을 넓혀갈 수 있었다.

28세(1804년(순조 4))에는 『心經』을 읽고 의심나는 부분을 再從祖인 壺谷 柳範休(1744~1823)에게 편지를 보내 질의하였다. 류범휴는 '류승현(祖) - 류도원(父)'의 가학을 계승하였으며, 류장원과 각별하던 김강한의 사위가 되어 그에게도 가르침을 받았다. 29세(1772년(영조 48))에는 류도원의 명으로 이상정의 문인이 되었고, 이상정은 그의 학문적 자질을 높이 평가하며 손수 '16자 旨訣'을 써주었다. 류범휴는 이를 평생 師門의 법도로 여겼다.[31] 그는 학행으로 천거되어 泰陵參奉에 임명되었으며, 도산서원 및 소수서원의 원장 등을 역임하며 강론을 주도하였다. 당시 류범휴의 학문적 위상과 명망은 안동 동남부 유림을 대표하는 위치에 있었다. 이에 류치명은 수시로 편지와 강론의 방법을 통해 류범휴에게 가르침을 청하였다.

류치명은 가문 내 여러 학자와 퇴계학맥에 기반을 둔 외부의 스승을 통해 자신의 학문관을 형성하였다. 여기서 중요한 사실은 이들 모두가 이상정의 문인이었다는 것이다. 심지어 그의 조부인 류성휴와 부친 류회문이 이상정의 문인이었으며,[32] 어머니 한산이씨는 이상정의 손녀였다. 즉 그는 태생부터 혈연적·학문적으로 모두 이상정으로 계승된 퇴계학맥과 밀접한 관계에 놓여 있었던 것이다. 류치명은 당대를 대표하는 많은 학자와 교유하며 활발한 강학 활동을 통해 자신의 학문적 입지를 다져나갔고, 이

31) 이상정은 류범휴에게 '뜻을 세우고 경을 지키며(立志居敬), 앎을 넓히고 힘써 행하며(致知力行), 마음을 굳게 먹고 바른길을 가며(剛健中正), 뜻을 넓고 크게 가진다(含弘光大)'의 16자를 써주었고, 이는 이상정이 류범휴에게 자신의 학통을 전한 것으로 이해되었다(영남퇴계학연구원, 「77. 류범휴(柳範休)」, 『高山及門錄』(상), 국학미디어, 2011, 360~370쪽 ; 권오영, 앞의 논문, 2004, 190쪽). 이를 계기로 전주류씨 수곡과 문인들은 명실공히 이상정으로 이어진 퇴계학맥을 계승해가는 데 주도적인 역할을 담당하게 되었다.
32) 영남퇴계학연구원, 「45. 류성휴(柳星休)」, 高山及門錄(상), 국학미디어, 2011, 258~260쪽 ; 「128. 류회문(柳晦文)」, 高山及門錄(상), 국학미디어, 2011, 488~494쪽.

후 19세기 안동 유림을 대표하는 학자로 자리매김하였다. 그리고 이상정이 이황 - 김성일 이후 이현일로 계승된 학맥을 道統으로 설정하고 퇴계학파를 재정비하는 데 힘을 쏟았듯, 류치명 또한 이상정의 학문을 '湖學'으로 명명하고 이상정으로 이어진 퇴계학맥을 전승하는 데 많은 노력을 기울였다.

2) 강학 활동과 문인의 양성

류치명은 퇴계학의 계승을 위하여 저술과 강학 활동에 주력하였다. 24세(1800)에 이황의 『朱子書節要』를 요약·정리해 첫 저술인 『朱節彙要』를 완성하였는데, 이는 자신의 학문 기반이 주자학과 퇴계학에 있다는 것을 분명히 밝힌 것이라 할 수 있다.

류치명은 1809년(순조 9, 33세) 스승 남한조가 세상을 떠난 후부터 본격적인 학문 활동을 시작하였다. 1811년(35세) 류범휴가 주관한 高山講會에 참석해 이상정의 性道說을 강하였고, 영남 유림의 주목을 받으며 활발한 강학을 이어갔다. 1824년(48세)에는 수곡리 鵝岐山에 위치한 黃山寺에서 문중의 자제들과 함께 『中庸』을 강론하였고, 이듬해에는 泗濱書院에서 『心經』으로 강회를 가졌다. 이 과정에서 자연스럽게 문중을 중심으로 『大坪約案』이 만들어지는 등 문인집단이 형성되었다.

특히 류치명은 1831년(55세) 후학양성을 목적으로 직접 유생들을 선발해 고산서당에 머무르게 하며 교육을 시행하였고, 그 결과 문인집단의 범위는 확대되었다. 그는 학문적 입지를 바탕으로 안동뿐만 아니라 영주의 소수서원에서도 강회를 열었으며, 石泉精舍에서 權斗經의 『蒼雪齋集』을 교정하는 등 활동 영역의 범위를 넓혀갔다. 이를 통해 영남 북부에서도 많은 문인이 유입되었다. 1840년(헌종 6, 64세)부터는 2년간 초산도호부사로 재직하며 향교에서 강회를 주관하는 등 관서 지역의 학풍 진작을 위해 노력하였고, 많은 유생이 찾아와 가르침을 청하였다.

그는 저술 활동에도 매진하였다. 예학을 중시한 가학의 영향으로 1830
년(54세) 柳健休·柳徽文·柳鼎文과 함께 스승 류장원이 지은 『常變通攷』
를 10년의 교정을 거쳐 간행하였고, 그 발문을 지었다. 개인적으로는 「深衣
諸說」·「程子冠制」(1833년, 57세) 등을 지었고, 자신의 예설을 정리한 『家禮
輯解』(1836년, 60세)를 완성하였다. 이와 함께 이현일의 緬禮에 참석하여 제
문을 지었고(1832년, 56세), 『退溪集』 重刊을 주관하였다(1843년, 67세).
1845년(69세)에는 『大山先生實記』를 완성한 후 발문을 지어 스스로 이황
이후 이상정으로 계승된 퇴계학맥을 嫡傳으로 계승하고 있다는 것을 분명
히 나타내었다. 1846년(70세)에는 고산서당에서 玉山講義를 강하고 향음주
례를 시행하였고, 다음 해에는 사빈서원에서 『鶴峯集』 重刊을 교정하고
발문을 짓는 등 활발한 활동을 이어갔다.

이와 함께 꾸준히 관직이 내려져 영남 내 정치적 명망은 높아져 갔고,
1853년(철종 4, 77세)에는 병조참판에까지 제수되었다. 특히 1855년(철종
6)에는 호파를 대표하는 위치에서 장헌세자의 추숭을 청하는 상소를 올렸
으며, 조정의 반발 속에 유배형이 내려져 전라도 智島에서 유배생활을 하
였다. 이를 계기로 영남 내 류치명의 위상은 더욱 확고해졌고, 문인집단의
범위는 영남과 관서 지역뿐만 아니라 호남까지 확대되었다. 류치명은 80세
의 고령에도 강학 활동에 대한 열정을 놓지 않았으며, 문인 金健壽의 초빙
으로 호계서원에서 강회를 시행하였다. 1년 뒤에는 강학과 후학양성을 위
한 공간으로 '晚愚亭'이 건립되었고, 1860년(84세)에도 여러 제자와 함께
주희의 「仁說」을 강론하는 등 죽기 전까지 제자들을 위한 교육에 열정을
다하였다.

류치명은 40년이 넘는 시간 동안 활발한 활동을 통해 자신의 학문적 입
지를 다져갔으며, 호파를 대표하는 위치에서 퇴계학의 이론적 근거를 정립
하였다. 영남의 유생들은 류치명을 통해 이상정의 학문과 영남학파의 정체

성을 체득하였고, 류치명은 수백 명으로 구성된 문인집단을 대상으로 학맥의 전승과 유지에 힘을 기울였다.

제2장

현실인식과 경세관

1. 경세관의 연원과 특징

1) 영남 퇴계학맥과 家學의 영향

시대의 변화와 현실을 인식하고 실천을 통해 사회문제를 해결하는 것에 관심을 갖는 경세적인 학문 경향은 조선후기 영남 남인 내에서 지속해서 계승되고 있었다. 葛庵 李玄逸(1627~1704)이 그의 형 存齋 李徽逸(1619~672)과 함께 편찬한『洪範衍義』는 당시 조선사회가 직면하고 있었던 위기를 극복하려는 17세기 영남 남인의 경세관이 집약된 산물이었다. 이현일은 숙종 대 山林으로 徵召되어 정계에서 활동한 영남 남인을 대표하는 인물이었다. 그는 磻溪 柳馨遠(1622~1673)의 친구 裵尙瑜(1610~1686)를 통해『磻溪隨錄』을 접하였고, 배상유와 유형원의 큰아들인 柳㙰의 간곡한 청으로 그 서문을 지었다.

이현일은『반계수록』을 "그 규모가 원대하고 조리가 신중하고 빈틈이 없어 실정에 어두운 허황한 말이 아니라 모두 실제에 적용될 수 있을 만하다"고 하며 유형원의 經術을 높게 평가하였다. 그는 유형원이 제시한 개혁안들이 모두 경전과 옛 전적에 근거하여 만들어진 실천 가능한 방안인 것에 주목하여, 탁월한 경술이 때를 만나지 못해 세상에 쓰이지 못한 것을 안타깝게 여겼다.[1]『반계수록』의 열람을 통해 이현일은 유형원이 추구한 경세관의 전모를 파악할 수 있었을 것이다. 그리고 훗날 국정운영과 관련한 개혁안이 담긴『홍범연의』를 편찬하는 과정에서 적지 않은 영향을 받았으리라 추측해 볼 수 있다.

---

1)『葛庵集』권10, 書「答裵公瑾 尙瑜」;『葛庵集』권20, 序「遁庵柳公隨錄序」.

이현일은『홍범연의』에서 정치·경제·군사·교육제도 등 당시 조선이 직면하였던 사회 전반에 걸친 문제점을 진단하였고, 이를 해결하기 위한 각각의 구체적인 개혁안을 제시하였다.[2] 중요한 사실은『홍범연의』에 인용된 書目이나 인물의 경우, 富國安民을 추구한 개혁안에 대해서는 이현일이 인물의 사상적 성향이나 당색과 관계없이 그 의견을 수용하는 개방적인 자세를 갖고 있었다는 것이다.[3] 이는 일반적으로 보수적·폐쇄적으로 인식되고 있는 영남 남인의 사상적 특징과 다른 모습이라 할 수 있다. 즉 이현일은 적어도 현실문제 해결을 위한 경세적 대안의 구상만큼은 명분과 이념에 얽매이지 않는 열린 자세를 가지고 있었던 것이다.

『홍범연의』는 이후 그의 아들 密菴 李栽(1657~1730)에 의해 계속 교정이 이뤄졌다. 1772년(경종 2)에는 大山 李象靖(1711~1781)과 李獻遠(1695~1773)이 영해부 서쪽에 있는 石川書堂에서 다시 열흘간의 교정 작업을 진행하였다.[4] 이처럼 이현일의 경세론은 학맥으로 이어진 학자들의 교정 작업을 거치면서 18세기 이후까지 지속해서 계승되고 있었다.

이상정은『홍범연의』의 교정을 주도하였던 만큼 이현일의 경세론에 많은 영향을 받았을 것으로 보인다. 그는 1735년(영조 11) 문과에 급제한 이

2) 이현일의 경세관에 대한 연구는 그의 경세관을 '주자학적 사고의 틀 안에서 비롯된 온건적 개혁안'으로 평가한 연구(정호훈,「17세기 후반 영남 남인학자의 사상 -이현일을 중심으로-」,『역사와 현실』13, 역사비평, 1994 ; 김학수,「갈암 이현일의 학문과 경세론 연구 -영남학파의 결집과 경세론을 중심으로-」,『청계사학』19, 청계사학회, 2004 ; 김낙진,「葛庵 李玄逸의 성리설과 경세론의 특색」,『退溪學』20, 안동대 퇴계학연구소, 2011 ; 김학수,「17세기 영남 유학자, 葛菴 李玄逸」,『선비문화』20, 남명학연구원, 2011)와 이와 반대로 '경세치용을 중시하는 실학자들의 인식과 같은 맥락에서 비롯된 개혁안'으로 평가한 연구(김성윤,「『홍범연의』의 정치론과 군제개혁론 -葛庵 李玄逸을 중심으로 한 조선후기 영남남인의 실학적 경세론-」,『대구사학』83, 대구사학회, 2006 ; 김성윤,「『홍범연의』의 토지개혁론과 상업론-갈암 이현일의 경제사상과 그 성격-」,『퇴계학보』119, 퇴계학연구원, 2006)로 나눠져 있다.
3) 김성윤, 위의 논문,『퇴계학보』119, 퇴계학연구원, 2006, 101~106쪽.
4)『大山先生實紀』권1,「年譜」경종 2년(1722).

후 수차례 관직에 제수되었지만 대부분 사직하였고, 강학 활동에 힘쓰는 학자로서의 삶을 지향하였다. 그러나 자신에게 기회가 주어졌을 때는 적극적인 자세로 현실의 문제를 해결해 나갔다. 우선 지방관으로 임명되어 활동할 때는 해당 고을의 폐단을 바로잡고 백성들의 삶을 개선하기 위해 노력하였다. 連原察訪 시절엔 관내의 각 驛을 살펴 폐단을 상급 관아에 보고하였고, 자신의 녹봉을 헐어 역졸들의 어려운 상황을 구제해 주었다. 延日 縣監으로 부임하였을 때는 가뭄을 해결하기 위해 직접 아전과 백성을 통솔해 하천을 준설하기도 하였다. 기근으로 위기에 처한 연일의 백성들을 구제하기 위해서는 법을 위반하면서까지 소금을 구워 그 이득을 진휼 비용으로 활용하였다. 이 일로 이상정은 훗날 의금부의 심문을 받았고, 결국 수령의 직첩을 삭탈하는 처벌이 내려졌다.[5]

뿐만 아니라 「科擧私議」를 지어 당시 과거제도의 폐단과 근원을 두루 살핀 후 인재 선발과 관련한 개혁안을 제시하기도 하였다.[6] 또 1781년(정조 5)에는 형조 참의를 사직하는 상소에서 임금의 덕을 陳勉하는 9개의 방안을 함께 올렸다. 그는 임금이 덕을 함양하기 위해선 '立志, 明理, 居敬, 體天'을 중시하고, 임금 스스로 수양과 함께 학문에 성실하게 임해야 한다고 하였다. 그리고 실제 정사를 운영할 때는 '納諫, 興學, 用人, 愛民, 尙儉'을 우선할 것을 강조하였다.[7] 이 같은 주장은 국가 운영과 관련한 이상정의 경세론적 인식의 단면을 보여주는 것이라 할 수 있다.

그러나 '학문의 진흥[興學], 인재 등용의 중요성[用人], 애민정신의 강조[愛民]' 등은 구체적인 개혁 방안이기보다는 성리학적 사고에 입각한 이상적인 방법론에 가까웠다. 숙종 대 이후 영남 남인은 중앙 정계에서의 실각으로 그 영향력이 향촌지역으로 한정되었다. 그들은 퇴계학맥의 계승을 통해 정체성을 확립하고, 향촌 사회 운영의 주체인 재지사족으로서의 입지를

---

5) 『大山先生實紀』 권1, 「年譜」 영조 14년(1738) ; 영조 29년(1753) ; 영조 31년(1755).
6) 『大山先生實紀』 권1, 「年譜」 영조 15년(1739).
7) 『大山集』 권4, 疏 「三辭刑曹參議仍陳勉君德疏」.

다져나가는 것으로 축소된 입지의 위기를 극복하고자 하였다. 이 과정에서 영남 남인의 경세관 또한 국가 운영에 대한 전반적인 고민보다는 자신들과 직접 관련을 맺고 있는 범위의 사회문제에 맞춰지게 되었을 것으로 보인다. 이상정이 보여 준 인재 선발제도의 개선 논의와 지방 수령으로서 향촌 사회가 직면한 여러 폐단을 해결하기 위한 노력 등은 이와 같은 상황을 반영하는 것이라 할 수 있다.

이처럼 18세기 이후 영남 남인은 이현일의 경세론에 관심을 두고 이를 계승하고 있었지만, 그것을 시대적 상황에 적용해 국가운영과 관련한 구체적이고 총체적인 개혁안을 제시하지는 못하였다. 하지만 이상정이 제시한 과거제와 교육제도의 개혁안들은 영남 남인의 관계 진출 방안 마련을 위한 체계적이고 구체적인 구상이었다.[8] 또 그는 극심한 기근으로 가문이 위기에 처하자 자신의 서적을 헐값에 판 돈으로 친척을 구휼하는 등 능동적인 자세로 현실문제를 극복해 나갔다.[9] 이상정의 경세관은 자연스럽게 류장원과 남한조 등 그의 문인들에게 전승되었을 것이다. 나아가 류치명의 경세관 형성에도 영향을 미쳤을 것으로 보인다.

한편 家學 또한 류치명의 학문관 구축에 중요한 부분을 차지하고 있었다. 전주류씨 수곡파의 입향조인 류성의 아들 류복기는 외숙부 김성일에게 학문적 가르침을 받으며 성장하였고, 문중의 자제들을 위한 강학 장소로 岐陽書堂을 건립하였다. 이후 기양서당은 가문의 교육과 문중 결속에 중심적 역할을 담당하는 장소가 되었다. 이 외에도 가문 내 학자들은 枕澗亭[류승현], 東巖亭[류장원] 등의 교육 공간을 마련하여 문중 자제들에게 가학을 전수하였다.

---

8) 이상정의 경세론과 관련해서는 이욱, 「18세기 영·호남 性理學者의 經世論 - 李象靖과 魏伯珪의 教育 및 科擧制 改革案을 중심으로 - 」, 『국학연구』 9, 한국국학진흥원, 2006 ; 우인수, 『朝鮮後期 嶺南 南人 研究』, 경인문화사, 2015, 318~330쪽을 참고할 수 있다.
9) 『大山先生實紀』 권1, 「年譜」 영조32년(1756).

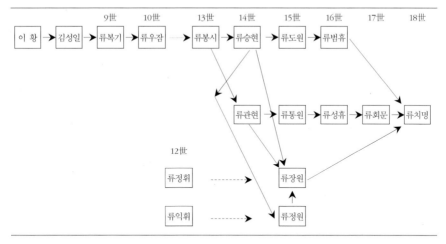

〈그림 2-1〉 류치명의 가학 전승도[11]

　류치명 가문은 이황에서 '김성일 - 장흥효 - 이현일 - 이재 - 이상정'으로
이어지는 퇴계학맥을 계승하였고, 이상정에게 입문하여 가르침을 받는 이
들도 많았다. 그들은 이상정의 학문과 사상을 '湖學'으로 명명하였고, 그의
이론을 집대성하는 데에 주력하였다.[10] 19세기 수곡파 가문은 안동을 중
심으로 한 영남학계를 주도하는 위치에 있었고, 류치명은 가문의 학문적
입지를 상징하는 인물이었다.

　수곡파 가문의 가학에서 빼놓을 수 없는 부분은 禮學의 발달이다.[11] 류
복기는 김성일에게 喪祭禮와 관련한 절차를 배우며 예와 관련한 가문의
실천윤리를 정립하였다.[12] 예학에 대한 관심과 존숭은 대대로 이어졌고,

---

10) 권오영, 「전주류씨 수곡파의 가학연원과 사상적 특징」, 『전주류씨 수곡파 자료로
　　본 조선후기 양반가의 생활상』, 한국국학진흥원, 2004.
11) 전주류씨 수곡파 가문의 가학 특징과 그 전승과 관련해서는 '안동대학교 안동문화
　　연구소, 「2장 무실의 가학과 학문경향」(권오영)『안동 무실 마을 - 문헌의 향기로
　　남다』, 예문서원, 2008'에 자세히 정리되어 있다. 본 류치명의 가학 전승도는 권오
　　영의 연구 가운데 류치명과 직접적으로 관련된 가학의 전승 관계만 골라 재구성
　　한 것이다.

가문의 학자들은 많은 예서를 편찬하였다.13) 류치명의 스승이자 종증조가
되는 류장원은 가문의 예학을 대표하는 인물로 그가 편찬한『常變通攷』는
常禮와 變禮를 종합적으로 다룬 예서이다. 류장원은『주자가례』의 구성
체계를 넘어 家禮뿐만 아니라 鄕禮·學校禮·國恤禮에 이르기까지 검토의
범위를 확대해 영남의 예학을 집대성하였다. 더욱이 예서를 편찬하면서 時
宜에 적합한 예제를 강구하기 위하여 당색에 구애없이 노론과 소론의 禮
說까지 참고하는 개방성을 보여주었다.14)

　이후 류치명은 10년에 걸쳐 柳健休(1768~1834)·柳徽文(1773~1827)·柳鼎
文(1782~1839) 등과 함께『상변통고』를 교정해 간행하였고, 그 발문을 직
접 지었다.15) 그리고『상변통고』의 미비점을 보완하려는 노력의 일환으로
자신의 예설을 정리해「禮疑叢話」와『家禮輯解』를 저술하였다. 류치명은
예제란 지금의 제도와 풍속에 맞게 수정·변통이 가능해야 한다고 강조하
였다. 더하여 因襲에 젖어 변통할 줄 모르는 당시 예제의 현실을 비판하며,
시의를 고려해 번잡하고 실천이 꺼려지는 예제가 아닌 간략함을 통해 행
하기 수월한 예제를 마련해야 한다고 하였다.16) 즉 개방적인 자세로 시의
를 고려한 예제 정비에 힘쓴 류장원을 계승하며, 형식보다는 실생활에서
쉽게 적용할 수 있는 예제의 필요성을 주장한 것이다.

　유교적 수양을 통해 체득한 '예'를 현실에서 행하는 실천 규범인 '예학'
은 16세기 사림의 집권과 성리학의 이론적 심화 과정에서 조선후기 중요

12)『鶴峯集附錄』권3,「言行錄」.
13) 전주류씨 가문의 예학적 전통은 '권진호,「영남학파의『주자가례』수용양상 － 東
　巖 柳長源의『常變通攷』를 중심으로 －」,『국학연구』16, 한국국학진흥원, 2010,
　472~484쪽'에 정리되어 있다.
14) 권진호, 위의 논문, 489~494쪽 ; 남재주는 영남지역의 예서 목록과 그 인용 인물
　및 도서를 종합적으로 분석하여 '당색에 구애받지 않는 禮說 수용의 개방성'을 영
　남지역 예학의 특징으로 규정하였다(南在珠,「조선후기 예학의 지역적 전개 양상
　연구 － 영남지역 예학을 중심으로 －」, 경성대학교 박사학위논문, 2012).
15)『定齋集附錄』권1,「年譜」순조 30년(1830) 54세.
16) 南在珠, 위의 논문, 2012, 52~61쪽.

한 학문 분야로 자리 잡았다. 이황 역시 예학의 중요성을 강조하였고, 학맥을 계승한 학자들은 예서를 편찬하는 등 예학 정비에 심혈을 기울였다. 이 과정에서 예학은 향촌 사회 운영을 위한 경세의 도구로 활용되었다. 즉 '가례'의 정비는 문중의 결속을 다지며 서로 간의 유대 및 사족의 위치를 확고히 하는 데 도움이 되었다. '향례'를 통해서는 신분 질서의 확립과 향촌의 화합을 도모했으며, '학교례'의 정비는 유교적 가치관에 입각한 사회교화를 실현하는 데 일조하였다. 류치명 또한 재지사족으로서 향촌 사회 운영에 도움이되는 유교적 행동규범인 예학의 중요성을 인지하고 있었고, 예제의 정비를 통해 현실에서 실천 가능한 방안을 마련하기 위해 노력하였다.

　학문을 중시한 가문의 전통은 많은 학자를 양성하였다. 그들 대부분은 고향에 머물며 퇴계학의 심화와 후학양성에 주력하였으나, 문과 급제를 통해 관료가 된 이들도 있었다. 특히 후자의 경우 학문적 역량은 물론이고, 지방관으로 부임하여 백성을 살피며 선정을 베풀어 칭송받은 이가 많았다.[17] 류치명의 고조부가 되는 陽坡 柳觀鉉(1692~1764)은 1735년(영조 11) 문과에 급제하였고, 1753년(영조 29)에는 鏡城判官에 제수되었다. 경성에 부임한 그는 백성들에게 폐해가 되던 제도를 개선해 나갔으며, 부당한 세금을 감면해 주거나 철폐하였다. 임기가 다한 후에도 감사의 요청으로 한 해 더 경성에 머무르게 된 류관현은 자비로 쌀 천여 石을 마련하고, 군영에서 곡식을 충당해 기근에 처한 백성을 구휼하는 데 힘썼다. 목민관으로서의 활약은 정약용의 『목민심서』에서 본받을 만한 행적으로 소개되기도 하였다.[18] 뿐만 아니라 평소 어려운 집안 살림을 일으키기 위해 명분에 구

---

17) 전주류씨 수곡파 가문 내 문과 급제자의 목민관 활동과 관련해서는 '柳榮洙, 「全州柳氏 水谷派 家學의 形成과 展開」, 경북대학교 석사학위논문, 2008, 88~93쪽'에 자세히 서술되어 있다.
18) 『牧民心書』 권1, 律己六條 「飭躬 律己第一條」; 『牧民心書』 권2 律己六條 第二 「樂施 條己第六律」; 『牧民心書』 권14, 解官六條 「遞代 解官第一條」.

애받지 않고 직접 농사를 지어 생계를 책임졌으며, 기근으로 힘들어하는
친척들을 돕는 데도 최선을 다하는 등 현실적이고 실천적인 경향을 보여
주었다.19)

三山 柳正源(1702~1761)은 류관현의 형인 愼窩 柳升鉉(1680~1746)의 문
하에서 수학한 인물이다. 류관현과 같은 해 문과에 급제하였고, 1749년(영
조 25)에는 慈仁縣監에 제수되어 농업을 장려하고 풍속을 교화하는 데 힘
썼다. 고을의 소가 모두 역병으로 죽자 직접 官錢을 내어 백성들에게 소를
사 주었으며, 백성들에게 부과되는 세금을 감면해 주었다. 당시 자인현이
경주 소속이었다가 독립 현이 되자, 軍額과 良役이 증가하고 환곡은 먼 거
리의 대구와 칠곡에서 받아오는 등 백성들의 어려움이 극심하였다. 류정원
은 이 문제를 직접 감영에 건의해 백성의 부담을 줄여주었고, 환곡은 경주
에서 받도록 해주었다. 1755년(영조 31)에는 通川郡守로 부임하였는데 그
해 흉년이 들자 1,800 石의 곡식을 마련해 진휼하였다. 飢民들에게는 죽을
쑤어 나누어 주었으며, 날씨와 병으로 진휼미를 받으러 오지 못하는 자가
있으면 직접 찾아가 쌀을 나누어 주기도 하였다.20)

류관현과 류정원은 문과 급제 후 사도세자의 교육을 담당하였을 만큼
학문적 역량을 인정받고 있었다. 특히 지방행정의 책임자인 수령에 임명되
자 어려움에 처한 백성들을 위하여 적극적으로 사회폐단의 해결방안을 모
색하였고, 최선을 다해 자신의 임무를 수행하였다. 자비를 털어서까지 구
휼에 힘쓴 그들의 노력은 후대에 귀감이 되기에 충분한 것으로, 이는 현실
문제에 대한 관심과 실천적 개혁 의지 없이는 불가능한 것이었다. 여기서
류관현은 류치명의 고조부이며, 류치명의 스승인 류장원은 류정원의 문하
에서 수학한 인물이다. 류치명은 가학의 전승 과정을 통해 자연스럽게 선
조의 목민관으로서의 활약을 전해 들었을 것으로 보인다. 그리고 지방관으

<hr>

19) 『大山集』 권51, 行狀 「通政大夫刑曹參議陽坡柳公行狀」.
20) 『大山集』 권52, 行狀 「通政大夫司諫院大司諫三山柳公行狀」.

로서의 책임감과 실천의지 등 경세적 능력의 중요성을 인지하게 되었을 것이다.

2) 근기지역 성호학파와의 교유

조선후기 영남 남인과 근기 남인은 퇴계학을 계승하고 있다는 공통점을 기반으로, 학문적 교유 및 '文字'의 교환을 통해 지속적인 제휴 관계를 유지하고 있었다. 특히 정조 대 근기 남인과 영남 남인 간의 긴밀한 정치적 제휴는 '영남만인소'로 대표되는 상소 운동을 통해 노론 세력에 대응해 정치적 열세를 극복하려는 움직임으로 나타났다.[21] 이후 順菴 安鼎福(1712~1791) 계열로 이어지는 성호학파는 꾸준히 영남의 학자들과 교유하며 관계를 유지하였다.

星湖 李瀷(1681~1763)은 '이황 - 정구 - 허목'으로 이어지는 학맥을 계승한 근기 남인의 대표 학자이다. 그는 평생 이황을 존경하며 학문을 계승하기 위해 노력하였다. 29세의 나이로 여러 벗과 청량산을 돌아본 뒤 도산서원을 방문하였던 이익은 경건한 자세로 서원의 이곳저곳을 돌아보며 이황을 회상하였고, 깊은 감회를 표현하였다.[22] 이황에 대한 이익의 존경심은 자연스럽게 영남에 대한 관심으로 이어졌다. 그는 "풍수지리적으로 영남(안동과 예안)은 우리나라의 알맹이로 국가의 운명을 좌우하는 인재 역시 이곳에서 나올 것"이라고 하며 영남에 대한 동경과 기대를 나타내었다.[23]

이익은 당시 영남의 여러 학자와 교유하였다. 그 중 淸臺 權相一(1679~

---

21) 李樹健,「朝鮮後期 嶺南學派와 '京南'의 提携」『嶺南學派의 形成과 展開』, 일조각, 1995.
22) 『星湖全集』 권53, 記「遊淸涼山記」,「謁陶山書院記」;『星湖僿說』 권17, 人事門「陶山祠」.
23) 『星湖僿說』 권1, 天地門「白頭正幹」.

1760)과는 25년간 편지를 주고받으며 긴밀한 관계를 지속하였으며, 사단칠
정에 대한 논쟁을 통해 근기와 영남의 사상적 견해 차이를 확인하기도 하
였다.24) 권상일 외에도 이익은 丁時翰(1625~1707), 李萬敷(1664~1732), 安
景時(1712~1794), 安景漸(1722~1789) 등과 종유하며 영남 남인과 지속적인
관계를 유지하였다.25) 이 외에도 영남에서 편찬되고 있었던 이황의 저작
과 관련 자료들에 대하여 꾸준한 관심을 보였다. 또 조정의 영남 남인 분
열책에 우려를 표하며, 영남지역의 선비들이 이황의 유풍을 이어 그 위기
를 극복해 나가길 기대하였다.

특히 이익은 이상정을 주목하였다. 1757년(영조 22) 권상일에게 보낸 편
지에서 이익은 이상정이 강학에 專心하고 있고 장차 士友의 기대에 부응할
것이란 말을 들었다고 하며 관심을 표하였다.26) 이상정 또한 『四七新編』,
『家禮疾書』 등 이익의 저술을 읽으며 그의 사상을 접하고 있었다. 이상정
은 金樂行(1708~1766)의 부탁으로 자신이 소장하고 있던 몇 권의 책을 보
낸 적이 있었는데, 그중에는 이익의 『사칠신편』도 포함되어 있었다.27) 이
는 김낙행이 평소 이상정이 이익의 학문에 관심을 갖고 그의 저술을 소장
하고 있었다는 사실을 인지하고 있었다는 것을 보여주는 것이다. 특히 이
상정은 『가례질서』에 제시된 이익의 논의는 매우 분명한 것으로 잘못된
사례들을 바로잡을 수 있는 기준이 될 수 있다고 평가하였고, 예설과 관련
한 질문에 답할 때도 이익의 견해를 참고였다.28)

한편 안정복과 이상정은 생전에 만난 적은 없으나 편지로 서로의 학
문을 높이 평가하며 뜻을 함께하는 사이라는 것을 누차 확인하였다. 안정

---

24) 安秉杰, 「星湖 李瀷의 퇴계와 영남에 대한 관심 - 權相一과의 편지를 중심으로 - 」,
『한국실학연구』 18, 한국실학학회, 2009.
25) 정순우, 「성호학맥과 영남 유림」, 『성호학보』 14, 성호학회, 2013, 429~432쪽.
26) 『星湖全集』 권14, 書「答權台仲 丁丑」. "向聞李大夫象靖氏專心講學 此必日有
趨進 大副士友之望 其果然否"
27) 『大山集』 권11, 書 「答金退甫」.
28) 『大山集』 권41, 雜著 「讀李星湖家禮疾書」.

복은 학맥 계승의 어려움을 겪고 있던 근기지역과 달리 영남에서는 斯文의 맥락이 유지되고 있는 것을 부러워하였다.[29] 그리고 이황 외에 류성룡, 정구, 장현광 등 영남 내 유명 학자들의 저술과 그 간행 여부에 관심을 보이며 근기와 영남의 활발한 교유를 희망하였다.[30]

이상정 또한 근기의 학맥을 계승할 후학에 대해 관심을 보이며, 안정복을 이익의 遺文을 수습하고 간행할 적임자로 보았다.[31] 이는 그가 안정복을 이익의 嫡傳으로 여겼다는 것을 보여주는 것이다. 특히 이상정은 안정복의 '下學'지향적 학문 성향을 긍정적으로 평가하였다.[32] 그는 영남의 선비들이 四七說과 관련한 上達 공부에만 집중하고 하학을 소홀히 한 결과 실천적 경향이 약화 되고 있다고 보았다. 이에 염려의 뜻을 담아 자신의 생각을 여러 벗에게 전하였으나 받아들여지지 않았다고 하며, 하학을 중시하는 안정복의 견해에 동의하는 뜻을 나타내었다.[33]

이상정의 문인인 남한조와 정종로도 안정복의 학문과 사상을 가까이하였다. 안정복은 남한조와 정종로를 이상정의 후계자로 여기며 많은 기대를 하였고, 남한조와 정종로 또한 안정복을 존경해 직접 찾아가기도 하였

---

29) 『順菴集』 권5, 書「答大山李景文 象靖 書 戊子」.

30) 『順菴集』 권5, 書「與李景文書 庚寅」.

31) 『大山集』 권14, 書「答安百順 己丑」.

32) 안정복은 29세(1740년(영조 16))에 『下學指南』의 초고를 저술한 후 44년 뒤인 1784년(정조 8) 「題下學指南書面」이라는 제문을 붙였다. 『하학지남』은 학자들이 일상생활에서 지켜야 할 실천 사항을 조목별로 정리한 일종의 행동 지침서이다. 그는 당시 학자들이 '務遠忽近' 즉, 먼 것에 힘쓰고 가까운 것을 소홀히 하는 경향에 반대하며, 일상생활에 직접적으로 관련이 있는 학문인 '下學'에 힘쓸 것을 강조하였다(강세구, 「『하학지남』을 통해 본 초기 안정복의 학문 성격」, 『순암 안정복의 학문과 사상 연구』, 혜안, 1996). 안정복은 학문에 임하는 태도는 '時義'의 관점에 따라 변화해야 하는 것으로 보았다. 그러므로 학자들이 예전처럼 理氣·心性 문제에만 관심을 쏟을 것이 아니라 우선적으로 '下學'에 집중하고 이를 통해 上達하여 天理를 실현할 것을 강조하였다(원재린, 「順菴 安鼎福(1712~1791)의 下學觀과 '東事' 이해」, 『한국실학연구』 6, 한국실학학회, 2003, 66~69쪽).

33) 『大山集』 권14, 書「答安百順 庚寅」.

다.34) 당시 안정복은 성호학파 내 젊은 문인들이 異端인 西學과 陽明學에 경도되고 있는 상황을 걱정하며, 그 분위기가 더이상 확산되지 못하도록 이단과 관련한 저술을 남겨 후학에게 전하기 위해 노력하고 있었다. 이단에 대한 철저한 배격은 안정복 계열 성호학통의 주요 이념이었고, 이는 퇴계학을 존숭하고 있었던 영남 남인의 견해와도 부합하는 것이었다.

남한조는 1782년(정조 6)과 그다음 해, 과거길을 이용해 안정복을 방문하였다. 이때 안정복은 남한조에게 천주교와 관련한 저술의 교정을 부탁하였고, 역량 부족을 이유로 거절하자 수년 후 다시 사람을 보내「天學或問」을 전해 주었다.35) 이는 그가 남한조를 학문적으로 신뢰하고 있었다는 것을 보여주는 것이다. 나아가 斯文의 수호를 위해 이단을 배격해야 한다는 자신의 신념을 남한조의 학문적 입지를 이용해 영남의 학자들에게 전하고자 했던 뜻도 포함되어 있었다고 생각한다.36)

두 사람은 서학에 대한 경계 외에도 서로 간 학맥의 동향과 안부를 물으며 학문에 대한 각자의 생각을 나누었다. 안정복은 당시 학자들이 하학을 소홀히 하면서 理氣 및 四端七情과 관련한 공부에만 치우치고 있는 풍조를 폐단으로 지적하며, 하학을 통한 실천의 중요성을 강조하고 이 뜻을 영남의 후학들에게 전해줄 것을 남한조에게 부탁하였다.37) 남한조는 이를 수긍하면서 하학을 통해 학문의 폐단을 살피는 것에 일정 부분 동의하였다. 그러나 '自得'을 학문의 방법으로 삼는 근기 남인의 경향에는 반대하

34) 강세구,「星湖死後 星湖學統의 變遷과 性格」,『성호학보』1, 성호학회, 2003, 202쪽.
35)『損齋集』권12, 雜著「安順庵天學或問辨疑」.
36) 남한조는「천학혹문」을 전해 받은 뒤, 그 영향으로「安順庵天學或問辨疑」를 저술하였다. 그는 당시 서학이 성한 풍조 속에서 '或問'이란 편명은 엄중하지 않다고 하며 제목을 바꿀 것을 제안하였다. 안정복은 이후「천학혹문」의 내용을 수정·보완하였고, 최종적으로 제목을「天學問答」으로 바꾸었다(서종태,「順菴 安鼎福의 <天學設問>과 <天學考>·<天學問答>에 관한 연구」,『교회사연구』41, 한국교회사연구소, 2013, 21쪽).
37)『順菴集』권8, 書「答南宗伯 漢朝 書 丙午」.

며, 성호학파와의 인식 차이를 분명히 하였다.38)

정종로는 1789년(정조 13년) 우의정 채제공에게 '경학과 문장이 蔚然하여 영남의 제일인자'라는 극찬을 받으며 그의 추천으로 의금부 도사에 제수되었다.39) 평소 안정복의 博學과 高行에 대해 들어온 정종로는 이를 계기로 직접 경기도 광주 덕곡에 들러 그의 거처를 방문하였다.40) 이에 감격한 안정복은 며칠 뒤 정종로에게 편지를 보내 남한조와 함께 대업에 힘써 儒道를 책임져주길 당부하였다.41) 정종로도 답장을 보내 안정복의 『下學指南』을 '門目이 明備하고 工程도 긴요한 치밀한 저술'이라 평하며, 이 책을 후학에게 전해 그 뜻을 지키고 실천에 힘써야 한다고 하였다.42)

안정복은 천주교로 인해 근기지역 내 성호학파가 분열의 위기에 처하자 학맥을 유지하는 방편의 하나로 영남지역의 학자들에게 관심을 기울였다. 이는 스승이었던 이익이 평소 영남에 갖고 있었던 긍정적 인식과 무관하지 않을 것이다. 이상정 계열로 대표되는 학자들 역시 안정복의 이단에 대한 철저한 배격에 동의하며, 서로 간의 유대를 통해 斯文을 지켜나가고자 하였다. 뿐만 아니라 '하학'의 중요성을 주장한 안정복의 견해에 대하여 이상정·남한조·정종로는 모두 그 필요성에 일정 부분 공감을 표하기도 하였다.43) 그러므로 남한조를 통해 이상정의 학맥을 계승한 류치명은 성호학

---

38) 『損齋集』 권2, 書 「答順庵安丈 丁未」.

39) 우인수, 「立齋 鄭宗魯의 嶺南南人 學界內의 位相과 그의 現實對應」, 『동방한문학』 25, 동방한문학회, 2003, 117쪽.

40) 『立齋別集』 권10, 「年譜」 정조 13년(1789) 52세.

41) 『順菴集』 권8, 書 「與鄭都事士仰 宗魯 書 己酉」.

42) 『立齋集』 권9, 書 「與安順庵」 "伏見執事所著下學指南一部 則門目明備 工程緊密 歷選古賢之書 其喫緊爲人開示之功 似無大過於此者 退陶老先生所謂斯道不亡於東方 此書必傳於後世者 眞是之謂矣 世之學者 苟能依此而用力焉"

43) 한편 양측은 학풍의 차이에 따른 비판적 견해도 갖고 있었다. 안정복은 영남 남인의 학문적 특징을 師承에 의존하는 '見聞傳受'라 하였고, 남한조 역시 성호학파에서 중시했던 '自得'과 '博學'을 近世 학문의 두 가지 폐단으로 지적하기도 하였다(구만옥, 「好古窩 柳徽文(1773~1832)의 璿璣玉衡論 -『滄浪答問』을 중심

파의 이단에 대한 견해뿐만 아니라 하학 즉, 일상생활의 실천과 관련한 학
문의 중요성을 인지하고 있었을 것으로 보인다.

더욱이 류치명은 성호학파와의 직접적인 교유를 통해 19세기 근기지역
의 동향과 학문적 특징을 파악하고 있었다. 안정복 사후 성호학맥은 黃德
壹(1748~1800)과 黃德吉(1750~1827) 형제를 중심으로 전승되었다. 그들은
안정복을 이익의 학문을 계승한 적통으로 생각하였고, 스승의 학문과 사상
을 계승하며 후학 양성에 힘을 쏟았다. 황덕일이 53세로 사망한 이후에는
황덕길이 중심이 되어 문인들을 이끌어갔고, 하학을 중시하고 이단을 배척
한 안정복의 가르침을 전승하고자 노력하였다. 황덕길의 문인이었던 性齋
許傳(1797~1886)은 황덕길이 이익의 「禮說」, 「僿說」, 「疾書」, 「四七新編」,
「藿憂錄」, 「文集」 등 100여 편의 저술을 소유하고 있으며, 이익의 학문을
중시하였다고 평가였다.44) 이처럼 황덕길은 안정복 사후 성호학통의 계승
자를 자처하였고, 그의 문인들은 황덕길을 통해 이익의 저술을 직접 접할
수 있었다. 황덕길 또한 영남 남인에 대해 지역적으로는 떨어져 있지만, 모
두 퇴계학을 존숭하는 밀접한 관계라 생각하였다. 이에 영남 유림의 동향과
학문적 논의에 많은 관심을 보였다.45)

順窩 安景禕(1781~1857)는 황덕길의 문인으로 류치명과 직접 교류한 인
물이다.46) 안경의는 흩어져 있는 글을 모아 1838년(헌종 4) 황덕길의 문집
을 완성하였다. 그리고 1842년(헌종 8), 황덕길이 미처 마치지 못하였던 안

─────────

으로 ─ 」, 『한국사상사학』 39, 한국사상사학회, 2011, 180~183쪽).
44) 『性齋集』 권18, 祭文 「祭星湖李先生墓文」.
45) 강세구, 「黃德壹·黃德吉 형제의 星湖學統 再起」, 『성호학통연구』, 혜안, 1999, 129~
155쪽.
46) 안경의는 31살(1811년(순조 11))부터 황덕길의 문하생이 되어 성호학파의 재기를
위해 노력한 인물이다. 그의 집안은 일찍이 이익의 문인들과 친분을 맺고 있었고,
그 역시 정약용(1762~1836)·정학연(1783~1859) 父子와의 교유를 통해 19세기 성
호학파의 상황을 파악하고자 노력하였다. 안경의는 당대 근기 남인들에게 황덕길
의 정통을 이을 위치에 있다는 평가를 받았다(강세구, 「順窩 安景禕와 19세기 星
湖學統의 확산」, 『성호학보』 6, 성호학회, 2009).

정복의 유고 정리를 다시 시작해 7개월 뒤 정서를 끝내『順菴集』을 완성하였다.[47] 주목할 만한 것은 안경의가 자신이 정리한 안정복·황덕길의 유고들을 이익의『李子粹語』등과 함께 베껴 안동의 류치명에게 보냈다는 사실이다.

당시 류치명은 2년간의 초산도호부사 임기를 마치고 안동으로 돌아온 후, 승지와 공조 참의에 차례로 제수되는 등 조정에서의 인지도를 유지하고 있었다. 1843년(헌종9) 5월에는 사림들의 추대를 받아『퇴계집』重刊의 主刊事를 맡아 이황의 嫡傳을 계승한 학자로서의 입지를 다져갔다.[48] 이에 스승들의 유고를 정리하며 성호학파의 재기와 학문의 계승에 힘을 쏟고 있던 안경의는 학맥을 전승시켜나갈 대안으로 영남의 류치명에 주목하였다.

안경의는 1843년(헌종 9) 4월 8일, 류치명에게 편지를 보내 고조인 安如石(1630~1695)의 墓銘을 작성해주기를 간곡히 부탁하였다. 그리고 황덕길이 쓴 행장을 함께 보내 참고하도록 하였다.[49] 조선후기는 가문 의식의 성장으로 인해 조상의 묘비와 묘지명 등의 작성이 많이 증가한 시기였다. 大儒로 칭해지던 이들의 문장과 명필을 받아 조상의 묘비와 묘지명을 만드는 작업은 당시 사대부 사회에서 큰 조류를 형성하였고, 이는 점점 더 왕성히 행해졌다.[50] 사대부들은 이 과정을 통해 가문의 입지를 확보하였고, 大儒를 정점으로 학파 내 학자들과의 동류의식을 강화해 나갔다. 즉 안경의가 류치명에게 조상의 묘비명을 부탁한 것은 류치명의 학문적 입지에 대한 신뢰의 표현임과 동시에 적극적으로 영남 남인과의 연결고리를 만들려는 의도가 포함된 것이었다.[51]

---

47) 안경의가 안정복과 황덕길의 유고를 정리하는 과정은 '강세구, 앞의 논문, 351~358쪽'에 상세히 정리되어 있다.
48) 『定齋集附錄』권1,「年譜」헌종 9년(1843) 67세.
49) 『順窩遺藁』권2, 書「與柳承旨(致明)書 癸卯四月初八日」.
50) 정해득,「조선시대 墓制 연구」,『조선시대사학보』69, 조선시대사학회, 2014, 59~62쪽.
51) 류치명은 안경의의 부탁을 받아들여 안여석의 묘갈명을 작성해주었다(『定齋集續

　또 안경의는 쇠퇴하고 있는 근기지역의 학풍을 한탄하며 斯文의 一脈이 오직 영남에서만 유지되고 있다고 하였다. 이어 근기와 영남은 氣類가 서로 통하는 면이 있으므로 자신이 繕寫한 안정복의 문집을 보내니 이를 영남의 유림과 후학들에게 전해 안정복의 뜻이 영남에서 이어질 수 있기를 간청하였다.[52] 이때의 인연을 계기로 훗날 류치명은 안경의의 묘지명을 지었다. 그는 안경의가 당시 근기지역에 성호학통을 계승할 사람이 없는 것을 한스럽게 여기고 친히 안정복의 遺集을 베껴 영남에 전해주며 그 연원을 알고 후학들에게 전수해줄 것을 간곡히 원했다고 회상하였다.[53]

　안경의가 안정복의 유고 정리를 완성해 발문을 쓴 것이 1843년 2월 상순이었던 것을 고려한다면,[54] 그는 문집을 완성한 직후 27권 15책 분량의 『순암집』을 2개월 만에 베껴 영남의 류치명에게 보낸 것이 된다. 그리고 이때 『이자수어』와 황덕길의 유고도 함께 영남으로 보냈다.[55] 이 같은 사실은 안경의가 『순암집』을 완성해 가는 과정에서 이미 이를 영남에 전할 것을 계획하고 있었고, 서둘러 일을 진행했다는 것을 확인시켜 준다. 이후에도 안경의는 수차례 류치명에게 편지를 보내 교류를 이어 나갔다. 그는

集』권11, 墓碣銘「嘉善大夫兵曹參判安公墓碣銘 幷序」).

52) 『順窩遺藁』권2, 書「與柳承旨(致明)書 癸卯四月初八日」. "噫 吾近畿已矣無有乎爾 而一脈斯文惟在於嶺中 氣類相感 固不以地之遠近而有間 故頃於斗湖席上 雖甚凌遽 而敢忘僭越 略有所仰瀆者也 惟我先生八十年 憕憕眞工之形著者 都在於本集 故玆以繕寫一本仰呈 覽過一通 可以見造道之淺深 其尊信而不使至於泯沒 惟在嶺表僉君子意向之如何耳 愚何敢强聒也 且其弁卷文字所不可無者 亦望先生爲之立一言表場之 使嶺中後進知有我先生 千萬千萬."

53) 『定齋集續集』권11, 墓誌銘「永陵參奉順窩安公墓誌銘 幷序」. "常恨星湖李先生以下諸公 無崇奉之地 親寫順庵遺集 傳及嶺外 俾知淵源傳授 又眷眷接引後輩"

54) 『順窩遺藁』권6, 跋「順菴先生文集跋」. "崇禎後四癸卯二月上澣 後學安景禕謹跋"

55) 안경의는 류치명 외에 그의 甥姪인 李晩慤(1815~1874)과도 인연을 맺고 있었다. 이만각이 지은 안경의의 誄文에 의하면 당시 안경의가 그의 맏아들을 시켜 손수 필사한 『順菴先生全書』와 『이자수어』를 보내 영남의 인사들을 위한 강독자료로 삼게 하였고, 황덕길의 言行 대략을 찬술해 함께 보내었다(강세구, 앞의 논문, 2009, 358쪽).

류치명과 영남의 학문을 칭송하였고, 성호학통이 영남에서 전승되기를 간절히 희망하였다.[56]

이처럼 류치명은 18세기 영남 남인들보다 더 직접적으로 성호학파의 실상을 파악하고 있었고, 그들의 저술을 읽으며 학문적 특징을 접하고 있었다. 정계에서 멀어져 입지가 약해진 영남 남인에게 지역은 다르더라도 이황을 존숭하며 이단에 대한 철저한 배격 의식을 가진 성호학파와의 교유는 '남인'의 입지를 지켜갈 수 있는 하나의 방편이 되었을 것이다. 더욱이 류치명은 오랜 시간 근기지역과 관계를 이어 온 학맥의 영향으로 보다 수월하게 그들의 사상과 학문을 수용할 수 있었다. 이는 그의 학문과 인식의 범위가 넓어지고 다양해지는 계기가 되었을 것으로 보인다. 특히 일상생활에 관심을 두고 실천을 중요시하는 성호학파의 '하학' 중시 경향은 류치명의 경세관 형성에 적지 않은 영향을 끼쳤을 것이다.

---

[56] 황덕길 이후 근기 남인의 성호학통은 허전에 의해 계승되었다. 그는 21세부터 황덕길 문하에서 수학하였고, 1835년(헌종 1) 문과에 급제하였다. 특히 1867년(고종 4) 3월부터 3년여 동안 김해도호부사로 재임하면서 활발한 강학 활동을 통해 수백 명의 문인을 양성하였으며, 그 결과 김해를 중심으로 독자적인 학파를 형성하였다. 그들은 근기 남인의 학문을 이어받아 經學과 禮學 뿐만 아니라 현실문제와 민생의 안정에 많은 관심을 보였다(강동우,「性齋 許傳의 江右地域 門人 考察」,『남명학연구』31, 경상대 경남문화연구원, 2011, 207~205쪽). 특히 허전은 19세기 조선의 심각한 모순을 인식하고 구체적인 제도 개혁안을 구상하여「三政策」을 작성해 올리는 등 현실문제 해결에 적극적인 모습을 보여주었다. 그의 경세론은 적극적인 국가 개입과 제도 쇄신을 통해 유교적 국가를 실현하고자 하는 것이었다(정욱재,「性齋 許傳의 경세론 -「三政策」을 중심으로-」,『한국인물사연구』19, 한국인물사연구회, 2013). 허전의 문인들은 을사의병운동 당시 경남 의병운동의 주축 세력으로 활약하였고 충북지방의 유생들과 상호 연대하는 모습도 보여주었다(강대민,「性齊 許傳 門徒의 義兵運動」,『문화전통논집』6, 경성대 한국학연구소, 1998).

3) 명대 유학자의 救荒策 수용

류치명의 경세관에서 눈길을 끄는 것은 그가 초산도호부사시절 명대 유
학자인 王廷相(1474~1544)과 林希元(1482~1567)[57)]의 이론을 활용해 진휼
을 시행했었다는 사실이다.[58)] 왕정상[59)]과 임희원[60)]은 명나라 嘉靖 연간
관직에 임하며 백성의 삶을 안정시키기 위한 정책을 제시한 인물들이다.
그들이 살았던 명 중기는 심한 가뭄으로 인해 기근을 구제하고 백성들의
곤궁한 삶을 개선하는 방안 모색이 중요한 사회문제로 대두되던 시기였
다.[61)] 왕정상은 당시 상황을 '큰 기근과 가뭄으로 백성들이 끼니를 거르고

---

57) 이와 관련해 류치명의 연보에는 '成希元荒政撮要'로, 家狀에는 '王廷相叢言'으
로 기록되어 있다. 여기서 연보에 나오는 '성희원'은 명뿐만 아니라 중국의 다른
시기 문헌에서도 찾을 수 없는 인물이다. 그리고 「황정촬요」는 성희원이 아닌
명대 관료이자 사상가였던 安希范(1564~1621)의 저술이었다. 반면 家狀에 나오는
「叢言」과 관련해서는 명대 관료인 林希元(1482~1567)이 1529년(嘉靖 8년) 「荒政
叢言」이란 명칭의 상소를 황제에게 올린 바 있었다. 여기서 '임희원'은 연보에 기
록된 '성희원'과 성만 다를 뿐 같은 이름이라는 것을 알 수 있다. 그러므로 류치명은
명대 유학자 '임희원'의 「황정총언」의 내용을 검토해 진휼에 활용하였고, 이후 후
학들이 연보 및 가장을 작성하는 과정에서 착오가 생긴 것이라 유추해볼 수 있다.
58) 『定齋集附錄』 권1, 「年譜」 헌종 6년(1840) 64세, "嘗愛明人成希元荒政撮要及王
廷相社會法 取用之 而其條制尤緊密" ; 『定齋集附錄』 권5, 「家狀(門人 柳致游)」.
"設賑政 ……而一依王廷相叢言"
59) 왕정상의 자는 子衡이고, 호는 浚川으로 하남성 儀封(현재 蘭考縣) 출신이다.
1502년(弘治 15) 進士를 시작으로 湖廣按察使, 都察院左都御史, 兵部尚書 등의
관직을 역임하였다. 그는 명대 사상가이자 정치가로 경학사상 및 교육사상에 대한
많은 연구가 진행되었다. 특히 개혁을 통해 민생을 안정으로 이끌기 위해 노력한
실무형 정치가로 평가받고 있다(岳天雷, 「王廷相民生思想述 論」, 『學習論壇』
25-10, 2009, 65쪽).
60) 임희원의 자는 茂貞, 호는 次崖로 복건성 同安(현재 廈門市同安區) 출신이다.
1517년(正德 12) 進士가 된 후 南京大理寺評事, 泗州判官, 欽州知州, 廣東按察
僉事 등을 역임하였다. 그는 명대 理學사상 발전에 중요한 위치를 차지하고 있으
며, 특히 구황책 발전에 큰 공헌을 한 인물로 평가받고 있다(李秋芳, 「林希元救
荒思想述論」, 『農業考古』 2008-6, 2008).

유망하며 굶어 죽거나, 심한 경우 잔인하게 서로를 잡아먹는 지경에 이르렀다'고 묘사하고 있어 절박했던 시대의 모습을 짐작해 볼 수 있다.[62]

명 세종은 관료들에게 讜言을 구하며 시급한 상황을 극복하고자 하였다. 이에 1529년(가정 8년) 3월 광동첨사 임희원은 泗州判官 시절의 경험을 토대로 이전의 구황론을 종합·발전시켜 <荒政叢言疏>를 올렸다.[63] 그는 구황과 관련해 조정이 해야 할 일을 '二難', '三便', '六急', '三權', '六禁', '三戒'의 6가지 조항으로 분류하여 각 조항 별로 실천사항을 상세히 제시하였다.[64] 세종은 그의 疏를 보고 "以其切於救民 皆從之"라 하며 크게 만족하였다.

---

61) 岳天雷, 앞의 논문, 2009.
62) 王廷相, 「浚川奏議集」 권3 <乞行義倉疏>, 『王廷相集』 四, 中華書局, 1989, 1238 쪽, "臣切見去年以來 川湖河陝山東山西六省地方 大罹荒旱 百姓缺食 流亡餓殍 轉死溝壑 甚至自相殘食 或甘爲劫盜 苟延旦夕之命而不恥"
63) 李秋芳, 앞의 논문, 2008, 3쪽.
64) 『明世宗實錄』 권99, 「嘉靖八年三月庚子」. "救荒에는 두 가지 어려움이 있으니, 사람을 얻기가 어렵고, 호구조사가 어렵습니다. 세 가지 편리함이 있으니, 극빈자에게는 쌀로 진휼하는 것이 편리하고, 그다음 빈민에게는 돈으로 진휼하는 것이 편리하고, 조금 가난한 백성에게는 돈을 빌려주는 것이 편리합니다. 여섯 가지 급함이 있으니, 거의 죽게 된 백성에게 죽이 급하고, 질병이든 백성에게는 醫藥이 급하며, 병이 시작되는 백성에게는 물을 끓여 먹임이 급하고, 이미 죽은 백성은 매장이 급하며, 버려진 아이들은 거두어 양육함이 급하고, 輕重의 죄수에게는 너그럽게 애휼함이 급합니다. 세 가지 권함이 있으니, 官의 돈을 빌려 곡식을 마련하게 하고, 공사를 일으켜 진휼을 돕게 하고 소와 곡식의 종자를 빌려 변통하도록 하는 것입니다. 여섯 가지 금함이 있으니 침탈을 금하고, 도둑질을 금하고, 遏糴(곡식의 타지역 반출을 방해하는 행위)을 금하고, 대출의 억제를 금하고, 소를 도살하는 것을 금하고, 승려에게 도첩을 주는 것을 금해야 합니다. 세 가지 경계함이 있으니 더디거나 늦추는 것을 경계하고, 글로서만 한정되는 것을 경계하고, 使者를 보내는 것을 경계해야 합니다(救荒有二難曰 得人難 番戶難 有三便曰 極貧民便賑米 次貧民便賑錢 稍貧之民便賑貸 有六急曰 垂死貧民 急饋粥 疾病貧民 急醫藥 起病貧民 急湯水 旣死貧民 急墓瘞 遺棄小兒 急收養 輕重繫囚 急寬恤 有三權曰 借官錢以糴糶 興工作以助賑 貸牛種以通變 有六禁曰 禁侵漁 禁攘盜 禁遏糴 禁抑價 禁宰牛 禁度僧 有三戒曰 戒遲緩 戒拘文 戒遣使)."

그리고 며칠 뒤 병부좌시랑 왕정상은 구황의 방법으로 義倉의 중요성을
강조하며 수·당·송 3代의 의창과 관련한 법을 참고해 <乞行義倉疏>를 지
어 올렸다.65) 그는 의창을 설치하여 마을에 사는 백성을 크게 20~30 家씩
묶어 1會로 정하고, 매월 2회씩 각 人戶를 상중하 등급으로 나누어 쌀을
내게 할 것을 제안하였다. 그리고 이것을 한 곳에 저장하여 흉년을 만나면
쌓인 곡식으로 백성들 스스로 의논해 구휼하게 하도록 했다.66) 또 마을 사
람 중 집안이 넉넉한 德行者를 '社首'로, 공평하게 일을 처리해 신뢰가 가
는 자를 '社正'으로, 문서와 계산에 능숙한 자는 '社副'로 삼아 함께 상의
하며 의창을 운영할 것을 말하였다.67) 한편 의창에 모인 곡식은 구휼 외에
도 마을의 제사 준비나 상을 당한 집을 돕는 일에 사용하도록 하였다.68)
왕정상이 올린 상소는 『明政統宗』, 『皇明大政紀』, 『荒政要覽』 등 중국 문
헌에서 "義倉社會法"으로 명명되어 그 내용이 수록되었다.

다시 말해 초산도호부사 시절 류치명은 임희원이 올린 <황정총언소>에
제시된 구휼 정책과 왕정상이 올린 <걸행의창소>의 "의창사회법"에 대해
인지하고 있었고, 그 이론들을 검토해 자신의 진휼에 활용하였다. 그렇다
면 류치명은 어떻게 임희원과 왕정상이 제시한 구휼 정책의 내용을 파악
하고, 이를 수용할 수 있었을까?

왕정상은 사상적으로 류치명과는 정반대의 입장에 선 인물이었다. 그의
사상은 한마디로 "氣一元論"으로 정의할 수 있다. 왕정상은 氣가 우주의
유일한 실체라 주장하며 '理는 氣 속에 존재하고 氣를 떠나 독립해서 존재

---

65) 『明世宗實錄』 권99, '嘉靖八年三月甲辰'
66) 王廷相, 「浚川奏議集」 권3 <乞行義倉疏>, 『王廷相集』四, 中華書局, 1989, 1240
    쪽. "如一村社居民 大約二三十家 定爲一會 每月二次擧行 各以人戶上中下等
    則出米 收貯一處 積以歲月 所蓄必富 遇有荒歉之年 百姓自相計議而散."
67) 王廷相, 「浚川奏議集」 권3 <乞行義倉疏>, 『王廷相集』四, 中華書局, 1989, 1241
    쪽. "共推家道殷實素有德行者一人爲社首 處事公平人所信服者一人爲社正 頗
    曉文書會算者一人爲社副 凡在會在倉出納會計糾正賞罰之事 共商議行之."
68) 劉篤才, 「中國古代民間規約引論」, 『法學研究』 2006-1, 2006, 136쪽.

할 수 없는 것'이므로 理는 陰陽을 낳을 수도 動靜할 수도 없다고 하였다.69) 이는 理의 영원 불변성을 강조한 주자학을 정면으로 부정한 것이다. 왕정상은 이민족의 침입과 災害 등 극심한 국가적 위기를 해결하기 위해서는 변화된 시책이 필요하다고 보고, 당대 만연했던 주자학 중심주의를 비판하였다.

즉 理가 아닌 氣를 중시하는 새로운 사상체계를 구축해 현실의 어려움을 극복해야 한다고 주장한 것이다.70) 왕정상은 군자가 학문을 하는 궁극적인 이유는 세상을 다스리는 정치를 위해서라고 하였다. 또 통치의 유용성에 적합한 학문이 되기 위해서는 구체적인 조건과 사물에 정통한 '實學'이 필요하다고 강조하였다. 나아가 실학적 탐구의 결과는 실제 현실에 적용·실천해야 하는 것이므로 학문에서 인식과 실천은 이분될 수 없는 것이라 하였다.71)

18세기 이후 영남 남인은 자신들이 처한 현실의 위기를 극복하기 위해 주자학을 계승한 이황의 理 중심 사상에 절대성을 부여하고 그 이론을 심화시키는 데 집중하였다. 그러므로 氣를 강조한 왕정상의 사상은 영남 남인에 정면으로 반하는 것이었다. 그러나 류치명은 현실문제의 해결을 위해 왕정상의 사상적 견해와는 상관없이 그의 구황책을 수용하였고, 실제로 이를 활용하는 개방적인 모습을 보여주었다.

한편 조선후기 서울에서는 상업자본의 성숙 위에 서적 중개상인으로 서쾌가 등장하였고, 여러 관인이 燕行에서 다량의 책을 구입해 오는 등 명·청 서적이 활발히 유입되고 있었다. 더하여 정조의 好學的 성향은 적극적으로 중국의 서적을 유입하고자 하는 노력으로 이어졌고, 이에 연행사의

---

69) 김득만/장윤수, 「기 철학 사상」, 『중국 철학의 이해』, 예문서원, 2000, 300~318쪽.
70) 丁垣在, 「王廷相 철학에서 도덕규범 실천의 근거」, 『대동문화연구』 51, 성균관대 대동문화연구원, 2005, 350~355쪽.
71) 李圭成, 「王廷相에 있어서의 自然과 政治」, 『인문연구』 6, 영남대 인문과학연구소, 1984, 405~406쪽.

중요 임무 중 하나는 유리창에서 중국의 서적을 구입해 오는 것이었다.[72] 그 결과 서울에는 이름난 장서가들이 등장해 개인서고를 짓고 수만 권의 장서를 사들이는 등 서적을 전문적으로 보존·관리하는 여건이 형성되어 있었다. 사대부들은 동료 간의 서적 교환, 傳寫 등의 방법으로 명·청 서적을 활발히 수용하였다.[73] 이처럼 당대의 지식인들은 중국의 사상적 경향 및 중요 인물과 관련해 많은 정보를 획득하고 있었고 사고를 확장해 나갔다.

왕정상과 임희원은 조선의 지식인들에게 알려진 인물이었고, 그들의 사상 및 문학작품 등을 자신의 글 인용하기도 하였다.[74] 특히 일부 지식인들은 류치명이 주목하였던 임희원의 <황정총언소>와 왕정상의 "의창사회법"를 인식하고 있었다. 이익은 '荒政'과 관련한 서술에서 임희원이 올린 <황정총언소>의 주요 내용을 소개하였으며,[75] 정약용 역시 중국의 진휼 정책들을 서술하면서 <황정총언소>의 내용을 언급하였다.[76] 여기서 정약용은 임희원이 제시한 조목들이 요긴하고 절실한 것이니 수령이 진휼할 때 곁

---

72) 박수밀, 「조선의 중국 서적 유입 양상과 그 의미 – 序班과 琉璃廠의 존재를 중심으로 –」, 『동아시아문화연구』 50, 한양대 동아시아문화연구소, 2011.

73) 남정희, 「조선후기 문인의 明·淸 서적 수용과 독서의 경향성 試考」, 『한국문화연구』 8, 이화여대 한국문화연구원, 2005, 64~73쪽.

74) 한국고전번역에서 제공하는 "한국고전종합 DB"를 활용해 개인의 문집에 왕정상 및 임희원과 관련한 서술이 나타난 경우를 조사한 결과는 아래와 같다.

　① 왕정상 : 『惺所覆瓿藁』(許筠), 『江漢集』(黃景源), 『雲溪漫稿』(金鍾正), 『弘齋全書』(正祖), 『研經齋全集』(成海應), 『與猶堂全書』(丁若鏞), 『楓石全集』(徐有榘), 『定齋集』(柳致明), 『五洲衍文長箋散稿』(李圭景), 『性齋集』(許傳), 『林下筆記』(李裕元), 『艮齋集』(田愚) 등.

　② 임희원 : 『厚齋集』(金榦), 『三淵集』(金昌翕), 『圃陰集』(金昌緝), 『正菴集』(李顯益), 『星湖僿說』·『星湖全集』(李瀷), 『南塘集』(韓元震), 『兼山集』(兪肅基), 『本庵集』(金鍾厚), 『雲溪漫稿』(金鍾正), 『弘齋全書』(正祖), 『明皐全集』(徐瀅修), 『與猶堂全書』(丁若鏞), 『淵泉集』(洪奭周), 『臺山集』(金邁淳), 『梅山集』(洪直弼), 『五洲衍文長箋散稿』(李圭景), 『省齋集』(柳重敎), 『艮齋集』(田愚) 등.

75) 『星湖僿說』 권11, 人事門 「荒政」.

76) 이 글에서 정약용은 "林希元嘉靖八年 上荒政叢書"이라 하였는데, '荒政叢書'는 '荒政叢言'의 誤記로 보인다.

에 두고 항상 살피길 당부하였다.77)

허전은 「三政策」에서 왕정상의 "의창사회법"을 인용하였다. 1862년(철종 13) 임술민란의 발생으로 민중의 저항에 직면하였던 조정은 그 위기를 해결하기 위한 대책을 마련해야 했다. 그들은 민란이 일어난 가장 중요한 원인으로 三政의 문란을 꼽았고, 철종은 策問을 내려 정부 관료는 물론이고 재야의 유림까지 수습책을 진달케 하였다. 이때 허전도 삼정의 개혁안과 자신의 경세론을 담은 「삼정책」을 올렸다.78) 그는 「삼정책」에서 환곡의 폐단을 지적하면서 중국의 社倉 운영을 검토하였는데, 이때 왕정상의 의창에 관한 주장을 언급하며 "명의 왕정상이 말하길 里社에 저장하고, 덕이 있는 자를 추천해 社長으로 삼고,79) 회계에 능한 자가 돕게 하며, 흉년에 먼저 下戶를 계산해 上戶에게 미치게 한다"고 말하였다.80)

이처럼 이익, 정약용, 허전은 임희원이나 왕정상의 구황책에 관심을 두고 그 효용성을 인정하고 있었다. 중요한 것은 그들이 공통으로 '성호학파'라는 사실이다. 물론 정약용과 허전은 성호학파의 분화 과정에서 다른 계통에 속하였지만, 이익의 학문과 사상을 존숭한다는 점에선 같은 울타리 안에 있는 인물들이라 할 수 있다. 평소 이익의 집에는 수천 권의 장서가 구비되어 있었다.81) 특히 아버지 李夏鎭(1628~1682)이 1687년(숙종 4) 연경에 다녀오면서 청 황제로부터 받은 饋賜銀으로 학술서적 및 서학서 수천 권을 사 온 일화는 익히 알려진 사실이다. 이익은 청으로부터 구입한

---

77) 『牧民心書』 권3 賑荒六條 「規模 賑荒第三條」.
78) 정욱재, 앞의 논문, 2013.
79) 왕정상의 <걸행의창소>에는 '社首'로 기록되었으나, 『明世宗實錄』, 『明政統宗』 등에는 '社長'이라 기록되어 있다. 그러므로 허전의 경우 왕정상의 <걸행의창소> 原文을 본 것이 아니라 그 내용이 정리된 다른 문헌을 통해 왕정상의 "의창사회법"을 접한 것으로 추정된다.
80) 『性齋集』 권9 雜著 「三政策」 "明王廷相曰貯之里社 推有德者爲社長 善會計者副之 荒歲先計下戶而及上戶."
81) 『星湖全集』 권9 書 「答息山李先生 甲辰」 "家有藏書數千 以時縹緗 爲消遣之資."

수천 권의 장서를 통해 중국의 사상적 경향과 내용을 파악할 수 있었다. 그리고 이익의 장서는 후학들에게 전해져 지속해서 읽혔을 것이며, 이 과 정에서 성호학파의 경향에 부합하는 인물의 이론은 주목을 받았을 것이다. 성호학파 내 임희원과 왕정상의 구황책에 대한 공통적인 인식은 바로 여 기서 비롯되었다고 생각한다.

영남에 기거하던 류치명이 명 유학자들의 구황책을 독자적으로 수용하 는 것은 현실적으로 무리가 있었을 것이다. 그러므로 류치명은 성호학파와 의 교유를 통해 임희원과 왕정상의 구황책을 접한 것으로 보인다. 나아가 이를 적극적으로 수용하여 훗날 초산의 백성을 구제하는 데 직접 활용한 것이라 할 수 있다.

류치명이 주자학 중심의 사고에 비판적 입장을 지녔던 왕정상의 이론을 수용한 사실은 그가 현실문제와 관련한 해결책 마련에서 사상적 관념에 얽매이지 않는 자세를 취하고 있었다는 것을 확인시켜 주는 것이다. 이는 이현일이 『홍범연의』를 서술할 때 사상과 당색에 구애받지 않으며 다양한 이론을 수용한 태도와 류장원이 『상변통고』에서 예제를 정리하며 보여주 었던 개방적 자세와 같은 맥락에 있는 것으로, 류치명의 경세관이 가진 중 요한 특징이라 할 수 있다.

2. 관계 진출과 경세 활동

1) 관직 활동과 현실인식

류치명은 1805년(순조 5) 문과에 급제한 이후 성균관 전적·사간원 정언· 사헌부 지평 등에 임명되었으나 곧 사직하고 출사하지 않았다. 그는 대부 분의 시간을 고향에 머물며 학자로서의 입지를 다져가는 데 집중하였다.

더욱이 1809년(순조 9)에는 스승인 남한조, 1818년(순조 18)에는 부친인 류회문, 그다음 해에는 조부인 류성휴의 연이은 상으로 인해 관직 활동을 하는 데는 무리가 있었다.

류치명은 55세부터 본격적으로 관직에 임하였다. 1831년(순조 31) 1월, 全羅右道掌試都事에 제수된 그는 정읍에서 監試를, 옥구에서 東堂試를 관장하였다.[82] 이때 "과거의 법을 고치지 않으면 천하의 일이 될 리 없다"는 평소의 소신을 바탕으로 엄격하게 원칙을 준수하며 과거를 주관하였다. 그는 공정하게 합격자를 선발하기 위해 '將色'(파수를 보는 담당 군교)을 별도로 정하여 합격 청탁과 답안지 위조를 철저하게 감시하도록 하였다. 당시 부안 현감으로 副試官을 맡았던 兪星煥(1788~?)은 류치명의 이 같은 업무 처리에 감명을 받고 과거가 원활하게 치러질 수 있도록 협조해 주었다.

류치명은 관직생활을 하는 동안 사회폐단의 심각성을 지적하며 그 해결을 위한 방안 마련과 실천의 중요성을 꾸준히 표명하였다. 특히 사직소를 올릴 때마다 여러 차례 임금에게 당시 사회의 병폐를 지적하였고, 이를 극복하기 위한 대안을 제안하였다. 1832년(순조 32) 4월 홍문관 교리에 제수된 류치명은 다음 달 5월 22일, 사직소를 올리면서 상소의 끝부분에 '節用과 愛民의 道'를 지어 첨부하였다.[83] 그는 "옛 성인들은 절용을 애민의 근본으로 삼아 나라를 논하였다"라고 하며 唐의 陸贄(754~805)와 宋의 楊時(1053~1135)의 말을 인용해 백성은 나라의 근본이므로 재물을 낭비하게 되면 나라의 근본인 백성에게 해가 된다고 하였다.

특히 모자란 세입을 보충하기 위해 지방관들이 租賦를 기한보다 앞서 징수하는 행위가 백성들의 삶을 더욱더 곤궁하고 피폐하게 만들고 있다고 지적하였다. 그러므로 조선의 급선무는 租賦를 낮춰주고 逋欠의 납부 기한을 늦추어 백성의 마을을 위로해 주는 것이라 보았다. 더불어 백성들의 절

---

82) 『定齋集附錄』권1,「年譜」, 순조 31년(1831) 55세 ; 『定齋集附錄』권5,「家狀」.
83) 『승정원일기』순조 32년 5월 22일(임진) 16/17 ; 『定齋集』권1, 疏「辭弘文館校理疏 壬辰」.

박한 현실을 구제해 주기 위해서는 먼저 임금 자신이 백성을 哀恤하는 것
을 최우선으로 인식하고 부지런히 정사에 임해야 한다고 주장하였다. 또
무엇보다 임금이 부모의 마음으로 신하들과 함께 문제 해결을 위한 방안
을 적극적으로 모색하여 그것을 직접 시행해야 한다고 강조하였다.

이후 류치명은 1834년(순조 34) 9월 侍講院兼文學에 임명되었고, 10월
다시 교리에 제수되었다.[84] 그는 사직소를 작성한 후 홍문관 서리를 불러
이를 베끼게 하였는데, 서리는 "尾附가 없으므로 격식에 어긋난다"는 지적
을 하였다.[85] 이를 부당하게 여긴 류치명은 곧 미부의 격식화와 문장을 지
나치게 꾸미는 것과 관련한 폐단을 적은 상소를 올렸다.[86] 그는 미부는 신
하들의 진실한 마음을 담은 進言을 받아들이기 위해 나온 것이나 이제는
반드시 포함해야 하는 형식이 되어버렸고, 그마저도 미사여구에 치중하고
있어 미부의 본래 의도가 퇴색되어 가고 있다고 지적하였다. 이에 진정으
로 임금이 여러 신하의 의견을 듣고자 한다면 형식화되어버린 규정을 중
지시키고, 진언의 경로를 더욱 확대해 거짓되고 공허한 의견이 아닌 실제
도움이 되는 견해들을 받아들여야 한다고 주장하였다.[87]

류치명이 정계에 두각을 나타낸 계기 또한 사회적 병폐와 그 해결 방안
을 솔직하게 표명한 사직소에 의한 것이었다. 그해 10월 15일, 계절에 맞지
않는 천둥이 치자 순조는 이를 경계하며 신하들에게 임금이 수신하고 성

---

84) 문집의 연보에 의하면 류치명이 그해 9월에 尾附의 폐단을 적은 사직소를 올렸다
    고 기록되어 있지만(『定齋集附錄』 권1 「年譜」, 순조 34년(1834) 58세), 실제로 류
    치명은 순조 34년(1834) 10월 16일 사직소를 올리면서 미부의 폐단을 지적하였다
    (『승정원일기』 순조 34년 10월 16일(정미) 21/21 ; 『일성록』 순조 34년 10월 16일
    (정미) 「校理 柳致明陳疏辭職請停辭疏尾附之規賜批」).
85) '尾附'라는 용어는 『실록』에서는 '1733년(영조 9) 2월 13일'에 처음 나오고, 『승정
    원일기』에서는 '1769년(영조 4) 3월 12일'에 처음 나온다. 이를 통해 미부가 영조
    대 이후부터 사직소를 비롯한 상소문의 끝부분에 자신의 의견을 개진하는 정형화
    된 형식으로 자리 잡은 것이라 짐작해볼 수 있다.
86) 『定齋集續集』 권8, 雜著 「喉院護錄」.
87) 『승정원일기』 순조 34년 10월 16일(정미) 21/21.

찰하는 방법에 대한 의견을 물었다.[88] 먼저 승정원에서는 이번 일은 임금
이 재앙을 바꾸어 상서로운 것으로 만들어 갈 기회라 하였다. 그리고 조정
의 해이해진 기강과 기근과 수탈로 인한 백성의 고충 심화, 국가 재정의
위기는 신하들이 국왕을 모시지 못한 허물이라 하며 죄를 청하였다. 이와
함께 임금에게는 부지런히 강학에 힘쓰고 정성을 다해 정치에 임할 것을
건의하였다.[89]

영의정 沈象奎(1766~1838)와 우의정 朴宗薰(1773~1841)은 연명으로 차
자를 올렸다. 그들은 천둥에 놀랐을 임금을 염려하며 조정의 안일한 풍조
와 민생의 위기 등을 언급하였다. 덧붙여 나라가 위태롭고 재앙을 만난 이
유는 다름이 아닌 자신들이 신하로서 해야 할 도리를 다하지 못하고 자격
이 되지 않기 때문이라 하며 사직을 청하였다. 순조는 새겨들을 충언이라
인정하면서도, 백성을 널리 구제할 계책과 임금의 역할에 대한 더욱 실질
적인 방안을 제시할 것을 요구하였다.[90] 이어 兩司에서도 연명으로 차자
를 올렸다.[91]

하루가 지나 또다시 천둥이 쳤고,[92] 승정원과 양사에서는 거듭 의견을
올렸다. 순조는 이를 수렴한 후 "수일 동안 두 번이나 하늘의 경고가 있어
두려움이 전보다 배가 되었다"고 하며, 다시 신하들에게 일반적이고 의례
적인 진언이 아닌 생각하는 바를 숨김없이 말해주길 당부하였다.[93]

이때 류치명은 홍문관 교리를 사직하는 사직소를 다시 올리면서 순조의
명에 응해 '재앙을 만나 수신하고 성찰하는 방법'을 첨부하였다.[94] 그는

88) 『순조실록』 34, 34년 10월 15일(병오).
89) 『순조실록』 34, 34년 10월 16일(정미) 1/3.
90) 『순조실록』 34, 34년 10월 16일(정미) 2/3.
91) 『순조실록』 34, 34년 10월 16일(정미) 3/3.
92) 『순조실록』 34, 34년 10월 17일(무신).
93) 『순조실록』 34, 34년 10월 18일(기유).
94) 『순조실록』 34, 34년 10월 19일(경술) 2/4 ; 『승정원일기』 순조 34년 10월 19일(경
술) 31/32 ; 『定齋集』 권1, 疏 「再辭兼陳修省之方疏」.

당시 조선을 백성의 삶은 고달프고 나라의 근본은 굳건하지 못한 상황으로 평가하였다. 또 연이은 기근으로 고을이 폐허가 되고, 백골징포·隣徵 등이 만연하여 백성들이 극심한 고통을 겪고 있는 위기 속에서 조정은 안일하게만 대응하고 있다고 지적하였다.

류치명은 계절에 맞지 않는 하늘의 변고는 그냥 일어나는 일이 아니라고 보았다. 백성은 하늘이고, 나라가 그 백성의 삶을 돌보지 않았기 때문에 하늘의 뜻을 잃어 변고가 일어났다는 것이다. 나아가 나라의 재정이 궁핍해지고 백성들의 삶이 피폐해진 이유는 임금의 다스림이 도리를 얻지 못했기 때문이라 하였다. 즉 임금의 지나친 仁恕와 침묵 때문에 신하들이 태만해졌고, 사회 병폐가 만연한 지경에 이르렀다는 것이다. 그 결과 백성이 살아갈 길이 없음에도 불구하고 이를 구제할 방도도 없게 되었다고 하며 임금의 실책을 직접적으로 비판하였다.

이어 폐단의 해결은 전적으로 임금의 생각과 노력에 달려 있다고 강조하였다. 그는 임금이 먼저 나라의 위기를 극복하고자 하는 의지를 명백히 하고, 날마다 신하들에게 백성과 나라를 위한 이로운 방법을 강구하도록 독려해야 한다고 하였다. 그리고 신하들의 직언에 귀를 기울이고 부지런히 경연에 임하여 의견을 주고받는 등 임금이 먼저 적극적인 자세를 가져야 한다고 하였다.

때아닌 천둥을 경계로 한 순조의 요구에 재상들은 자신들의 자격이 충분치 못해 발생한 결과라며 사직을 청할 뿐이었고, 승정원과 양사 등에서 올린 의견은 상투적인 해결책을 제안한 수준을 벗어나지 못하였다. 류치명의 의견 역시 새로운 대안이기보다는 '임금의 마음가짐이 중요하다'는 전통적인 논리를 벗어나지 못하였고, 실질적이고 구체적인 방안과는 거리가 있었다.

그러나 류치명은 급박한 나라의 형편을 직시하면서 무엇보다 백성의 삶을 안정시키는 것이 우선시 되어야 한다는 견해를 분명히 하였다. 특히 직접적으로 임금의 실책을 지적하면서 임금의 결단과 실천만이 백성을 구제할 수 있다고 강조하였다. 즉 백성과 나라를 위한 진실하고 강직한 마음을 숨김없이 임금에게 피력한 것이다. 류치명의 상소는 순조에게 강한 인상을 남겼다. 순조는 "먼 곳에 있는 사람으로서 피하거나 꺼리지 않고 숨김없이 모두 아뢰니, 나라를 근심하고 임금을 사랑하는 정성을 깊이 가상하게 여긴다"고 하며 그날 바로 特敎를 내려 종5품 홍문관 교리 류치명을 정3품 승정원 동부승지로 임명하였다.95) 그는 즉시 동부승지를 사직하는 상소를 올렸지만, 순조는 받아들이지 않았다.96)

　류치명을 당상관으로 승진시킨 순조의 대우는 매우 특별한 것이었다. 숙종 대 이후 영남 남인은 조정의 핵심에서 배제되었지만, 그들의 학문적 위상은 여전히 동경의 대상이었다. 특히 정조는 탕평책을 시행하며 왕권 강화와 친위세력 확보를 목적으로 근기 남인 蔡濟恭(1720~1799)을 등용하였고, 영남 남인을 예우하며 중앙 정계로의 진출 기회를 열어주었다. 그러나 채제공과 정조의 사망으로 조정에서 영남 남인의 정치적 입지는 다시 위축되었다. 순조 즉위 이후 조정의 노론 세력은 영남 남인의 정계 활동을 제한하였고, 영남 내 신흥 노론 사족들을 지원하며 영남 남인의 정치적 기반을 약화하기 위해 노력하였다.97) 그 결과 순조 대 문과에 급제하였더라도 영남 남인이 높은 관직에 임명되어 중앙 정계에서 활동하는 데는 많은 어려움이 있었다.

　이는 순조 연간 당상관들의 지역별 구성 비율을 통해서도 확인할 수 있다.

95) 『순조실록』 34, 34년 10월 19일(경술) 4/4.
96) 『승정원일기』 순조 34년 10월 20일(신해) 19/20 ; 『定齋集』 권1, 疏 「再辭兼陳修省之方疏」.
97) 김명자, 「순조 재위기(1800~1834) 하회 풍산류씨의 현실 대응과 관계망의 변화」, 『국학연구』 29, 한국국학진흥원, 2016, 81~89쪽.

<표 2-1> 순조 연간 문과 식년시 급제자의 거주지 분포와
도당록·당상관의 상관관계[98]

	서울		경기		충청		강원		황해		경상		전라		평안		함경		합계	
당상관	○	×	○	×	○	×	○	×	○	×	○	×	○	×	○	×	○	×	○	×
	46	7	5	1	3	4					2	2	1						57	14
도당록	64		7		6		3				15		2						97	
문과 급제	97		28		52		14		7		116		40		122		9		485	

* 당상관 가운데 도당록 入錄 유무는 ○, ×로 구분하여 표기하였다.

<표 2-1>에 의하면 순조 대 당상관은 모두 71명이다. 그 가운데 서울 거주자가 53명으로 74.6%를 차지하며, 경상도 거주자는 4명으로 5.6%에 불과했다. 서울에 거주하는 문과 급제자는 70%인 64명이 도당록에 올랐고, 이들 중 71.8%인 53명이 당상관으로 진출하였다. 문신들 가운데 학문·덕행·가문의 자격과 능력을 갖춘 자들을 뽑아 기록한 도당록은, 순조 대 이후 보수적 성격으로 변하여 정치 권력의 중심부를 차지하는 당상관직에 더 쉽게 접근할 수 있는 후보 집단으로서의 성격이 강화되었다.[99] 서울의 사례는 이 같은 변화를 그대로 보여주고 있다.

반면 경상도는 문과 급제자의 수가 116명으로 서울보다 많았지만, 13%인 15명만이 도당록에 들었을 뿐이다. 더욱이 이들이 당상관까지 오른 경우는 13% 즉, 2명에 지나지 않았다. 이처럼 순조 대 영남 남인이 당상관에 올라 정계의 중심 세력으로 활동하는 것은 매우 드문 일이었다. 류치명은 1832년(순조 32) 도당록에 올랐고,[100] 1834년 10월 승정원 동부승지에 제수되어 당상관에 올랐다. <표 2-1>에서 영남 출신의 문신으로 도당록에 뽑

98) 이 표는 '한국역사연구회 19세기정치사연구반, 「중앙정치세력의 형성구조」,『조선정치사 1800~1863』상, 청년사, 1990, 161쪽'의 <표 10>을 재구성하여 작성한 것이다.
99) 한국역사연구회 19세기정치사연구반, 위의 책, 1990, 153쪽.
100)『순조실록』32, 32년 4월 25일(신축).

혀 당상관까지 올랐던 2명 가운데 1명이 바로 류치명인 것이다.

며칠 뒤 좌의정 洪奭周(1774~1842)는 차자를 올려 류치명을 승지로 超
擢한 일을 언급하였다. 그는 임금이 진언을 피하지 않고 받아들여 류치명
을 대우해준 것은 바람직하다 평하였다. 나아가 오로지 백성의 삶을 안정
시키는 것을 최우선으로 삼은 그의 주장은 "진실로 지금의 急務'라고 하였
다. 반면 임금에게는 여전히 침묵하고 그가 권한 바를 실천하지 않고 있다
고 하며 비판의 목소리를 내었다. 홍석주는 순조에게 신하들의 진언이 헛
되지 않도록 건의한 내용을 적극적으로 실천해주길 당부하였다.[101]

홍석주의 차자가 있은 다음 날, 홍정당에서 5개월 만에 晝講이 행해졌
다.[102] 류치명은 經筵 參贊官의 자격으로 주강에 참석하였다. 知事 및 特
進官, 玉堂上下番 등이 차례로 글의 뜻을 논하는 가운데 마침내 류치명의
차례가 되었다. 그는 며칠 전 특진한 것을 조심스러워하며 겸손의 마음으
로 별다른 의견 없이 여러 관료의 의견에 동의한다는 뜻으로 자신의 대답
을 대신하였다. 주강을 마친 후 知事 金箕殷은 경연의 순서에 잘못이 있었
음을 지적하고, 그 책임이 옥당 상하번에 있으므로 이들에게 推考를 명할
것을 왕에게 건의하였다.[103]

즉시 추고를 위해 벼루가 준비되었으나 경연에 처음 참여한 류치명은
그 관례를 알지 못해 곤란해하였고, 이를 눈치챈 순조는 관료들에게 밖에
나가 적으라고 명하였다. 그리고 곧 류치명에게 사람을 보내 기존 홍문관
의 추고를 베껴 적을 수 있도록 해주었다. 류치명은 훗날 자신의 체면을
고려해 이러한 조처를 해준 임금에게 깊은 감사를 느낀다고 회상하였다.
그리고 경연에 대한 미비한 준비와 눈치를 살피느라 임금에게 도움이 될
만한 어떤 의견도 내지 못한 자신의 태도를 뉘우쳤다.[104] 며칠 뒤 류치명

---

101) 『순조실록』 34, 34년 10월 22일(계축).
102) 『순조실록』과 『승정원일기』를 살펴본 바 그해 5월 22일과 25일~28까지 모두 5차
　　례의 晝講이 있었고, 그 후 5개월 만에 10월 23일과 24일 이틀간 晝講이 이뤄졌다.
103) 『승정원일기』 순조 34년 10월 23일(갑인) 17/17.

은 다시 사용원 부제조에 제수되었다. "諸僚皆言 特恩之下"라는 기록처럼 그에 대한 순조의 관심과 기대는 특별한 것이었다.

이후 류치명은 백성의 삶을 개선하기 위한 자신의 의견을 개진하지도, 이를 정책으로 실현하지도 못하였다. 순조의 건강 악화로 경연은 곧 중지되었고 한 달이 지나지 않아 순조가 세상을 떠난 것이다. 이제 막 정계에서 두각을 나타내기 시작한 류치명에게 임금의 죽음은 본격적인 정계 활동에 큰 제약으로 다가왔을 것이다. 결국 류치명은 그해 12월, 병을 이유로 낙향을 선택하였다.[105]

류치명은 현실 문제에 많은 관심을 두고 있었다. 그리고 자신에게 기회가 주어졌을 때 적극적으로 해결 방안을 모색하는 모습을 보여주었다. 그의 경세적 시각은 순조의 관심과 기대에 부합하는 것이었다. 그 결과 당시 영남 남인으로는 드물게 당상관의 직위에 오를 수 있었다. 그러나 순조의 사망으로 제대로 자신의 역량을 펼칠 기회를 얻지 못하였다. 경세가로서 그의 능력은 몇 년 후 초산도호부사 부임을 계기로 본격적으로 발휘되었다.

2) 목민관으로서의 경세 활동[106]

류치명은 순조 승하 이후 정계에서 물러나 고향에 머물며 「讀書瑣語」, 「禮疑叢話」, 『家禮輯解』 등을 편찬하며 저술 활동에 매진하였다. 이 가운데 1838년(헌종 4) 7월 안동부사로 부임한 金洙根(1798~1854)은 부세와 관련한 읍의 폐단을 바로잡기 위해 류치명에게 자문을 구하였다.

---

104) 『定齋集續集』 권8, 雜著 「喉院謾錄」.
105) 『定齋集附錄』 권1, 「年譜」 순조 34년(1834) 58세.
106) 초산도호부사로서의 경세 활동은 주로 '『定齋集附錄』 권1, 「年譜」;『定齋集附錄』 권5, 「家狀(門人 柳致游)」;『西山集』 권22, 行狀 「定齋柳先生行狀」의 헌종 6년(1840), 헌종 7년(1841)' 내용을 종합·검토하여 구성하였다.

당시 안동은 2년에 걸친 큰 기근으로 마을이 황폐해져 있었다. 본래 군
포 징수 대상자가 5,174명이었지만, 유랑민의 증가로 인해 그 수효를 채우
는 것 자체가 불가능한 상황이었다. 여기에 황구첨정·백골징포·족징 등이
빈번히 발생하는 등 백성들의 삶은 더욱 힘들어졌다. 이에 류치명은 남아
있던 3,272명에게 군포를 부과하고, 모자란 군포는 마을별로 다시 분담한
후 잡역세 및 전결세의 남은 것으로 보충할 것을 제안하였다. 즉 고을에
남아있던 백성들이 부당한 징수의 고통에서 벗어날 수 있도록 변통을 통
해 부세를 감면해 준 것이다. 김수근은 군포 외에도 환곡 및 結稅와 관련
한 폐단 또한 그의 자문을 받아 일체 정리하고자 하였다.107) 이는 김수근
이 류치명의 경세적 능력을 높이 평가하며 신뢰하고 있었다는 것을 보여
주는 것이라 할 수 있다.

1839년(헌종 5) 12월, 류치명은 63세의 나이로 楚山都護府使에 제수되었
다. 조선시대 수령은 왕명을 받은 관료로 각 군현의 정치·행정·사법 등의
모든 통치 행위를 전담하며 조정을 대신하여 지방을 지배하는 존재였다.
동시에 수령은 각 군현에 살고 있었던 백성의 상황을 조정에 대변하는 위
치에 있었다.108) 수령의 개인적인 능력과 품성은 군현 지배의 방향에 큰
영향을 미쳤고, 그들은 자신에게 주어진 재량권을 활용해 임무를 수행하였
다. 특히 조선후기 수령의 주요 임무는 수취를 통해 조정의 재정기반을 확
보하는 것이었다. 다양한 수취 방법이 모색되는 가운데 수령은 지방 재정
과 백성들의 삶을 안정시키기 위하여 자의적 변통을 시행하였고, 일부 변
통책들은 수취에 대한 조정의 방향과 부딪히는 경우가 많았기 때문에 '要
譽' 행위로 규정되어 비판을 받기도 하였다.109) 수령의 개인적 역량은 백

---

107) 『定齋集附錄』 권1, 「年譜」 헌종 4년(1838) 62세 ; 『定齋集附錄』 권5, 「家狀」.
108) 권기중, 「조선후기 수령의 업무 능력과 부세 수취의 자율권 - 조선후기 암행어
　　　사 서계를 중심으로 - 」, 『역사와 담론』 67, 호서사학회, 2013, 226쪽.
109) 구완회, 「朝鮮後期의 收取行政과 守令의 '要譽' - 17세기 중엽에서 18세기 말
　　　까지를 중심으로 - 」, 『복현사림』 14, 경북사학회, 1991.

성들의 삶과 직결되는 중요한 부분이었고, 상황이 어려운 군현일수록 그 정도는 더하였다.

18세기 이후 초산에서는 환곡의 폐단으로 인한 백성들의 고충이 극에 달하여 해결의 필요성이 끊임없이 제기되었다. 1824년(순조 24) 1월, 평안 북도 암행어사 金鏞는 초산의 還子와 관련한 폐단이 평안도 여러 읍 가운 데 가장 심하다고 말하며, 그 심각성을 보고하였다.[110] 1827년(순조 27) 3 월에는 전 부사였던 徐萬修(1764~1827)의 탐학을 견디다 못한 백성들 일부 가 한양에 와서 우의정 沈象奎의 수레를 막고 부당함을 호소한 사건까지 있었다.[111] 류치명이 부임하기 직전의 부사였던 韓仁植 역시 시종일관 백 성의 재물을 탐하며 청탁, 뇌물, 공금횡령 등의 부정한 방법을 통해 개인의 사욕만을 채운 인물이었다. 그는 세금 수탈을 강화하였고 초산 백성들의 어려운 상황은 더욱 심해졌다.[112]

한때 10,000戶에 이르렀던 초산에는 수령들의 폭정과 수십 년간의 기근 까지 더해져 류치명이 부임하였을 당시엔 1,527戶 밖에 남아있지 않았 다.[113] 더욱이 초산은 지리적으로 압록강을 사이에 두고 여진족과 접하고 있는 국경지대였다. 그러므로 조정에서는 류치명을 통해 초산의 어려운 상 황이 다스려지기를 기대하였고, 백성들 또한 수취제도의 개선과 진휼로 자 신들의 삶이 나아지길 기대하였다.

평소 백성을 위한 제도의 개선을 주장하였던 류치명은 초산부사로 임명

---

110) 『비변사등록』 순조 24년 1월 9일.
111) 『순조실록』 28, 27년 3월 11일(병술). 이후 조정은 金炳朝(1793~1839)를 按覈使 로 파견하여 그 실상을 조사하도록 하였다. 김병조가 평양에 도착하자 수백 명의 초산민들이 서만수의 죄상과 함께 환곡 및 부세 제도의 폐단을 호소하였다. 서만 수는 2년간 재물을 탐하여 불법으로 다양한 세목을 만들어 강제로 징수하였으며, 공금을 횡령하는 경우도 많았다. 이 외에도 惡刑을 받다 죽은 이가 7명이었을 정 도로 백성들에 대한 폭정이 극에 달하였다. 김병조의 보고를 들은 조정은 서만수 를 전라남도 영암군의 추자도에 위리안치하였다.
112) 『일성록』 헌종 6년 7월 16일(갑진) 「平安北道暗行御史 沈承澤進書啓別單」.
113) 『定齋集』 권2, 書 「上金方伯 蘭淳 庚子」.

되자 수령의 권한으로 각 폐단을 시정해 나갔다. 목민관으로서 류치명의
경세 활동은 크게 '부세 제도의 정비, 진휼의 시행, 사회풍속 교화'의 측면
으로 나눠 살펴볼 수 있다.

먼저 조선후기 부세 제도는 그 운영상의 폐단으로 田政·軍政·還政의 징
수과정에서 갖은 부정부패가 자행되었고, 이른바 '삼정의 문란'은 19세기
농민항쟁의 주요 원인으로 작용하였다. 그중 가장 큰 폐단은 환정의 문란
이었다. 류치명도 부임 기간 내내 환곡의 폐단을 초산의 가장 큰 병폐로
인식하고 백성들의 부담을 덜어주고자 노력하였다.

수령은 부세의 수취 과정에서 자신의 권위를 활용해 각 읍의 형편에 따
라 변통을 가할 힘을 가지고 있었고, 조정에서도 이를 어느 정도 허용하였
다.114) 류치명도 여러 변통 조치를 시행하였다. 몇 년 동안 초산은 큰 기근
으로 곡식이 부족하였기 때문에 춘궁기의 쌀값이 매우 높았다. 이전의 지
방관들은 높은 穀價를 기준으로 백성들에게 환곡을 방출한 후, 나눠줄 때
의 곡가를 기준으로 가을에 쌀을 거두어들이는 시세 차이를 이용해 남긴
이윤을 관아의 자원으로 활용하고 있었다. 이는 가난한 백성들에게 큰 부
담이 되었다. 이에 그는 부임 직후 관청의 손해를 감수며 환곡을 시세보다
낮은 가격으로 방출하였고, 가을에도 당시의 시가를 기준으로 쌀을 거두어
백성들의 고충을 덜어주었다.

한편 초산에서는 호구가 급감하였음에도 불구하고 환곡을 징수할 때 유
망한 백성들의 몫을 남아있는 백성들에게 부과하는 병폐가 자행되고 있었
다. 또 관청의 逋欠分까지 耗穀에서 채우는 등 백성들의 부담은 커져만 갔
다. 이를 부당하다고 느낀 류치명은 3만여 석의 환곡 중 우선 남아있는 백
성들에게 2천여 석을 거둬들였다. 그리고 부족분은 자신의 녹봉과 친족의
후원 및 부유한 초산의 백성과 관아의 재원에서 보충하였다. 그의 노력에
몇만 꿰미의 돈이 모였고, 환곡의 부족분을 어느정도 채울 수 있었다.

---

114) 구완회, 앞의 논문, 1991, 21쪽.

이와 함께 환곡 문제의 해결을 위해 평안감사에게 적극적으로 도움을
요청하였다. 평소 조정의 정책을 대변하는 위치에 있던 감사와 고을 백성
의 처지를 대변하고 있던 수령은 밀접한 관계를 맺고 있었다. 감사는 수령
을 견제하는 위치에 있었지만, 그렇다고 수령이 종속적인 위치에만 있었던
것은 아니었다. 조선후기 수령들은 개인의 교섭 능력을 활용해 고을의 부
세를 견감하기 위해 노력하였고, 심지어 감사와의 상의를 통해 법을 어기
면서까지 적극적으로 부세 제도를 개선해 나갔다.115) 류치명도 평안감사
와의 교류를 바탕으로 초산에 유리한 변통책을 마련하였다.

류치명은 직접 감영을 방문하거나 서신을 통해 안부와 함께 초산의 실
상을 보고하고 조세감면의 필요성을 주장하였다.116) 그해 7월, 암행어사
沈承澤(1811~?)이 올린 別單으로 인해 조정에서는 초산의 逋還에 대해 상
세히 조사해 보고하라는 명이 내려졌다.117) 이에 류치명은 당시 평안감사
였던 金蘭淳(1781~1851)에게 편지를 보내 대부분의 백성이 유망하여 포환
조사가 원활하지 못한 상황을 설명하며, 죽음에 내몰린 백성을 위해 초산
의 환곡 등 부세를 삭감해 주길 당부하였다.118)

그는 감사 김난순과 상의하여 초산 내 결손이 난 환곡 일부를 쌀로 환산
하고, 이를 다시 한 섬당 2냥 3전으로 作錢하여 환곡이 적은 읍으로 이송

---

115) 구완회, 「朝鮮後期의 賑恤行政과 郡縣支配 - 守令의 역할을 중심으로 - 」, 『진
   단학보』 76, 진단학회, 1993, 73~84쪽.
116) 『定齋集』 권2 書, 「上金方伯 蘭淳 庚子」.
117) 헌종 6년 7월 16일 심승택이 올린 별단을 바탕으로 비변사에서는 '환곡의 폐단이
   극심한 초산의 浮穀이 8,750여 석에 이르니 관문을 보내 초산 및 각 진의 부곡을
   자세히 조사해 정황을 밝힌 뒤, 이후 수령이 다시 부곡의 폐단을 일으킬 경우 贓
   律에 따라 다스릴 것'을 건의해 조정의 윤허를 받은 바 있다(『비변사등록』 헌종
   6년 9월 14일). 여기서 부곡이란 "징수를 독촉해도 거둬지지 않는 환곡을 虛留한
   것으로, 빌려 간 사람은 있으나 징수할 사람이 없는 경우"를 의미하는 것이다(『일
   성록』 헌종 6년 7월 16일(갑진) 「平安北道暗行御史 沈承澤進書啓別單」, "督徵而
   未捧 仍爲虛留者 其名曰浮穀 浮穀云者 有穀之名 而無捧之人 是爲浮在也").
118) 『定齋集』 권2, 書 「答金方伯」.

하였다. 이후 조정의 윤허 없이 감사에게만 보고 하고 임의로 환곡을 이송
한 일에 대하여 죄를 청하는 상소를 올렸다. 그는 상소에서 초산의 어려운
상황 가운데 환곡이 백성들에게 가장 큰 폐해가 됨을 호소하며, 지난 기사
년(1809년)과 병미년(1823년)의 사례를 근거로 결손이 난 환곡을 減價한
후 환곡이 적은 읍으로 이송했다고 밝혔다.[119] 그리고 이를 조정에서 허락
하여 백성들을 보전해 줄 것과 함께, 시행 절차를 어긴 자신의 죄에 대해
선 벌을 내려주길 청하였다.[120] 1841년 2월, 평안감사가 金興根(1796~1870)
으로 교체된 이후에도 류치명은 꾸준히 감사에게 편지를 보내 이송하고
남은 환곡을 초산의 還摠으로 정하여 더 이상의 加減이 없길 바라는 등 환
곡 폐단의 시정과 관련한 지속적인 상부의 관심을 부탁하였다.[121]

　류치명은 전세 수취와 관련한 폐단 시정에도 노력을 기울였다. 초산은
1834년(순조 34)의 큰 홍수로 하천의 범람과 산사태 등을 겪으며 많은 논
밭이 묵어 황폐해져 있었다. 그러나 전세의 총액은 옛 기준을 따르고 있었
다. 또 당시 묵은 陳田의 개간과 관련해 초산에서 징수하고 있었던 '落稅'
역시 虛錄의 폐단과 함께 수취 기준이 읍별로 다르게 적용되어 백성들의
고충은 가중되었다. 류치명은 감사 김난순에게 편지를 보내 현실적으로
토지 현황을 재조사해 정리하는 것은 불가능하므로 백성들의 부담을 줄이
기 위해서는 이와 관련한 세금을 감면해주는 방법밖에 없다는 것을 강조
하였다.[122]

　한편 당시 초산에는 산세가 깊고 수풀이 우거져 오랜 기간 사람이 살지
않은 곳 가운데 토지가 비옥해 농사를 지을 만한 곳이 있었지만, 백성들은

---

119) 1823년(순조 23) 9월, 평안감사 金敎根은 장계를 올려 초산의 환곡 폐해가 극심
　　하므로 3만 석에 한하여 折米하되, 기사년(1809년)의 사례를 따라 한 섬에 2냥으
　　로 가격을 낮춰 作錢하고 평안도 내 환곡이 적은 고을로 이송할 것을 청하여 윤
　　허를 받은 바 있었다(『비변사등록』 순조 23년 9월 5일).
120) 『定齋集』 권1 疏, 「請楚山逋還減價移送穀小邑疏 辛丑○自議政府還出給」.
121) 『定齋集』 권2 書, 「上金方伯 興根 辛丑」.
122) 『定齋集』 권2 書, 「上金方伯 蘭淳 庚子」.

세금 부담이 두려워 개간하길 꺼려했다.123) 조선후기 火田을 비롯한 경지
의 개간은 임진왜란 이후 부족해진 농경지 확보와 급증한 유민의 정착을
통해 국가의 재정위기를 극복하려는 의도로 적극적으로 장려되었다. 특히
중앙의 營·衙門이나 지방관청은 화전을 官屯田의 대상으로 삼아 折受·兼
倂·개간하여 관청의 중요한 재원으로 활용하고 있었다. 그러나 수취 과정
의 부패와 수령들의 사욕으로 각 지방의 火稅 부담은 증가하였고, 결국 백
성들은 점차 화전을 경작하는 것을 꺼리는 분위기가 조성되었다.124) 초산
의 상황도 이와 다르지 않았다.

류치명은 유망민의 증가로 읍이 없어질 위기에 처한 초산의 상황을 극
복하기 위해서는 흩어진 백성들을 모으고, 그들이 경작할 수 있는 토지를
마련하는 것이 중요하다고 생각했다. 그는 화전을 경작하는 농민들에게 5
년 동안 役을 덜어주고 稅를 면제해주는 특혜를 부여하는 조치를 시행하
였다. 얼마 지나지 않아 백성들이 모여들었으며, 10여 곳의 농경지를 확보
할 수 있었다. 그리고 다음 해엔 감사 김흥근에게 편지를 보내 농경지 확
보와 백성의 증가를 위해선 개간지에 대한 세금 감면 혜택이 필요하다고
주장하였다.125) 이 외에도 읍마다 다른 비율로 부과되고 있었던 전세관련
부가세의 징수 기준을 조절해 동일한 一例를 마련하고, 아전들의 부정과
횡령을 감시하며 수취의 폐단을 개선하고자 노력하였다.

백성들을 위한 류치명의 노력에 감사 김난순은 그가 조사해 보고한 초

---

123) 1793년(정조 17) 10월 평안도 관찰사 李秉模(1742~1806)가 초산의 조세 폐단에
관해 올린 장계에 따르면, 그 당시 초산부의 火稅는 1천 6백여 섬으로 그 중 白
地에서 징수한 세금이 7백여 섬이나 된다고 하였다. 또 실제 火田을 답사해보면
폐기된 밭이 많음에도 불구하고 조세의 총액이 정해져 있어 70~80호에서 바치던
세금을 3~4호가 부담하는 실정이라고 하는 등 오래전부터 火稅와 관련한 폐해가
심각했다는 것을 알 수 있다(『정조실록』 38 10월 13일(계유)).

124) 申虎澈, 「朝鮮後期 火田의 擴大에 대하여」, 『역사학보』 91, 역사학회, 1980, 59~
84쪽.

125) 『定齋集』 권2, 書 「上金方伯 興根」.

산의 災結 외에 20결을 加給하면서 "백성들이 실질적으로 혜택을 받은 것
은 (평안도 내에서) 오직 초산만 그러하니, 이례적으로 특별히 시행한 것이
다" 고 하며 특혜를 내려주었다. 이는 부세 변통에서 감사에 대한 수령의
교섭 능력이 얼마나 중요한가를 보여주는 것이라 할 수 있다. 또 김난순은
류치명이 고령을 이유로 귀향을 청할 때마다 "초산의 赤子들은 어찌하겠
는가?"라고 하며 그가 계속 초산에 남아 주길 당부하는 등 그의 업무 수행
능력을 인정해 주었다.

류치명은 진휼의 시행에도 적극적이었다. 그는 부임 직후인 3월부터 여
러 邑民과 함께 진휼 방법에 대한 논의를 시작하였다. 그들은 읍에서 80여
富戶를 뽑아 그 부호들에게 쌀을 거두어 이를 진휼에 활용할 것을 건의하
였다. 그러나 류치명은 부호들의 재산으로 官賑을 운영하는 것에 반대하
며, 부호들에게 쌀을 거둬들이자는 제안을 거절하였다.

조선후기에는 해당 지역의 부유한 자들에게 권하여 私穀을 기부하도록
해 진휼을 돕도록 하는 '勸分'이 관행적으로 시행되고 있었다. 숙종 대 이
후 국가의 재정 부족으로 지방 수령들은 賑資의 일부를 自備穀으로 충당
하는 경우가 많았다. 그리고 진자의 마련이 수령의 실적 평가와 연관되면
서, 권분은 수령이 賑資를 충당하는 주요 방안으로 활용되었다. 그 결과 권
분은 점차 자발성이 아닌 강제적 명령으로 집행되었고, 많은 폐단을 낳고
있었다.[126]

류치명은 강제적 권분을 통해 마련된 재원을 활용해 관의 주도로 진휼
을 시행하는 대신, 친족과 이웃들이 중심이 되어 서로 간의 협조를 통해
진휼할 것을 권하였다. 여기서 그가 선택한 방법이 바로 명 유학자 임희원
과 왕정상의 구휼책 이었다. 즉 일찍이 관심을 두고 있었던 임희원의 '황
정촬요'와 왕정상의 '의창사회법'의 조목과 내용을 진휼 시행에 적극적으

---

126) 鄭亨芝, 「朝鮮後期 賑恤政策 硏究 -18世紀를 중심으로-」, 이화여자대학교
     박사학위논문, 1993.

로 활용한 것이다. 류치명은 우선 飢口를 조사해 등급을 매기고, 이들을 친
족과 이웃 중 부유한 자들에게 배정시켜 각자 돕도록 했다. 그리고 구휼
활동의 많고 적음에 따라 상벌을 내려 운영이 원활하게 이뤄질 수 있도록
독려하였다. 반면, 어디에도 의지할 곳이 없는 극빈자는 官賑에서 맡아 구
휼하였다. 초기에는 관진에 속한 飢口가 2천 미만이었으나, 극빈자들에 대
한 적극적인 정책으로 이후 4천에 이르는 백성들이 관진에 속하여 목숨을
보전할 수 있었다.

　　류치명은 초산의 사회풍속 개선에도 힘썼다. 변경에 위치한 초산은 여
진족과 압록강을 사이에 두고 국경선을 접하고 있었기 때문에 마찰이 자
주 발생하였다. 때때로 사냥을 위해 국경을 넘어온 이들 가운데는 砲丸으
로 초산의 백성들에게 해를 가하는 자도 있었다. 류치명은 여진족이 국경
을 넘어오는 것을 엄격하게 금지하며, 법을 어긴 자들을 무거운 형벌로 다
스렸다. 그리고 초산의 백성들 역시 강을 건너 사냥하는 것을 금지하였고,
솔선수범하여 국경 너머에서 나는 식재료를 관청에서 사용하지 못하도록
하였다. 인삼, 녹용, 웅담 등도 백성에게 피해가 되는 물건으로 간주하여
모두 엄격하게 막았다.

　　이와 함께 文風 진작과 풍속 교화에도 힘을 기울였다. 류치명은 한 마을
에서 父子가 따로 살거나, 형제간에도 소송이 행해지던 초산의 풍속을 안
타까워하며 禮讓및 친척 간의 도리 등과 관련한 유교 윤리를 가르쳤다. 나
아가 향교에서 강회를 열어 才行이 뛰어난 자를 뽑아 돌아가며 강독하게
하였고, 본인이 직접 강회에 나가 유생들을 가르치기도 하였다. 또 몸소
'白鹿洞規'와 '伊山院規'를 써서 향교에 걸어두고 아침저녁으로 읽게 하였
고, 고을 내 忠孝義烈의 모범이 되는 자를 선발해 특별히 표창하였다. 인근
의 선비들이 명성을 듣고 찾아와 배움을 청하기도 하였다.

　　류치명은 1842년(헌종 8) 정월 임기를 마치고 고향으로 돌아왔다. 이후
초산 백성들은 몰래 生祠堂을 세워 그의 선정을 기리는 제를 올렸고, 유생

들은 營府와 암행어사에게 여러 차례 류치명의 치적을 조정에 알려주길
청하였다.[127] 소식을 전해 들은 그는 고마움과 함께 생사당을 철거해 주길
바라는 마음을 전하였다. 이를 통해 2년 간의 노력이 위기에 처한 초산의
백성에게 얼마나 큰 위안이 되었는가를 충분히 짐작해 볼 수 있다. 초산을
방문해 직접 류치명의 목민관 활동을 살폈던 암행어사 심승택은 조정에
올린 별단에서 그를 아래와 같이 평하였다.

> "초산부사 류치명은 근본이 바르고 성실합니다. 經術로써 구제하고
> 還政과 邊禁을 한마음으로 바로잡아 바야흐로 일이 잘되어갈 희망이
> 있게 되었습니다. 간사한 향리와 백성의 고통을 진실한 마음으로 근심
> 하고 염려하였습니다. 어진 이가 수령에 오른 아름다움을 여기에서 볼
> 수 있습니다."[128]

류치명은 목민관으로 당시 초산이 겪고 있었던 심각한 폐해를 목격하고,
이를 해결하기 위해 최선을 다하였다. 그는 수령으로 여러 업무를 수행하
면서 백성의 삶을 최우선에 두었다. 조선후기 핵심 관료였던 侍從臣 출신
수령들은 고을의 폐단을 임금에게 직접 호소할 수 있는 위치에 있었고, 감
사와의 교섭에서도 유리하였다.[129] 비록 류치명은 측근 관료는 아니었지
만, 홍문관 교리를 역임하며 동부승지에 제수되는 등 중앙정계에서 활동한
경력이 있던 인물이었다. 이는 수령으로 초산을 위한 변통을 가하고, 조정
과 감사의 협조를 받는 데 큰 도움이 되었을 것이다. 더욱이 그는 안동부
사가 부세의 폐단을 바로잡기 위해 직접 자문하였을 정도로 경세가의 자

127)「1852年 清北儒生 上書」;「1857年 清北儒生 上書」(한국국학진흥원,『한국국
학진흥원소장 국학자료목록집 33, 전주류씨 정재종택』, 한국국학진흥원, 2016).
128)『일성록』헌종 6년 7월 16일(갑진)「平安北道暗行御史 沈承澤進書啓別單」
"楚山府使柳致明 本之質慤 濟以經術 還政邊禁 一念矯捄 方有就緒之望 鄕奸
民隱 實心憂歎 庶見製錦之美"
129) 구완회, 앞의 논문, 1991, 15~16쪽.

질을 갖추고 있었다.

목민관으로 고을의 폐단을 해결하기 위한 류치명의 적극적인 노력과 대응은 현실에 대한 관심과 의지가 없이는 불가능한 것이었다. 즉 류치명은 초산의 행정을 책임지는 위치에서 자신이 직면한 사회폐단을 개선하기 위해 노력하였고, 여러 방면에서 능력을 발휘하였다. 여기에는 목민관으로서 善政을 베풀었던 이상정과 류관현, 류장원 등의 행적이 큰 귀감이 되었을 것이다. 나아가 '하학'을 강조하며 일상생활에 관심을 두었던 성호학파와의 교유 등이 밑거름이 되었을 것이다.

3. 경세관의 완성

임기를 마치고 고향에 돌아온 류치명은 강학과 저술에 몰두하였다. 그는 『퇴계집』(67세(1843년)), 『대산선생실기』(69세(1845년)), 『학봉집』(71세(1847년))의 重刊 및 교정을 주관하면서 퇴계학맥의 嫡傳이라는 위치를 다져나갔다. 나아가 고산서당에서 주희의 「玉山講義」를 강하고 향음주례를 행하는 등(70세(1846년)) 활발한 강학 활동을 통해 영남에서의 학문적 영향력을 확대해 나갔다.

1853년(철종 4) 5월 영의정 金左根이 경력 있는 관리들을 뽑아 승진시키길 청하며 류치명을 거론하였고,[130] 며칠 뒤 그는 嘉善大夫로 승진하였다.[131] 연이어 同知義禁府事 및 漢城府 左右尹(6월), 五衛都摠府 副摠管(9월)에 제수되었지만 모두 사직하였다. 그해 12월에는 마침내 종이품 兵曹 參判에 제수되었다. 류치명은 77세라는 연로한 나이를 이유로 사직을 청하

---

130) 『비변사등록』 철종 4년(1853) 5월 20일.
131) 『승정원일기』 철종 4년 5월 23일(정묘) 11/14.

었고, 이와 함께 임금의 덕을 陳勉하는 방안의 '三綱十目'을 지어 사직소
에 덧붙였다.

〈표 2-2〉 류치명의 '三綱十目'의 각 조목

綱	目
(1) 先事之戒	① 戒逸豫 ② 戒貨財 ③ 戒諛佞
(2) 爲治之本	④ 體天意 ⑤ 師聖王 ⑥ 勤學問
(3) 急先之務	⑦ 恤民隱 ⑧ 修軍政 ⑨ 恢公道 ⑩ 廣言路

그는 임금이 덕을 함양하고 나라를 다스릴 때 갖추어야 할 자세와 함께,
현실에서 가장 시급히 해야 할 것들을 '3강 10목'으로 정리하여 자신의 견
해를 서술하였다.[132]

우선 1강 '先事之戒(일에 앞서 경계해야 할 것)'로는 '戒逸豫(안일을 경
계함)', '戒貨財(재화를 경계함)', '戒諛佞(아첨을 경계함)'을 들었다. 즉 임
금이 나라를 다스릴 때는 "스스로의 안일함과 나태함을 경계하고, 사사로
이 재화를 축적하는 것이 아니라 백성들을 위해 올바르게 재화를 사용하
며, 아첨하는 자들로 인해 군주의 마음이 해이해지는 것을 경계해야 한다"
는 것이다.

2강 '爲治之本(나라를 다스리는 근본)'으로는 '體天意(하늘의 뜻을 체득
함)', '師聖王(성왕을 스승으로 삼음)', '勤學問(학문을 부지런히 함)'을 들
었다. 그는 임금은 하늘의 명을 받아 부모의 마음으로 백성들을 돌봐야 하
는 존재로 하늘의 뜻을 살펴 백성을 위한 정치를 해야 한다고 하였다. 또
유학의 도리를 구현한 성왕을 스승으로 삼아야 함을 강조하며, 학문에 힘
써 마음을 바로잡고 경전의 뜻을 깨우쳐 백성들에게 은혜를 베푸는 정치
를 하길 청하였다.

---

132) 『定齋集』 권1, 疏 「辭兵曹參判仍陳勉疏」. 이 사직소는 벼슬이 곧 체직되어 조
    정에 전달되지는 않았다.

마지막 3강 '急先之務(가장 시급히 해야 할 일)'로는 "恤民隱(백성들의 고통을 구휼함)', '修軍政(군정을 정비함)', '恢公道(공도를 넓힘)', '廣言路(언로를 넓힘)'을 꼽았다. 이는 시대의 폐단에 대한 인식과 그 개선 방안들을 제시한 것으로, 이를 통해 류치명의 경세관을 살펴볼 수 있다.

3강의 4목에서 류치명이 첫 번째로 주장한 것은 '恤民隱'이었다. 그는 나라의 근본인 백성에게 큰 고통을 주고 있는 것은 가혹한 수탈뿐만 아니라 수령과 서리가 과세율을 변용해 악용하는 것으로 보았다. 이어 인징·족징·황구첨정 등으로 인한 백성의 고통을 '뼛속 골수를 추려내는 아픔'에 비유하며, 그 심각성을 강조하였다. 더하여 남쪽 지방은 기근까지 겹쳐 유민들이 거리와 골짜기로 흩어지는 등 나라의 근본이 날로 끊어지고 있다고 하였다. 그럼에도 불구하고 조정에서는 제도와 법을 무시하는 수령의 횡포와 서리의 수탈을 묵인하고 있다고 하며 답답함을 토로하였다.

백성의 구휼을 위해 류치명이 제시한 방안은 세금을 거둘 때 본래 가볍고 간략했던 옛 법을 회복하는 것이었다. 그는 부세를 수취할 때 正結·國摠·元額을 준수하고, 관련 법제를 마음대로 고쳐 악용하는 폐단을 바로잡을 것을 건의하였다. 그리고 조정에서는 적극적으로 그 준용 여부를 엄격하게 감시해야 한다고 하였다. 류치명은 조정의 관심과 직접적인 대책만이 백성들의 어려운 상황을 개선할 수 있다고 보았다.

두 번째로 주장한 것은 '修軍政'이다. 그는 문무를 함께 중시하고 이를 병용하는 것이 나라를 오래도록 지킬 수 있는 계책이라고 하며, 해이해진 군장비와 문란한 軍籍 등 일시적 변통으로 군정을 운영하는 조정의 정책을 비판하였다. 또 능력 있는 장수와 훈련된 군졸이 없고 무기와 군복 또한 제 기능을 하지 못하고 있을 뿐만 아니라, 군역에 종사하는 백성들이 군장과 여러 품목 및 식량을 자비로 마련하는 등 고충이 심하다고 지적하였다.

그는 변고에 대비할 수 있는 군정의 재정비가 필요하다고 보았다. 우선

軍保가 上番兵을 지원하기 위해 내는 돈과 포목 가운데 실제 수효를 제외한 나머지 부분을 지방관이 착복하는 것이 아니라 鄕兵의 지원에 사용할 것을 제안하였다. 이를 통해 고을의 백성에게 불필요한 세금 수취를 줄이고, 군졸들에게는 옷과 兵馬를 제대로 갖춰주어 사기를 높여야 한다는 것이다. 또 군대를 총괄하는 장수는 나라의 존망과 三軍의 생사를 맡은 중요한 존재이므로 무신들 가운데 염치를 아는 자를 선발하고, 그들은 국가를 위해 온 마음을 다해야 한다고 하였다. 그 연후에 계책을 세워 외적의 침입을 막을 수 있는 군사적 대비를 해야 한다고 강조하였다.

세 번째 주장은 '恢公道'이다. 그는 임금은 大位에 있으면서 백성과 만물을 거느리는 존재이므로, 치우치거나 협소함 없이 모든 지역과 백성을 공평하게 다스리는 원칙을 추구해야 한다고 하였다. 이어 親疏에 따라 사람을 등용하고, 愛憎에 따라 형벌과 상을 내리며, 관리를 선발할 때 권세가에 무리 지어 나아가고, 세금을 거두어들일 때 가난한 백성에게까지 부당하게 징수하는 풍조는 임금이 公道를 베푸는 것이 아니라고 비판하였다.

류치명은 임금은 항상 공평한 정치에 유념하여 사람을 등용할 때는 기량과 재주를 고려하고, 형벌과 상을 줄 때도 그 功과 罪를 기준으로 해야 한다고 하였다. 또 평생 학업에 열중해 과거를 준비한 이들을 위해 관리의 선발 역시 공평하게 이뤄져야 하며, 세금은 백성의 가혹한 노동으로 얻어진 수확물이기 때문에 거두어들일 때도 공평한 원칙의 수취가 이뤄져야 한다고 보았다. 이어 조정이 공도를 잃고 한 곳으로만 치우친다면, 나라에 예의와 염치가 없어져 백성들이 충성과 의리 대신 권세와 이익만을 좇아 결국 멸망에 이르게 될 것이라 경계하였다. 그는 나라의 보존을 위해 임금이 천하를 한 집안으로 여기고, 온 나라를 한 사람으로 여겨 그 거리와 귀천에 상관없이 공평하게 대해줄 것을 당부하였다.

마지막으로 강조한 것은 '廣言路'이다. 그는 옛 성왕들도 한 사람의 총명함으로는 세상을 다스림에는 한계가 있었기 때문에 정직한 사람들을 불러 모아 의견을 들었다고 하며 直諫의 중요성을 말하였다. 또 盧守愼이 뇌물을 받은 사실을 김성일이 선조에게 직언한 일을 언급하며, 신하들 또한 임금의 잘못을 말하기에 앞서 자신의 허물을 듣는 것을 꺼리지 말아야 한다고 하였다. 류치명은 용렬하고 어두운 임금일수록 안일한 것을 추구해 사방의 걱정을 들으려 하지도 않고, 자기 과실을 숨기며 바른말을 듣기도 싫어한다고 보았다. 또 신하들도 임금의 뜻에 영합하여 가리고 속이기만 한다면, 임금은 점차 세상에서 고립된 처지가 되어 훗날 禍亂이 몰려와도 깨닫지 못하게 될 것이라 염려하였다.

그러므로 임금뿐만 아니라 집정 대신에 이르기까지 모두 직간 하고, 이를 수용하는 분위기가 형성되어야 한다고 주장하였다. 그리고 보는 앞에서만 따르고 실제가 없는 간언이 아니라, 서로 간에 혐의를 꺼리지 않고 잘못을 말하는 간언이 필요하다고 하였다. 이처럼 언로가 확대되어야 조정에서는 진실한 정사를 논할 수 있고, 온 나라의 모든 사정이 숨김없이 전달될 수 있다는 것이다.

류치명의 '3강 10목'은 그의 경세관을 집약적으로 보여주는 것이라 할 수 있다. 그는 학맥으로 전승된 퇴계학의 심도 있는 이해와 관직생활에서 비롯된 다양한 경험을 바탕으로 '3강 10목'을 완성하였다. 그는 철저히 성리학 중심의 틀 안에서 시대를 인식하고 있었다. 국가운영과 관련한 방안 또한 일차적으로 개인적 수양과 학문을 통한 군주의 인격 함양을 기본으로 하고 있으며, 이를 통해 유교적 덕치주의가 실현되는 사회를 지향하였다. 또 고대 성현들이 이뤄놓은 遺法의 회복을 통해 당시 사회의 모순을 극복하고자 하였다. 이처럼 유교적 명분과 의리에 기반을 둔 시대인식과 성리학적 이상 실현을 위한 추상적이고 원론적인 해결방안은 18세기 이후 영남 남인의 경세관이 보여주는 한계였다. 류치명 역시 이 한계를 완전히 극복하지는 못하였다.

그러나 앞서 살펴본 이상정의 임금의 陳勉 방안이나, 1808년(순조 14)에 정종로가 올린 상소문에 포함된 임금의 陳勉을 위한 덕목과 비교해보면 류치명의 경세관이 보다 진전된 논의라는 것을 알 수 있다.[133] 그는 좀 더 구체적이고 현실적인 방안을 제시하였다. 예를 들어 '急先之務'에서 첫 번째 조목의 명칭을 '愛民'이 아닌 '恤民隱'으로 하여 백성 구휼의 필요성을 직접적으로 명시하였다. 즉 백성을 사랑하고 아끼는 가장 시급한 방법은 부세 제도의 정비를 통해 그들의 삶을 안정시키는 것임을 분명히 한 것이다. 이 외의 각 조목에서도 추상적인 주장을 넘어 문제의 원인과 개선 방안을 비교적 상세하게 제시하였다.

류치명은 관직생활을 통해 시대의 폐단을 몸소 경험할 수 있었다. 과거 시험을 관장하면서 인재 선발제도의 문제점을 확인하였다. 초산부사 시절에는 극심한 고충을 겪고 있던 백성들의 모습을 마주하였다. 이 과정에서 부세 수취와 관련한 여러 폐단의 실체를 확인하였고, 위기의 심각성을 깨달았다. 또 지방관의 역할만으로는 백성들의 상황을 개선하기에 한계가 있다고 느꼈을 것이다. 결국 부세 제도 개혁과 관련한 조정의 적극적인 대책을 강조한 주장은 이 같은 경험에서 기인한 것으로 보인다. 또 직간을 통해 언로의 확대를 주장한 것도 형식화된 尾附로 인해 부당한 처우를 겪은 후, 그 폐해와 올바른 進言의 필요성을 주장한 상소를 올렸던 경험에서 비롯된 것이라 생각한다.

더하여 오랜 시간은 아니었지만, 중앙 관료로서의 활동과 지속적인 근기 남인과의 교류를 통해 19세기 이후 변해가는 국제 정세에 대한 정보를 수용할 수 있었다. 특히 1848년(헌종 14) 이후 경상도뿐만 아니라 전라도·

---

133) 『立齋集』 권8, 「擬上疏 甲戌」. 정종로가 제시한 군주가 갖추어야 할 덕목들은 다음과 같다.
　①節嗜慾以養壽命, ②愼起居以重威儀, ③敦學問以廣知見, ④道中庸以篤踐履, ⑤勵精神以察政理, ⑥納諫諍以開言路, ⑦祛偏私以示公正, ⑧明黜陟以分邪正, ⑨振淹滯以收賢才, ⑩雪冤枉以召和氣, ⑪廓乾斷以摠權綱, ⑫嚴贓汚之法 使膏澤下於民.

강원도·황해도·함경도에서는 이양선의 출몰 횟수가 셀 수 없이 증가하고
있었다.134) 류치명이 군사력 강화를 시급한 과제라 생각하고, 훈련된 군사
와 선별된 장수를 통해 외적의 침입에 대비해야 한다고 주장한 것은 급변
하고 있던 정세에 대한 위기 의식과 무관하지 않다고 본다.

'3강 10목'을 작성할 당시 류치명은 이미 수백 명의 문인을 거느린 호파
를 대표하는 학자의 위치에 있었다. 그러므로 세도정치로 더욱 위축된 영
남 남인의 정치적 재기를 위한 방법 모색에 일정한 책임을 느끼고 있었을
것이다. 즉 '공도'의 중요성을 강조한 것은 군주가 갖추어야 할 유교적 정
치철학의 기본 덕목인 것과 함께 어려움에 처한 영남 남인의 상황을 개선
할 방안이 될 수 있었기 때문이었다.

류치명은 임금에게 한쪽에만 치우치지 말고 공평함을 유지해 지역·가
문·재산이 아닌 학문적 기량과 능력을 기준으로 인재를 등용할 것을 주장
하였다. 그리고 과거제를 공평하게 시행하여 인재 선발의 폐단을 개선해야
한다고 하였다. 이는 오랜 기간 퇴계학을 중심으로 연구에 매진해 온 영남
남인의 학문적 능력이 정당하게 평가받을 수 있는 기회를 마련하기 위한
제안이라 할 수 있다.

18세기 이후 영남 남인의 경세적 역량은 국가 운영이 아닌 자신이 속한
향촌 사회로 한정되었지만, 사회폐단의 개선과 관련한 실천적 성향은 그대
로 유지되고 있었다. 류치명은 학맥과 가학을 통해 이 같은 영남 남인의
경세적 인식을 계승하였고, 근기 남인과의 교류는 현실문제에 대한 사고의
확대를 가져왔다. 또 목민관으로서의 경험과 경세 활동은 시대의 문제를
직시하는 데 큰 도움을 주었다. 그 결과 '3강 10목'을 통해 자신의 경세관
을 완성할 수 있었다. 류치명의 시대인식은 성리학적 질서에 입각한 원론
적인 틀을 벗어나지는 못하였지만, 변화된 상황을 고려해 더욱 현실적으로
사회문제를 바라보고 직접적인 해결방안을 모색하는 노력을 보여주었다.

---

134) 『헌종실록』 15, 14년 12월 29일(기사).

이후 류치명의 경세관은 문인들에 의해 계승되었다. 이는 이상정의 玄
孫인 肯庵 李敦禹(1807~1884)를 통해 확인할 수 있다. 그는 25세가 된 1832
년(순조 31)부터 조부 李秉運의 권유로 류치명의 문하에서 수학하였다.[135)]
1850년(철종 1) 2월 증광시에 급제한 후 관직을 제수받았으나, 고향에 머물
며 스승의 학문을 심화시키는 데 집중하였다. 류치명이 智島로 유배 가게
되었을 때는 여러 문인과 유배지까지 동행하였고,[136)] 류치명 사후에는『정
재집』간행을 주도하며 스승의 학문을 집대성하였다.[137)] 1882년(고종 19)
에는 이조참판에 제수되기도 하였다.[138)]

1877년(고종 14) 이돈우는 나라의 위기를 극복하기 위한 임금의 덕목을
담은 '三綱九目'의 상소를 올린 바 있다.[139)] 여기서 3목인 '納諫'과 4목인
'恤民', 6목인 '恢公', 8목인 '斥邪'는 변화한 국내외 정세에 대한 본인의 견
해를 추가하였지만, 대부분 류치명의 '3강 10목'의 세 번째 강 4개 조목 즉,
'廣言路', '恤民隱', '恢公道', '修軍政'의 내용을 따르고 있다. 특히 이돈우
는 개항이 이뤄진 지금의 시점에서 척사는 더 이상 언어와 문자로 하는 것
이 아니며, 군사를 훈련해 대응하는 것이 급선무라고 주장하였다. 그리고
이에 대한 근거와 방안은 앞서 살펴본 류치명의 견해를 그대로 제시하였
다. 이처럼 그는 류치명의 '3강 10목'에 담긴 스승의 경세관을 계승하여,

---

135) 『肯庵集 附錄』,「年譜」순조 32년(순조 31년(辛卯)).『肯庵集』연보는 순조대
    기록에 있어 실제 干支와 표기 연도가 1년씩 차이를 보인다.
136) 『肯庵集 附錄』,「年譜」철종 6년(乙卯). 이돈우는 류치엄, 류성진 등과 함께 스
    승의 유배길을 함께 하였다.
137) 이돈우는 1881년(고종 18) 만우정에서 스승의 遺集을 교정하였고, 1883년(고종
    20) 7월 안동의 龍潭寺에서『정재집』간행을 담당하였다(『肯庵集』附錄,「年譜」
    고종 18년(辛巳) ; 고종 20년(癸未)).
138) 『승정원일기』고종 19년 8월 3일(병진).
139) 『승정원일기』고종 14년 3월 4일(경신) 27/27 ;『肯庵集』권2, 疏「應旨陳三綱
    九目疏」.
    이돈우의 '3강 9목'은 "(1)體天 - ①立志, ②居敬, ③納諫, (2)順天 - ④恤民, ⑤
    尙儉, ⑥恢公, (3)畏天 - ⑦立綱, ⑧斥邪, ⑨興學"의 항목으로 구성되어 있다.

19세기 말 국내외 혼란과 위기를 극복하는 방안을 마련하는 지침으로 삼았다 할 수 있다.

군사력 강화를 통해 외세의 침입에 대비해야 한다는 류치명의 주장은 개항으로 외세의 침략이 현실로 다가온 상황에서 무엇보다 중요한 시대적 과제로 떠올랐다. 이에 문인들은 스승의 가르침을 이어 적극적인 자세로 척사운동을 이끌어 나갔다. 그가 보여준 현실문제에 대한 관심과 적극적인 실천 의지는 급변한 시대적 상황 속에서 문인들의 행동으로 표출되었다. 즉 류치명의 문인집단이 외세에 대응해 활발한 저항을 펼쳐간 원동력에는 학맥을 통해 계승된 류치명의 경세관이 내재해 있었다 할 수 있다.140)

---

140) 한편 18세기 안동의 하회를 중심으로 한 屛派를 이끌어간 인물은 柳一春(1724~1810)이었다. 그는 經學·禮學 등에 두각을 나타냈고, 이상정 등 영남의 대표 학자들과 교유하며 병파의 여론을 주도하는 위치에 있었다. 그러나 순조 즉위 후, 조정과 노론의 공격에 무대응으로 일관하는 등 소극적인 모습을 보여주었다. 이를 통해 병파의 정치적 관계망은 위축되었고, 병파의 지역 내에서 노론 세력은 확대되어 갔다. 류일춘이 사망하자 柳台佐(1763~1837)와 柳相祚(1763~1838)가 병파의 전면에서 활동하였다. 그들은 체제공의 신원운동에 앞장섰고, 채제공의 『樊巖集』 간행을 주도하였다. 이 과정에서 문집 간행의 비용 문제 등으로 호파와의 갈등이 일어났지만, 이들은 체제공의 신원회복과 문집 간행을 완수함으로써 중앙세력과의 연계를 지속할 수 있는 명분을 획득할 수 있었다(김명자, 앞의 논문, 2016, 87~98쪽). 풍산 류씨를 중심으로 한 병파는 19세기에도 조정과의 연계를 지속적으로 도모하며 영남 남인의 위상을 회복하고자 하였다. 당시 병파의 중추적 역할을 담당한 인물은 柳厚祚(1798~1876)와 그의 아들인 柳疇睦(1813~1872)이었다. 병파는 '世臣'의 자손이라는 자부심 속에 가학을 계승해왔고, 사회적으로 處士와는 달리 도덕적 실천에 집중하는 처신을 할 것을 강조하였다. 이에 19세기 많은 과거 합격자를 배출하였고, 특히 류후조가 1866년(고종 3) 우의정에, 다음 해에는 좌의정에 임명되면서 영남 남인으로는 약 300년 만에 정승이 배출되었다. 류후조는 1862년 농민항쟁의 수습에 관여하며 삼정의 원칙적 운영과 환곡의 폐단을 개혁하기 위해 노력하였다. 류주목은 6條疏를 통해 천주학과 서양세력을 배척하는 뜻을 분명히 밝혔고, 백성의 삶을 안정시켜야 한다고 주장하였다. 병인양요가 일어났을 때는 아버지의 권유로 의병을 조직해 활동하였다. 현실문제에 대한 관심과 실천적 자세는 류주목의 제자인 柳道洙(1829~1889)에게 이어졌다. 그는 『相鑑博儀』를 지어 류후조를 보좌하였고, 대원군 봉환 상소

운동(1875년)에서 소두가 되어 적극적으로 운동을 이끌었다. 그러나 병파는 개항 이후 본격화한 척사운동에 소극적인 자세를 보여주었고, 의병활동에서도 호파처럼 적극적으로 대응하지 않았다. 병파가 가졌던 '세신'의 자손이라는 처신은 대원군과 연관된 일에는 실천적인 모습을 보여주었지만, 체제에 대한 집단적 저항이나 의견표명에는 소극적인 모습을 보이는 양면성을 가지고 있었던 것이다(우인수,「溪堂 柳疇睦과 閼山 柳道洙의 학통과 그 역사적 위상」,『퇴계학과 유교문화』 44, 경북대 퇴계연구소, 2009 ; 김도형,「19세기 후반 河回 '屛儒'의 家學과 斥邪 활동」,『퇴계학과 유교문화』 55, 경북대 퇴계연구소, 2014 참조). 특히 후자는 이후 조정의 개화정책에 대한 반발로 일어난 척사운동에서 병파가 류치명의 문인들에 비해 큰 비중을 담당하지 못한 중요한 이유가 되었다고 생각한다. 반면 류치명의 문인들은 이황 이후 스승에게 이어진 도통 수호에 대한 확고한 사명감과 실천적 자세를 바탕으로 영남의 척사운동을 이끌어나가는 주역으로 활동하였다.

제3장

사도세자 추숭 상소와
智島 유배

1. 영남 남인의 사도세자 추숭 노력과
류치명의 상소

조선의 제22대 왕으로 즉위한 정조는 재위 기간 동안 몇 차례에 걸쳐 자신의 아버지인 사도세자에게 尊號를 올렸다.[1] 사도세자가 죽은 지 2년째 되는 해였던 1764년(영조 40) 영조는 세손을 효장세자의 後嗣로 변경하였고,[2] 그를 불러 '종통이 정해졌으니 邪說에 흔들리는 일은 절대 없어야 한다'고 강조하였다.[3] 1776년에는 효장세자와 효순현빈을 각각 '孝章承統世子', '孝純承統世子嬪'으로 고쳐 玉印과 竹册을 만들어 孝章宮에 올리게 하는 등 자신이 죽은 후 생길지 모르는 사도세자에 대한 追崇 가능성을 철저히 차단하였다.[4] 이에 정조는 즉위 후 영조의 뜻을 받들어 '근본을 둘로 하지 않는다[不貳本]'와 '禮는 엄격하게 하면서도 人情도 또한 펴지 않을 수 없다'는 원칙을 천명하였고,[5] 이후 왕실의 典禮를 준수하는 범위에서 사도세자를 국왕에 버금가는 수준으로 대우하는 일련의 제도를 정비해 나갔다. 거듭 존호를 올린 일 역시 이 같은 노력과 궤를 같이하는 것이었다.

---

1) 사도세자의 추존과 관련한 논의와 그 과정은 '김지영, 「正祖代 思悼世子 追崇 典禮 논쟁의 재검토」, 『한국사연구』 163, 한국사연구회, 2013 ; 정해득, 「사도세자 현창의 전개과정」, 『역사문화논총』 8, 역사문화연구소, 2014 ; 최성환, 「思悼世子 추모 공간의 위상 변화와 永祐園 천장」, 『조선시대사학보』 60, 조선시대사학회, 2012' 등에 자세하다.

2) 『영조실록』 103, 영조 40년 2월 20일(임인).

3) 『영조실록』 103, 영조 40년 2월 23일(을사).

4) 『영조실록』 127, 영조 52년 1월 27일(기해).

5) 『정조실록』 1, 정조 즉위년 3월 10일(신사).

정조는 즉위 후 열흘이 지난 1766년 3월 20일 사도세자에게 '莊獻'이라는 첫 번째 존호를 올렸다.[6] 2글자의 존호는 세자에게 올리는 존호의 관례를 따른 것이었다. 그러나 정조는 국왕에게는 玉冊과 金寶를 올리고 세자에게는 竹冊과 銀印을 올리는 관례를 대신하여 사도세자에게 玉印을 올림으로써 다른 세자와는 차별을 두었다. 두 번째 존호는 1782년(정조 6) 9월에 태어난 元子(훗날 문효세자)의 탄생을 축하하기 위해 1783년에 올린 '綏德敦慶'였다. 정조는 세자에게 2글자의 존호를 올리는 것은 우리 조정의 전례와 중국 고사를 참고해 볼 때 사례가 없는 일이라고 하며 4글자의 존호를 더하였고, 이전과 같이 죽책과 옥인을 올리는 차별을 두었다.

세 번째 존호는 1784년 원자를 세자로 책봉하는 것을 기념하며 올린 '弘仁景祉'였다. 이에 사도세자의 공식 존호는 '사도 수덕돈경 홍인경지 장헌세자'가 되었고, 이때도 죽책과 옥인을 올렸다. 네 번째 존호는 1795년(정조 19) 1월 21일 사도세자의 회갑을 맞이해 올린 '章倫隆範 基命彰休'이다. 당시 정조는 사도세자의 음덕에 감사하는 뜻을 표하며 국왕에 준하는 8자의 존호와 옥책과 금인을 올리는 파격을 보여주었다.

정조는 사도세자의 죽음을 애통해하며 국왕과 같이 극진히 예우하였으나, 이와는 별개로 끝내 추숭은 하지 않으며 영조가 정해놓은 承統을 고수하였다. 그러므로 이후 조정에서는 정조가 정해 둔 경모궁과 현륭원에 대한 의례를 지켜나갈 뿐, 사도세자를 국왕으로 추존하는 일은 '정조의 뜻이 아니었다'는 명분을 앞세운 노론 대신들의 반대 속에 거론하기조차 힘든 분위기가 조성되었다.

다시 사도세자에 대한 추존 논의가 이뤄진 것은 1854년(철종 5) 11월이었다. 철종은 사도세자의 庶子인 은언군의 손자로, 순조비 순원왕후에 의해 순조의 양자가 되어 왕위를 계승하였다. 이에 혈통으로 사도세자의 증

---

6) 사도세자에게 올린 존호와 관련해서는 '정해득, 앞의 논문, 2014, 73~79쪽'의 내용을 참고하여 정리하였다.

손이었던 철종은 1855년 사도세자의 2周甲을 맞이해 1795년 정조가 행하였던 예에 따라 사도세자에게 존호를 올리는 일을 대신들과 의논하였다.[7] 며칠 후 사도세자에게 올릴 존호가 '贊元憲誠 啓祥顯熙'로 정해졌고,[8] 1855년 1월 21일, 사도세자가 태어난 날에 맞추어 철종은 경모궁에 나아가 옥책과 금인을 올리며 酌獻禮를 거행하였다.[9]

이 과정에서 徐俊輔가 정조에게도 존호를 올릴 것을 청하는 상소를 올렸다.[10] 서준보는 1854년 대과의 回榜을 맞이하여 철종의 명으로 知事에서 判府事로 특별히 加資되는 등 정조를 모셨던 신하로서 예우 받고 있던 인물이었다.[11] 이에 그는 86세의 나이로 1795년 신하로 혜경궁 홍씨의 회갑연에 참석했었던 기억을 되새기며, 정조의 덕과 공을 기리기 위해 사도세자뿐만 아니라 정조에게도 존호를 올리길 청한 것이다. 그러나 철종은 이는 정조의 뜻이 아니라고 말하며 서준보의 요청을 받아들이지 않았다.[12]

영남 남인은 조정의 소식을 민감하게 받아들였다. 1792년 채제공의 지원 속에 사도세자의 신원을 청한 만인소를 올려 정조의 마음을 얻는 데 성공하였던 영남 남인은 이를 계기로 정계로의 복귀를 기대했었다. 그러나 정조는 사도세자의 신원과 추숭에 대한 확답을 주지 않은 채 세상을 떠났

---

7) 『철종실록』 6, 철종 5년 11월 3일(무진).
8) 『철종실록』 6, 철종 5년 11월 6일(신미).
9) 『철종실록』 7, 철종 6년 1월 21일(을유).
10) 『철종실록』 7, 철종 6년 1월 6일(경오) ; 『승정원일기』 철종 6년 1월 6일(경오) 18/19.
11) 『철종실록』 6, 철종 5년 1월 13일(계축).
12) 1793년(정조 17) 11월 영의정 洪樂性 등이 정조에게 존호를 받을 것을 요청하였으나, 정조는 "나의 인정과 도리로 어떻게 한 글자의 존호라도 받을 수 있겠는가(則以予情理, 何可受一字之號乎)"라고 하며 이를 거부하였다(『정조실록』 38, 정조 17년 11월 19일(무신)). 다음 해에도 대신과 신료들이 존호를 받을 것을 청하였으나 정조는 끝까지 받아들이지 않았고(『정조실록』 41, 정조 18년 12월 6일(기미)), 효의왕후 또한 정조의 뜻을 받들어 존호를 받지 않았다(『순조실록』 4, 순조 2년 5월 13일(임오)).

고, 영남 남인의 노력과 바람은 노론 벽파가 주도하는 정계에서 축출당하는 구실이 되어 돌아왔다. 그러므로 국왕이 사도세자에게 8자의 존호를 올렸다는 소식은 정조가 말하였던 '의리'를 빌려 그들의 정치적 입지를 드러낼 수 있는 60년 만에 찾아온 기회였다. 이에 안동을 중심으로 한 영남 유생들은 공론을 모아 사도세자를 국왕으로 추존할 것을 청하는 상소를 올리기 위한 준비를 시작하였다. 그리고 퇴계 이황의 후손인 李彙炳을 소두로 하여 5월 15일 10,094명이 연명한 '사도세자추존만인소'를 올렸다.[13]

이보다 앞서 柳致明은 만인소와는 별개로 사도세자의 추숭을 청하는 내용을 담은 「請行景慕宮典禮疏」를 올렸다.[14] 류치명이 79세의 고령에도 불구하고, 왜 정치적 위험과 주변의 만류를 무릅쓰고 그동안 금기시되어 온 사도세자의 추숭을 거론하는 상소를 올렸는지는 분명하지 않다. 다만 여러 정황을 통해 그 이유를 가늠해 볼 수 있다.

먼저 당시 류치명의 학문적 입지를 살펴보자. 1842년(헌종 8) 2년 동안의 楚山都護府使 임기를 마치고 안동으로 돌아온 그는 활발한 강학과 저술을 통해 학자로서의 기반을 다져나갔다. 특히 1843년에는 『退溪集』의 重刊을 주관하였고, 다음 해에는 유림을 대신하여 이현일에게 職牒을 내려주길 청하는 상소를 작성하였다.[15] 또 1845년에는 『大山先生實記』를 완성한 후 발문을 지었으며, 2년 뒤에는 『鶴峯集』의 重刊을 교정하고 발문을 지었다.[16] 이 과정을 통해 류치명은 자신이 퇴계 이황 이후 '김성일 - 이현일 - 이상정'으로 계승된 학맥을 嫡傳으로 계승하고 있다는 것을 대외적으

---

13) 1885년 영남만인소의 준비과정과 역사적 의미에 대해서는 '한국국학진흥원 기록유산센터(김문식 외 6인), 『만인의 청원, 만인소』, 한국국학진흥원, 2019'에 수록된 논고(김문식, 「조선후기 영남만인소의 정치적 의의」 ; 이욱, 「사도세자 관련 만인소의 정치적 의미」 ; 이수환, 「조선후기 영남만인소 - 1792년, 1855년 만인소를 중심으로」)를 참고할 수 있다.

14) 『定齋集』권1, 疏「請行景慕宮典禮疏 乙卯三月二十九日」.

15) 『定齋集』권1, 疏「請給葛庵李先生職牒疏 甲辰○代士林作」.

16) 『定齋集附錄』권1, 「年譜」

로 분명히 하였고, 점차 虎派의 領袖로 자리매김하였다.

영조 대 이후 영남 남인의 중요한 정치적 과제는 의리를 밝혀 이현일의
신원과 사도세자의 추숭을 이루는 것이었다. 1852년(철종 3) 9월, 이현일의
신원이 이뤄진 상황 속에서 영남 남인에게 남은 것은 사도세자의 추숭 문
제였다.[17] 그러므로 1855년에 들려온 조정의 소식은 호파를 대표하는 원
로학자이자 병조참판에까지 제수되었던 류치명에게 자신에게 주어진 소임
을 다할 수 있는 동기부여와 최적의 타이밍으로 작용하였을 것이다.

다음은 류치명의 가계에서 그 이유를 찾을 수 있다. 그의 고조부인 柳觀
鉉은 1735년(영조 11) 문과 급제 후 1759년에 세자시강원 弼善에 제수되어
약 2달간 사도세자의 교육을 담당한 인물이었다. 류관현은『주역』을 어려
워하는 사도세자를 위해 그림으로 정리해 가르쳐 주는 등 학문에 정진할
것을 권하였고, 이때의 경험을『春坊錄』이라는 일기로 남기기도 하였다.[18]
류치명은 이 사실을 상소에서 언급하며 자신은 사도세자에 대한 이야기를
보고 들으며 성장하였다고 밝혔다. 그리고 "지금 입을 다물고 말하지 않는
다면 그것은 위로는 국가를 저버리고 先臣[류관현]에 까지도 미칠 것입니
다."라고 하였다.[19] 다시 말해 류치명에게 사도세자의 추숭은 영남 남인의
정치적 숙원을 넘어 선대를 위해 후손의 도리를 다하는 효의 연장선에 있
는 것이기도 하였다.

1849년 사도세자의 血孫이었던 철종이 즉위하자 영남의 유생들 사이에
서는 '이는 우연이 아니므로 사도세자의 추숭을 이룰 수 있을 것이다'는
기대의 목소리가 나오기 시작하였다.[20] 이어 추숭을 청하는 儒疏의 논의

---

17)『철종실록』4, 철종 3년 9월 6일(계축). 그러나 노론 대신들의 지속된 반대로 인하
　여 이현일의 관직은 사도세자의 추숭을 청한 영남만인소가 올라간 지 3개월 뒤
　다시 追奪되었다(『철종실록』권7, 철종 6년 8월 8일(무술)).
18) 한국국학진흥원,『한국국학진흥원소장 국학자료목록집 33 - 전주류씨 정재종택』,
　한국국학진흥원, 2016, 61쪽.
19)『定齋集』권1, 疏「請行景慕宮典禮疏 乙卯三月二十九日」. "若又囁嚅不言 是
　上負國家以及先臣也 所以冒死拜章"

가 일어났고, 1851년에는 三溪書院에 모여 상소를 위한 임무 분장과 시기
를 조율하기도 하였다. 그러나 이 소식을 들은 류치명은 '지금의 조정의
상황은 예전과 다르지 않으니 조급히 행동하지 말고 때를 기다리라'는 내
용이 담긴 편지를 보냈으며, 상소를 올리는 일은 중단되었다. 시간이 지나
1854년 가을부터 다시 추숭에 대한 소문이 일어나는 가운데 마침내 1855
년 1월, 조정의 소식이 영남으로 전해졌다.

　<표 3-1>을 통해 알 수 있듯이 류치명은 2월부터 추존소를 올리는 시도
를 하였다. 그는 상소를 작성한 후 자제들을 불러 "오랫동안 사도세자에게
전례를 행하는 것을 거론할 수 없었는데, 시기가 임박하여 2周甲이 돌아오
니 天意와 人心이 실로 우연이 아니다."고 하며 드디어 영남의 오랜 염원
을 펼 수 있는 때가 되었다는 뜻을 밝혔다. 그리고 작성한 추존소를 家僮
을 시켜 서울로 보내었고, 성균관에 있는 벗들에게 부탁해 승정원으로 올
리고자 하였다. 그러나 이를 읽어본 李孝淳과 李源祚 등은 반대의 뜻을 표
하며 류치명의 상소를 다시 안동으로 돌려보냈다.

　특히 조정의 상황이 좋지 못하다고 판단한 이원조는 편지를 보내 '상소
를 올리는 일을 멈출 수 없다면, 사도세자의 추숭을 숙종 대 단종의 복권
과 연관 지어 서술한 문구를 대신해 성종 대 德宗의 추숭을 인용하는 것이
나을 것 같다'는 충고를 전하였다. 그러나 류치명은 '일을 시행한 이상 그
만둘 수 없으며, 덕종의 추숭을 증거로 삼는 것은 私親을 강조하는 것으로
이는 사도세자의 원통함을 밝히기에는 부족하다'고 하며 자신의 입장을
고수하였다. 류치명은 제자들과 가족들의 만류 속에서 3월 22일 가동을 시
켜 추존소를 바로 승정원으로 올리도록 하였다.

　마침내 3월 29일 류치명이 올린 상소가 봉입되었다. 이 상소가 바로 「請
行景慕宮典禮疏」이다.

---

20)　류치명이 상소를 올리기 전의 상황과 봉입 과정은 『洊島趨拜錄』과 『定齋集』의
　　연보를 참고해 서술하였으므로 별도의 전거는 생략하겠다.

〈표 3-1〉 1855년 류치명과 영남 유생들의 사도세자 추숭 노력과 경과21)

월	일		주요 사건
1	6	朝廷	·판부사 徐俊輔가 정조에게 존호를 추상할 것을 청한 상소를 올림
	21	왕실	·철종이 직접 경모궁에 나아가 옥책과 금인을 올리고 작헌례를 행함
		영남	·조정의 소식을 전해 들은 호계서원과 병산서원에서 도산서원에 통문을 보내 儒會를 열 것을 제안
	27	영남	·도산서원에서 사도세자의 신원과 추존을 청하는 상소를 올리는 것에 대해 논의 　- 90여 명의 유생 참석, 퇴계 이황의 후손인 李彙炳을 疏頭로 결정 ·영남 유림 전체의 공론을 모으기 위해 경주·상주·진주 등에 통문을 보냄
2	21	류치명	·家僮을 시켜 사도세자의 추숭을 청하는 상소를 서울로 보냈으나 성균관에서 돌아옴 　- 성균관에 있는 벗들(李孝淳, 李源祚 등)에게 부탁하여 승정원에 올리고자 하였으나 그들의 만류로 실패
		영남	·안동의 講武堂에서 도회 개최, 200여 명 참석 　- 사도세자 신원 문제는 상소에서 배제 시킴(정치적 갈등의 가능성이 큼) ·더 많은 공론 취합 후 상소 참여 유생 명단을 작성하여 도회를 개최하기로 함 　- 3월 10일 상주 → 3월 15일 안동으로 변경
3	15	영남	·안동 강무당에서 도회 개최, 100여 명 참석 　- 정치적 부담을 이유로 영남 유생들이 유소 참여에 소극적(대부분 안동 유생) ·4월 15일 문경향교 도회 결정(명단 및 경비를 마련하기로 합의)
	22	류치명	·가동을 시켜 추존소를 바로 승정원으로 올리게 함
	29	류치명	·「請行景慕宮典禮疏」가 봉입 　- 정조가 존호를 받지 않은 것은 사도세자의 추숭이 이뤄지지 않았기 때문 　- 사도세자를 국왕으로 추존하여 大義를 펴고, 그 후 정조에게도 존호를 올릴 것을 청함
4	2	朝廷	·대사간 朴來萬이 상소하여 류치명을 竄配할 것을 청함 　- 철종이 윤허 ·평안도 祥原郡으로 유배지가 정해짐 　- 의금부 서리를 보내 체포 후 배소지로 보내기로 함
	3 ~ 7	朝廷	·3일부터 7일까지 류치명의 국청을 청하는 상소가 올라옴 　- 여러 대신뿐만 아니라 삼사와 옥당에서도 연차하여 국청의 설치를 청함 ·철종은 유배에 그친다는 입장을 고수
	8	朝廷	·時任과 原任이 연차하여 류치명의 국청을 청함

---

21) 〈표 3-1〉은 『실록』과 『승정원일기』 등의 관찬 사료와 『定齋集』의 연보 및 『涪島
趨拜錄』 그리고 '한국국학진흥원 기록유산센터(김문식 외 6인), 앞의 책, 2019'에
수록된 논고를 종합·정리한 것이다.

월	일		주요 사건
		류치명	·철종은 국청을 거부하며 류치명을 島配하라는 명을 내림
			·집으로 돌아온 가동을 통해 찬배의 소식을 접합 - 9일부터 행장을 꾸리는 등 유배 준비를 시작
	10	朝廷	·의금부에서 류치명을 전라도 羅州牧 智島로 안치할 것을 정하고, 바로 서리를 보내 바뀐 배소로 압송하겠다고 보고
	11	류치명	·의금부 서리 韓德成이 찬배를 명한 관문을 갖고 안동에 도착
		류치명	·평안도 상원군으로 출발(유배 시작)
	13	朝廷	·철종이 류치명의 처분은 이미 정해졌으니 더이상 번거롭게 하지 말라는 전교를 내림
	13 ~ 17	朝廷	·대사헌 趙忠植과 대사간 韓兢人 등이 섬에 유배하도록 한 류치명을 불러 국청을 설치할 것을 거듭 건의 - 철종은 윤허를 거부
		류치명	·풍기에서 의금부 서리를 만나 지도로 配所가 바뀌었다는 소식을 들음
	15	영남	·문경향교에서 도회 개최, 100여 명 참석 - 영남 전체의 공론을 모으는 데 실패
	17	영남	·소수 이휘병이 유생 20여 명을 인솔하여 서울로 출발 - 문경의 주흘산에서 서울에서 내려오는 하양 현감 조성교를 통해 류치명이 사도세자의 추숭을 청하는 상소로 유배형이 내려졌다는 소식을 접함
	23	영남	·서울 서빙고에 도착
	25	영남	·성균관 서쪽에 있는 李民永의 서재에 疏廳을 정하고, 상소 준비 시작
5	2	류치명	·전라도 나주목 지도에 도착
	11	영남	·11일부터 伏閤하여 매일 상소의 봉입을 청함 - 승정원에서는 근실이 없다는 이유로 봉입 거절
	15	영남	·상소를 봉입 하라는 철종의 명령이 내려짐 - 영남 유생 10,094명이 연명한 영남만인소[사도세자추존만인소]를 올림 ·류치명의 상소와 같은 방향의 주장 - 사도세자를 국왕으로 추존하는 것이 정조의 뜻이었다는 점을 강조 ·철종의 비답을 받지 못함

우리 正宗大王께서 20여 년 동안 눈부시게 다스리시어 文은 큰 계
획을 이었고 武는 큰 터전을 안정시켰으니, 진실로 오직 동방의 堯舜과
같은 임금이십니다. 尊號를 사후에 올리는 것에 대해 신하의 심정에 다
하지 못한 것이 아직 있습니다. … (중략) … 아, 필부도 억울함이 있으
면 반드시 풀어야 하는데, 우리 先世子[사도세자]께서는 14년간 代理

하신 세자로서 신민에게 백세토록 서운함을 남겼습니다. 正廟의 돈독
하고 깊은 효성으로 애통함을 머금은 지 40년이 되었는데도 아직 그
지극한 심정을 풀지 못한 것은 그 마음에 어찌 혹 하루라도 잊어서겠습
니까? 아마도 훗날을 기다림이 있어서일 것입니다. … (중략) … 지금
太歲[周甲]가 거듭 돌아와 천도가 바뀔 조짐이 있어 遺民이 옛일을 느
끼는 회포가 절실하니, 반드시 人心이 같은 바이고 天理가 어쩔 수 없
을 것입니다. 그런 뒤에 선세자의 대의를 펼칠 수 있고 정묘의 徽號도
의논할 수 있습니다. 大義를 펼치고 휘호를 올리고 난 뒤에야 국가에
빠진 典禮가 없게 되어 하늘에 계신 列聖의 영령도 오르내릴 때 그것
을 기뻐할 것입니다.[22]

류치명은 요순에 비견할 수 있는 업적을 가진 정조가 생전에 존호를 받
지 않은 것은 사도세자의 억울함을 풀지 못했기 때문이라 하였다. 그는 사
도세자를 국왕으로 추존하는 것을 '大義를 펴는 것'이라 하며, 정조가 생전
에 이루지 못한 지극한 뜻도 여기에 있다고 보았다. 그러므로 2주갑을 맞
이해 백성의 마음과 하늘의 뜻에 따라 사도세자를 추숭하고, 그다음 정조
에게 존호를 올릴 것을 청하였다. 이것이 바로 국가의 典禮를 바로 잡는
것이었기 때문이다. 마지막으로 류치명은 국왕의 두터운 은혜로 참판의 자
리에까지 오른 신하의 역할을 다하고, 대의가 펼쳐지는 것을 보기 위해 죽
음을 무릅쓰고 소를 올린다는 소신을 밝혔다.

4월 2일 대사간 朴來萬은 류치명의 상소에 반박하며 그의 竄配를 청하
는 상소를 올렸다.[23] 박내만은 '정조는 선왕의 뜻을 따라 宗統을 엄중히
하면서 人情에 따라 사도세자를 극진히 예우하는 의식을 만들어 양쪽 모
두에게 소홀하지 않는 의리를 실천하였다'고 말하였다. 그러므로 류치명의

---

22) 『定齋集』 권1, 疏 「請行景慕宮典禮疏 乙卯三月二十九日」 ; 『승정원일기』 철종
   6년 4월 2일(갑오) 19/20.
23) 『철종실록』 7, 철종 6년 4월 2일(갑오) ; 『승정원일기』 철종 6년 4월 2일(갑오)
   18/20.

주장은 오히려 막중한 전례를 경솔히 대한 것이며, 이는 오히려 정조가 지켜온 의리를 범하는 것이라고 강하게 비판하였다. 철종 역시 류치명의 요청은 선왕의 大義를 혼란시키는 것이라 하며 찬배를 윤허하였다. 같은 날 의금부에서는 류치명을 평안도의 祥原郡에 찬배하고, 서리를 보내 안동에 있는 그를 配所로 압송하겠다는 보고를 올렸다.24)

다음날부터 7일까지 대신들뿐만 아니라 三司와 玉堂, 승정원까지 나서서 鞫廳을 설치해 류치명을 엄히 다스리고 그 실정을 알아내길 거듭 청하였다. 그러나 철종은 이를 받아들이지 않았으며, 류치명의 주장에는 다른 뜻이 있는 것이 아니라 늙고 정신이 혼미하여 신중하지 못한 잘못을 저지른 것이라 말하며 오히려 그를 감싸는 모습을 보였다.25) 철종은 류치명을 유배 보내는 선에서 이 사건을 마무리하고자 하였다. 일이 확대되면 더 큰 정치적 파장을 일으킬 수 있으며, 이는 자신의 국정운영에 도움이 되지 않는다고 판단했기 때문이다.

8일에는 時任과 原任의 대신들이 聯箚하여 류치명의 국청을 청하는 대간들의 주장을 받아들이길 요청하였다. 철종은 시골의 늙은이에게 국청까지 설치해 죄를 물을 일이 아니라고 하며, 류치명을 島配할 것을 명하였다.26) 죄인을 섬으로 유배 보내는 것은 여러 형태의 유배형 가운데 가장 혹독한 형벌이었다.27) 즉 철종은 류치명에게 내리는 형벌의 무게를 더 하는 것으로 국청 설치의 요구를 대신하고자 한 것이다. 그러나 이후에도 승정원과 대신들은 주장을 굽히지 않았다. 4월 10일 의금부에서는 류치명의 배소를 전라도 羅州牧 智島로 보고하였고,28) 13일 철종은 류치명의 처분은 이미 정해졌으니 더이상 번거롭게 하지 말라는 전교를 내렸다.29) 그러

---

24) 『승정원일기』 철종 6년 4월 2일(갑오) 13/20.
25) 『승정원일기』 철종 6년 4월 7일(기해) 19/19.
26) 『철종실록』 7, 철종 6년 4월 8일(경자).
27) 김경숙, 「朝鮮時代 流配刑의 執行과 그 事例」, 『사학연구』 55·56, 한국사학회, 1998, 372쪽.
28) 『승정원일기』 철종 6년 4월 10일(임인) 13/14.

나 대사헌 趙忠植과 대사간 韓兢人 등은 17일까지 계속해서 류치명의 국
청을 설치해 사건의 실상을 밝혀 국왕의 법으로 엄하게 다스릴 것을 요청
하였다.

안동에 있던 류치명에게 유배형의 소식이 전해진 것은 4월 8일이었다.
그리고 이틀 뒤 의금부 서리 韓德成이 찬배를 명한 관문을 갖고 안동에 도
착하였다. 류치명은 며칠간의 준비를 거쳐 4월 13일 아들과 외손자, 그리
고 문인 등 5명의 수행원과 함께 안동에서 1,200여 리 떨어진 평안도의 상
원군으로 향하는 유배길에 올랐다.[30]

---

29) 『승정원일기』 철종 6년 4월 13일(을사) 15/32.
30) 류치명은 지도의 환경과 풍속을 간략하게 소개한 「智島風土大略」과 「智島主山神
   壇祝文」외에 유배생활과 관련한 별도의 기록을 남겨 놓지 않았다. 그러나 류치명
   의 문인이자 三從弟로 지도에서 함께 생활하였던 柳致儼이 남긴 『涪島趨拜錄』을
   통해 유배의 경위와 그 생활을 자세하게 파악할 수 있다. 『涪島趨拜錄』은 필사본
   1책으로 국립중앙도서관에 소장되어있다. 류치엄은 류치명이 사도세자 추존소를
   올린 과정과 유배길의 노정, 지도에서의 생활을 일기체 형식으로 기록하였다. 다
   만 그가 류치명의 유배 일정 전부를 함께한 것은 아니었다. 4월 13일 유배 일행과
   안동을 출발한 류치엄은 15일 이들을 배웅한 후 고향으로 돌아왔다. 그리고 7월
   9일 지도로 향하여 7월 25일부터 본격적으로 류치명을 모시며 지도 생활을 시작
   하였다. 하지만 그 사이 기간 동안 류치명에게 받은 편지와 지도를 다녀온 이들의
   이야기를 수록해 놓아 유배 노정과 지도에 들어간 후의 정착 과정을 파악할 수 있
   다. 현재 '국립중앙도서관 한국고문헌종합목록(https://nl.go.kr/korcis/index.do)'에서는
   『涪島趨拜錄』의 원문 DB와 해제가 제공되고 있다. 다만 해제에서 저자를 '柳致
   任'으로 소개하고 있어 이는 추후 수정이 필요한 부분이다.

2. 지도에서의 유배생활

1) 유배길의 노정과 모습

조선시대 유배형은 유배지만 정해지는 경우가 대부분으로 주거공간과 생활에 필요한 경비는 현지 주민들에게 의탁하여 조달하는 것이 일반적이었다. 그러므로 어느 정도의 인구와 경제기반은 유배지 선정의 선제조건이 되었다. 전남지역은 15세기 이후 수군이 주둔하면서 토지·목장·松田 등이 개발되었고, 인구 또한 증가 하였다. 그 결과 18세기가 되면 전체 유배인의 30% 이상이 전남으로 보내졌다. 특히 전남의 여러 絶島에는 국방상의 이유로 수군진이 설치되었고 만호와 첨사·별장 등이 파견되었다. 조정에서는 수군진이 설치된 섬을 유배지로 선정하여 이들을 유배인을 관리·감독하는 인적자원으로 충당하였다. 류치명의 유배지인 智島 또한 왜구 방어를 목적으로 1682년(숙종 8) 萬戶鎭이 설치된 곳이었다.[31]

류치명의 추존소를 들고 서울로 떠났던 가동은 4월 8일 안동에 돌아와 류치명에게 유배형이 내려졌다는 소식을 전하였다. 가족들과 인근의 지인들 모두 박내만의 상소를 비판하며 처형의 부당함을 얘기했지만, 류치명은 동요하지 않았다. 그는 "80에 가까운 나이로 국법을 범하였고, 끝내 의리를 펴기에 부족하였다는 것을 깨달았다."고 하며 겸허히 자신에게 내려진 처벌을 받아들였다.

9일부터 본격적인 유배 준비가 시작되었다. 문중에서는 돈을 거둬 유배길에 쓰일 비용을 보태주었고, 4명의 가마꾼과 말 4필도 구입하였다. 아들 柳止鎬, 외손자 金大銖, 三從弟이자 『涪島趨拜錄』의 저자인 류치엄의 형인 柳致任, 族姪 柳星鎭, 이상정의 玄孫으로 류치명의 內從姪인 李敦禹가 류

---

31) 김경옥, 「조선시대 유배인의 현황과 문화자원의 활용 전남지역을 중심으로 」, 『역사학연구』 40, 호남사학회, 2010, 150~157쪽.

치명을 수행해 유배지까지 함께 가는 것으로 정해졌다. 이들은 모두 류치명의 문인이기도 하였다. 壽衣와 여름옷을 준비하였고, 『心經』과 『近思錄』을 비롯해 류치명이 지은 『讀書瑣語』·『禮疑叢話』·『性理眞源』 등의 책들도 챙겼다. 이러한 가운데 끊임없이 손님들이 찾아와 안부를 물으며 건강한 모습으로 돌아오길 기원하였다.

4월 11일 오후 押送官의 명을 받은 의금부 서리 한덕성이 도착하여 유배지가 평안도 상원군으로 정해졌다는 것을 알려주었다. 조정에서는 유배지가 정해지면 유배자를 配所까지 압송해갈 압송관을 배정하였다. 이때 압송관은 유배자 관직의 高下에 따라 차등을 두었는데 정2품 판서 이상의 관직자는 의금부 都事, 정3품 당상관까지는 의금부 서리, 당하관 이하의 관직자는 의금부 羅將을 배정하였다.[32] 류치명은 승정원 동부승지 및 병조참판 등에 제수된 관리였으므로 의금부 서리가 압송관으로 온 것이었다.

13일 아침, 류치명은 유배길에 올랐다. 5명의 수행원 외에도 류치엄을 포함한 수많은 문중의 자제들과 문인들이 그 뒤를 따랐다. 그날 밤 예안에서 숙박하였고, 다음날에는 영주에서 묵었다. 이날 오후부터 류치명이 어지럼증과 설사 등의 병세를 보였는데 15일 아침에 일어나니 조금 차도가 있었다. 자제들이 하루 더 머물며 쉬기를 청하였으나 류치명은 '임금의 명을 지체할 수 없다'고 하며 의관을 차려입었고 점차 기운을 회복하였다. 식사를 마친 후 일행은 竹嶺을 향해 출발하였고, 선대의 祠廟에 들러 예를 갖추어 유배길에 오르게 된 사실을 고하였다.[33] 3일 동안 가는 곳마다 族親과 長老 및 친구들 수십여 명이 나와 전송해 주었으며, 술과 음식을 마련해 주었다. 고령에도 불구하고 영남의 오랜 염원을 이루기 위해 추존소

---

32) 김경숙, 앞의 논문, 1998, 373쪽.
33) 전주류씨의 시조인 柳濕의 7세손인 柳潤善은 영주의 유력 가문이었던 반남박씨 朴承張의 사위가 되어 영주로 거주지를 옮겼다. 그리고 류윤선의 큰아들 柳城이 淸溪 金璡의 사위가 되어 안동 무실의 땅을 물려받게 되었고, 이에 영주에서 무실로 이주면서 전주류씨 수곡파의 입향조가 되었다.

를 올린 류치명의 용기에 존경의 뜻을 담은 것이었다. 풍기로 향하는 길에
류치명은 따라오던 이들에게 모두 돌아갈 것을 권하였다. 13일부터 함께
하였던 류치엄도 이때 유배 일행과 헤어져 고향으로 돌아왔다.

이후 류치명의 유배 노정은 류치명이 보낸 편지를 통해 확인할 수 있다.
류치엄은 편지를 받은 날짜와 그 내용을 『부도추배록』에 기록해 두었다.
17일 류치엄은 류치명의 유배지가 전라도의 지도로 바뀌었다는 소식을 들
었다. 풍기의 水鐵橋에서 돌아온 하인을 통해 류치명의 편지를 받아본 것
이다. 편지에는 15일 저녁 수철교에 도착하여 잠자리에 들 즈음 의금부 서
리가 내려와 유배지가 나주의 지도로 바뀌었고, 죄명도 더 무거워졌다는
것을 알려주었다는 내용이 적혀 있었다. 그러나 류치명은 '상원군보다 지
도까지의 거리가 더 가깝고, 섬의 風土가 나쁘지 않다고 하니 도리어 다행
이다'라고 하며 고향의 자제들을 안심시켰다.

〈그림 3-1〉 류치명의 유배길 노정

22일에는 상주에서 돌아온 하인 甲祿을 통해 류치명의 편지를 받아보았
다. 그는 기력의 나빠짐도 없고 식사와 잠도 모두 괜찮다는 소식을 전하였
다. 또 상주부터 전주까지는 320여 리이며 나주까지는 또 수백여 리를 가
야 하지만, 가는 길마다 宗族이 많이 있고 정읍의 수령이 의지할 만하다고
하니 걱정하지 말라고 하였다. 이후 류치엄이 류치명의 소식을 접한 것은
20여 일이 지난 5월 13일이었다. 하인 季元이 지도에서 돌아와 그의 편지
를 전하였고, 다음날에는 류성진과 이돈우가 지도에서 돌아와 그동안의 여
정을 들려주었다.[34]

류치명 일행이 상주에서 황간을 지나 영동에 이르렀을 때 많은 비가 내
렸고, 빗물에 쓸려 내려온 모래로 길이 험해져 더이상 갈 수 없는 상황이
되었다. 결국 일행은 무주로 가는 길로 돌아 전남으로 향하였고, 정읍과 무
안을 지나 강산진에 도착하였다. 5월 2일 지도로 들어갔는데, 류치명은 고
향으로 보낸 편지에서 섬으로 들어가면서 본 바다에 대해 "겨우 하나의 큰
강과 같아서 위험을 무릅써야 하는 걱정은 없었다."며 감회를 표하였다.
영천의 鄭裕昆에게 보낸 편지에서는 "바다는 마치 仁同과 漆谷 아래로 흐
르는 낙동강에 불과하였다."고도 하였다.[35]

지도에 들어간 후에는 智島萬戶의 도움으로 이듬해 봄까지 머물 수 있
는 民家를 구할 수 있었다. 류치명의 거처는 鎭村에서 동쪽 3리에 있는 東
村에 있었으며, 집주인이 식사와 땔감 그리고 세탁 일을 무료로 맡아주었
다.[36] 류치명은 편지에서 지도의 풍토와 인심은 나쁘지 않으며, 벌레와 독
사, 사나운 동물도 없어 그런대로 지낼 만하다고 하였다. 기력도 점점 나아
져 유배길의 피로도 거의 풀렸으며, 밥을 먹고 잠을 자는 것도 집에 있을

---

34) 『부도추배록』의 기록 외에도 류치명이 문중의 자제들에게 보낸 편지를 통해서도
    상주부터 지도까지의 여정과 섬에 들어간 이후의 초기상황을 파악할 수 있다(『定
    齋集續集』 권6, 書 「與從弟天弼致說㻶仲致瑾平叟致正韋玉致璋 乙卯」).
35) 『定齋集』 권5, 書 「答鄭德夫 乙卯」.
36) 『定齋集續集』 권8, 雜著 「智島風土大略」.

때보다 좋은 듯하다고 전하였다. 또 필요한 돈과 물품도 많았으나 유배길
곳곳에서 벗들이 나와 술과 음식을 내어주고 경비를 보태주는 등 두터운
정에 지극히 감동하였다는 소식도 덧붙였다.

류치명을 지도까지 수행하였던 일행 중 이돈우는 6일 고향으로 바로 돌
아갔고, 류치엄과 류성진은 조정의 소식을 파악하기 위해 정읍을 다녀오기
도 하였다. 이후 류성진은 안동으로 돌아갔고, 류치엄과 김대수는 계속 지
도에 머물며 류치명을 보필하였다. 류치명은 처음에는 아들 류지호를 일찍
안동으로 돌려보내고자 하였으나, 외로운 마음에 좀 더 지도에 머물게 하
였다. 그리고 편지를 보내 류치엄에게 먼저 출발하지 말고 류지호가 안동
에 도착하면 지도로 올 것을 당부하였다.

6월 4일 류지호가 집으로 돌아왔다. 류치엄은 7월 4일 둘째 형이자 류치
명의 문인이기도 하였던 柳致儼의 大祥을 치른 후, 7월 9일 同門인 姜欈과
함께 지도로 출발하였다. 그리고 25일 강산진에서 바다를 건너 지도로 들
어가 3개월 만에 드디어 스승을 만났다. 류치명은 머리를 빗고 잠자리를
물린 후 류치엄 일행을 맞이하였다. 류치엄은 오랜만에 뵌 스승의 강건한
모습에 기쁨의 눈물을 흘리기도 하였다. 그리고 스승과 함께 머물던 류치
임·김대수와 손을 맞잡으며 반갑게 인사를 나누었다. 이어 집주인인 金相
演·金相錫 형제를 만나 그동안의 생활을 듣기도 하였다. 이날 이후 류치엄
은 류치명이 유배에서 풀려나 고향으로 돌아올 때까지 곁에서 스승을 모
셨고, 지도에서의 생활을 생생히 기록으로 남겨두었다.

2) 후원자 및 지인들과의 교류

지도에서 유배생활을 할 당시 류치명은 이미 영남 남인을 대표하는 학
자로서의 입지를 갖추고 있었으며, 관직의 경험과 지속적인 벼슬의 제수를
통해 정치적으로도 어느 정도의 명망을 확보하고 있었다. 그러므로 류치명

이 사도세자의 추숭을 청하는 상소를 올려 79세라는 고령으로 島配形에 처해졌다는 사실은 그를 아는 모든 이들에게 안타깝고 걱정스러운 소식이었다. 더욱이 5월에는 영남 유생들이 '사도세자추존만인소'를 올렸으며,[37) 7월에는 權載大가 사도세자의 추숭을 청하는 상소를 올렸다.[38) 이때마다 조정에서는 상소자의 처벌과 함께 지도에 유배된 류치명을 불러 국청을 설치할 것을 강하게 요청하였다. 이 같은 상황 속에서 가족뿐만 아니라 많은 이들이 류치명의 안부를 살피며 조정의 소식과 영남의 상황들을 전해주었고, 물적 지원도 아끼지 않았다.[39)

류치명의 지도 생활에서 가장 든든한 후원자는 전 兵使 李健緒와 정읍현감 李彙廷이었다. 이건서는 대대로 무관을 역임한 가문 출신으로 蔭職으로 관직에 진출한 인물이었다.[40) 그는 1852년(철종 3) 3월 黃海水使에 임명되었고, 11월부터는 全羅兵使를 역임하고 있었다.[41) 그러던 중 1854년 전라감사 鄭基世의 狀啓로 무고한 이들 7명이 극형을 받고 전라병영에 갇혀 있다는 사실이 알려졌고,[42) 그들을 심문한 결과 전라병영의 校吏가 거

---

37) 『철종실록』 7, 철종 6년 5월 15일(병자).
38) 『철종실록』 7, 철종 6년 7월 22일(계미).
39) 아들 류지호와 외손자 김대수는 류치명의 유배길을 수행하였으며, 아내와 딸도 지도로 편지를 보내 안부를 묻는 등 온 가족 모두 그의 안위와 건강을 염려하였다(『涪島趨拜錄』 9월 1일). 류치명 또한 집으로 돌아간 아들에게 편지를 보내 유배길을 전송해 준 문중의 어른들과 여러 벗에게 사례를 하고, 奴僕·농사·사당 등의 관리에 힘쓸 것을 당부하였다(『定齋集』 권16, 書「答止鎬 乙卯」). 또 손자에게는 잘 먹고 잘 자며 공부에 힘쓰고, 나가서 놀 때는 산이나 나무에 오르지 말라고 하며 집을 떠나온 할아버지의 걱정과 사랑을 표현하였다(『定齋集』 권16, 書「與孫兒壽昌 淵博小字 乙卯」). 이 장에서는 이 같은 가족과의 교류는 생략하고, 문인과 지인을 중심으로 한 교류에 초점을 맞추도록 하겠다.
40) 이건서의 고조부인 李衡身은 兵使, 증조부 李永輔는 水使, 조부 李喆運과 부친 李儒常은 모두 兵使를 역임하였다. 또 이건서의 아내 의령남씨도 兵使를 지낸 南志默의 딸이었다.
41) 『승정원일기』 철종 3년 3월 5일(을묘) 20/21 ; 철종 3년 11월 1일(정미) 16/19.
42) 『철종실록』 6, 철종 5년 8월 4일(경자).

짓으로 獄事를 꾸며 죄를 뒤집어씌운 사실이 밝혀졌다.43) 이 사실을 들은
철종은 대노하며 갇힌 사람은 모두 풀어 주고, 병사 이건서는 지도로 유배
를 보내 勿揀赦前하여 엄히 다스릴 것을 명하였다.44) 이에 이건서는 1854
년 10월부터 1856년 4월까지 지도에서 유배 생활을 하였고,45) 1855년 류치
명과 인연을 맺게 되었다.

　이건서는 한결같이 류치명을 예우하며 많은 도움을 주었다.46) 특히 朝
紙를 통한 정보의 제공은 류치명이 조정의 상황을 보다 정확하게 파악할
수 있는 중요한 통로였다. 조지는 승정원에서 조정의 여러 가지 일을 날마
다 기록하여 아침에 반포하던 것으로 요즘의 일간지와 유사한 성격을 띠
는 官報였다. 류치명과 그 일행은 이건서에게 조지를 얻어보며 사도세자의
추숭을 청한 자들에게 국청 설치를 요구하였던 조정의 긴박한 상황과 철
종의 대응을 살필 수 있었다.47) 또 그해에 서울 석관동에 있던 효명세자의
묘인 綏陵을 풍수상의 문제를 들어 경기도 구리시에 있는 健元陵[태조의
묘]의 좌측으로 옮긴 일이 있었다.48) 류치명은 조지를 통해 관련 소식을
접하며 8월 16일 수릉의 玄宮을 파낼 때도, 26일 옮긴 후 다시 현궁을 내릴
때도 날짜에 맞추어 의관을 정제하고 뜰에 나가 북쪽을 향해 엎드려 신하
로서의 예를 다하였다.49) 이 외에도 지속적으로 이건서를 통해 조지를 얻
어보며 다양한 정보를 취하였다.50)

---

43) 『철종실록』6, 철종 5년 9월 25일(신묘).
44) 『승정원일기』철종 5년 9월 26일(임진) 6/12.
45) 『승정원일기』철종 7년 4월 13일(기해) 23/46.
46) 이건서가 무슨 이유로 류치명에게 많은 지원을 해주었는지는 기록이 없어 정확히
　　알 수는 없다. 다만 그가 1834년 경상좌병영의 虞候에 제수되었고, 1837년에는
　　慶州營將을 역임한 적이 있었으므로 영남에 대한 우호적 감정이 있었을 것으로
　　추측해 볼 수 있다. 여기에 류치명의 학문적 입지와 당상관이라는 관료로서의 위
　　치도 영향을 주었을 것으로 보인다.
47) 『浛島趨拜錄』9월 4일.
48) 『철종실록』7, 철종 6년 1월 18일(임오) ; 8월 16일(병오) ; 8월 26일(병진).
49) 『浛島趨拜錄』8월 16일 ; 8월 26일 ; 9월 6일.

이건서는 생활에 필요한 갖가지 물건도 보내주었다. 추석에는 고기와 반찬을 보내주었고, 청심환과 筆墨을 챙겨주기도 하였다.51) 또 창녕에 사는 盧希曾이 찾아와 류치명에게 『大學』을 배우게 되자, 이건서는 空冊 2권과 海墨 2정, 붓 5자루를 보내주며 수업에 도움이 되었으면 한다는 뜻을 전하였다.52) 이후에도 류치명이 입맛을 잃을까 염려하며 別饌을 챙겨주기도 하였고, 그의 생일과 동지에도 음식을 보내주는 등 따뜻한 정을 베풀어 주었다.53) 이건서의 아들인 선전관 李敏楝도 시간이 될 때마다 류치명을 찾아와 인사를 올렸다.54)

류치엄이 도착하기 전부터 이건서는 류치명을 극진히 대하고 있었던 것으로 보인다. 류치명은 류치엄이 도착하고 얼마 되지 않아 이건서에게 가서 인사할 것을 명하였고, 8월 3일에 지도로 찾아온 徐庠烈 등의 문인 4명에게도 다음날 바로 이건서에게 가서 인사를 올리도록 하였다.55) 한편 이건서는 류치엄과도 친밀한 관계를 유지하였다. 류치엄이 스승의 건강을 염려하는 마음에 집으로 찾아온 행인에게 큰돈을 주고 山蔘을 구입한 적이 있었다. 류치엄은 이를 이건서에게 보여주었는데, 그는 빙그레 웃으며 "이는 산삼이 아니라 家蔘입니다. 호남 인심의 교묘함에 속으신 것 같습니다."고 하며 상심한 류치엄을 달래주었다.56) 또 이건서의 동생이 해남의 全羅右水營에 있다는 소식을 듣고 그에게 부탁해 別紋席을 구입했다가 이 사실을 안 류치명에게 꾸지람을 받은 일도 있었다.57) 이와 같이 이건서는 류

50) 류치엄은 9월 23일 지도에 서리가 내렸는데 朝紙를 보니 廣州에는 8월 25일에 이미 서리가 내렸었다고 하며 해안가라서 늦은 것 같다는 기록을 남기기도 하였다(『涪島趨拜錄』 9월 23일).
51) 『涪島趨拜錄』 8월 14일 ; 9월 8일.
52) 『涪島趨拜錄』 9월 19일.
53) 『涪島趨拜錄』 9월 26일 ; 10월 13일 ; 11월 14일.
54) 『涪島趨拜錄』 8월 16일 ; 8월 22일.
55) 『涪島趨拜錄』 8월 1일 ; 8월 3일 ; 8월 4일.
56) 『涪島趨拜錄』 8월 11일.
57) 『涪島趨拜錄』 9월 25일.

치명의 유배생활에서 매우 특별한 존재였다.

다음으로 많은 도움을 준 사람은 이휘정이었다. 이휘정은 퇴계 이황의 후손으로 예안 출신 이었으며, 그의 아버지는 1804년 문과 급제 후 벼슬이 이조 참판에 이르렀던 李彦淳이었다. 이휘정은 1852년 12월 정읍현감에 제수되어 다음 해 1월부터 정읍에서 직무를 수행하고 있었는데, 1855년 평소 알고 지내던 류치명이 정읍과 가까운 지도로 유배를 온다는 소식을 접하였다.58) 더욱이 이휘정의 두 아들인 李晩運과 李晩起는 류치명의 문인이었다. 그러므로 이휘정이 류치명을 얼마나 각별하게 대우했을지는 충분히 짐작이 할 수 있다.

류치명과 그 일행은 지도로 향할 때부터 이휘정의 도움을 받았고, 지도에 도착한 후 류치임과 류성진이 조정의 소식을 들으러 정읍에 간 것 또한 그를 통해 정보를 듣기 위해서였다. 이휘정은 정읍의 官隷를 시켜 고향에서 온 편지를 전해 주기도 하였고,59) 직접 편지를 보내 안부를 물으며 류치명의 解配와 관련한 조정의 상황을 알려주는 등 유배 생활의 희망을 주었다.60) 11월 6일 류치명을 석방하라는 철종의 전교가 있었으나,61) 거듭된 조정의 반대로 13일이 되어서야 전라감사에게 해배를 집행하라는 명이 내려졌다.62) 류치명은 11월 13일 서울에서 온 편지를 통해 자신의 석방 소식을 접하였지만,63) 20일이 넘도록 해배의 명은 도착하지 않았다. 이휘정은 편지를 보내 관문이 늦어지고 있지만 곧 도착할 것이라며 안심시켜 주었고, 24일에는 해배 관문이 21일 아침 전라감영에 도착하였다는 사실을 알려주기도 하였다.64)

---

58) 이후 이휘정은 1857년 6월까지 정읍현감을 역임하였다(『湖南邑誌』(1871), 井邑縣).
59) 『涪島趨拜錄』 8월 7일 ; 11월 11일.
60) 『涪島趨拜錄』 10월 11일 ; 10월 29일.
61) 『철종실록』 7, 철종 6년 11월 6일(을축).
62) 『승정원일기』 철종 6년 11월 13일(임신) 15/18.
63) 『涪島趨拜錄』 11월 13일.
64) 『涪島趨拜錄』 11월 22일 ; 11월 24일.

이휘정은 류치명이 섬에 도착한 후 생활에 필요한 많은 물건을 보내주었고,[65] 10월 13일 류치명의 생일에도 음식을 보내주며 축하의 인사를 건네었다. 동향 출신의 관리이자 두 제자의 아버지였던 이휘정의 존재는 류치명에게 큰 힘이 되었다. 그해 10월, 수빈박씨의 묘소인 徽慶園을 옮기는 일에 이만운이 封標官을 맡아본 일로 加資된 일이 있었다.[66] 류치명은 이만운에게 답장을 보내 축하를 전하며 "이곳에 온 뒤로 고향 소식은 쉽지 않았는데, 다행히 그대의 부친께서 다스리는 곳이 멀지 않아 여러 번 돌봄을 입었다네. 이미 오래 사귀어온 벗의 인정에 감사하고, 다시 그대를 위해 平安이라는 두 글자로 하례할 뿐이네."라고 하며 그의 아버지에 대한 마음을 표현하였다.[67] 또 이휘정에게도 편지를 보내 아들의 소식을 축하하고 유배 생활에 도움을 준 것에 대하여 감사를 전하였다.[68]

방문과 편지를 통한 문인과의 교류도 유배 생활의 큰 힘이 되었다. 8월 3일 문인 金翊東·金鎭奎·裵克紹·徐庠烈이 지도로 찾아왔다.[69] 당시 60세였던 김익동은 스승과 자신 모두 쇠약해져 가고 있고 앞으로의 일은 장담할 수 없다는 생각에 더 늦기 전에 스승을 찾아뵐 것을 결심하였다. 이에 뜻을 함께하는 자들을 모아 7월 26일 하양을 출발하였고, 이날 지도에 이른 것이다.[70] 다음날부터 김익동 등은 지도에 머물고 있던 류치엄, 강건, 김대수와 함께 스승을 모시고 『太極圖說』과 『西銘』을 강하며 평소 의심나던 것들을 묻는 등 모처럼 뜻깊은 시간을 보내었다. 그리고 시간을 내어 섬의 곳곳과 만호진을 돌아보고, 潮水의 차이를 살펴보며 서해의 바다와 지형을 감상하기도 하였다.

강건은 6일 먼저 섬을 떠나며 지난 며칠간의 경험을 정리해 「同遊錄」을

65) 『定齋集』 16, 書 「答止鎬 乙卯」.
66) 『철종실록』 7, 철종 6년 10월 12일(임인).
67) 『定齋集』 권11, 書 「答李文五 晩運 乙卯」.
68) 『定齋集續集』 권2, 書 「答李際亨 乙卯」.
69) 『涪島趨拜錄』 8월 3일.
70) 『直齋集』 권4, 雜著 「湖南紀行」.

지었다. 이에 함께한 6명 모두 小識를 지어 붙였고, 류치명도 찾아와 준 제
자들을 향한 고마움을 담아 글을 지어주었다. 그리고 이튿날 김익동·김진
규 등의 일행은 5일간의 지도 여정을 마치고 다시 고향으로 돌아갔다.[71)
8월 17일에는 안동의 李邁秀가 찾아와『中庸』을 읽으며 한 달간 함께 머
물다가 9월 17일 김대수와 함께 고향으로 돌아가기도 하였다.[72) 10월 24일
에는 대구의 裵貞祚, 25일에는 상주의 申應會가 방문하였다. 성주의 李楨
運과 함양에 사는 柳緯도 류치엄 일행이 도착하기 전에 지도로 찾아와 스
승을 뵈었다.[73)

　　찾아오지 못하는 이들은 편지로 안부를 묻거나 여러 소식을 전해주었다.
특히 연이은 사도세자 추존소와 관련한 영남의 상황은 류치명의 처벌과도
직결되는 것이었으므로 다양한 경로를 통해 발 빠르게 소식이 전해졌다.
류치명은 만인소의 소수였던 이휘병에게 편지를 보내 어려운 상황 속에서
도 공론을 모아 만인소의 봉입을 이뤄낸 그동안의 노력을 격려해주었다.[74)
문인이었던 李秉殷·權璉夏와 지인 黃源善 등에게는 만인소를 올린 것은
매우 다행스러운 일이나, 다시 유소를 준비하는 것은 신중하게 생각하여
행동할 것을 권하였다.[75) 이원조에게도 유배 생활의 소식을 전하였는데,
그의 충고를 받아들여 단종의 추존을 증거로 든 내용을 고쳤다고 하며 새
로 작성한 상소의 내용을 검토해 줄 것을 청하였다.[76)

　　한편 7월 22일, 사도세자 추존소를 올린 권재대 또한 유배형을 받아 지

71) 『直齋集』 권4, 雜著「湖南紀行」;『涪島趨拜錄』 8월 4일~7일.
72) 『涪島趨拜錄』 8월 17일 ; 8월 20일 ; 9월 17일. 김대수는 유배가 시작된 4월부터
　　9월 초까지 류치명을 보필하고 있었다. 그러나 건강이 나빠져 부득이 9월 14일
　　돌려보낼 계획을 세웠고, 이매수와 함께 돌아가도록 하였다.
73) 『定齋集』 권5, 書「答鄭德夫 乙卯」.
74) 『定齋集』 권6, 書「與李顯可 彙炳 乙卯」.
75) 『定齋集』 권5, 書「答李質汝 乙卯」; 권10, 書「答權可器 乙卯」; 권6, 書「答
　　黃晉懋 源善 乙卯」.
76) 『定齋集』 권5, 書「與李周賢 源祚 乙卯」. 다만 이때 류치명이 다시 작성했다고
　　하는 상소는 전하지 않아 그 내용을 확인할 수가 없다.

도 옆 荏子島로 配所가 정해졌다.[77] 류치엄이 지도로 온 후 고향으로 돌아
간 류치임은 편지를 보내 권재대의 상소 이야기를 전해 주었고, 이에 류치
명 일행은 이건서의 朝紙와 지도에 방문한 이매수를 통해 주의 깊게 조정
의 논의를 살폈다.[78] 9월 9일 권재대가 인근의 臨淄鎭(현재 무안군 해제면
임수리)에서 묵는다는 소식을 접하자 류치엄은 직접 그곳으로 찾아가 안
부를 여쭙기도 하였다.

류치명은 임자도에 있는 권재대에게 편지를 써 고향에서 천 리 떨어진
바다에서 서로 같은 처지로 지내고 있는 서글픈 현실을 한탄하며 그의 건
강을 기원하였다. 또 11월 21일 해배의 관문이 감영에 도착하였다는 정읍
현감의 연락을 받은 후에도, 바로 권재대에게 이 사실을 알려주며 무사히
고향으로 돌아가길 바랐다.[79] 이 기간 동안 권재대를 찾아온 봉화의 權
邦度가 지도의 류치명에게 들러 며칠간 머물렀고, 권재대는 표고버섯을 보
내주기도 하였다.[80] 이때 권재대의 나이가 78세였으니, 영남의 두 원로가
같은 죄목으로 바다를 사이에 두고 유배에 처한 현실은 서로에게 애틋함
과 남다른 든든함으로 다가왔을 것이다.

류치명은 고향에서 천여 리나 떨어진 낯선 곳에서 있었지만, 후원자들
의 지원과 문인 및 지인과의 교류 속에서 외롭지 않게 유배 생활을 이어
나갈 수 있었다. 게다가 집주인은 기회가 될 때마다 아침저녁으로 음식을
제공해 주었고, 명절에도 따로 음식을 만들어 주었다. 같은 마을에 거주하
는 진주 출신의 酒母가 같은 영남사람이라고 반가워하며 음식을 만들어
보내준 일도 있었다.[81] 이처럼 현지인들의 따뜻한 마음이 더해져 류치명
은 건강을 돌보며 무사히 유배 생활을 마칠 수 있었다.

---

77) 『승정원일기』 철종 6년 8월 3일(계사) 20/27.
78) 『涪島趨拜錄』 8월 7일 ; 8월 9일 ; 8월 17일.
79) 『定齋集』 권4, 書 「與權汝車」.
80) 『涪島趨拜錄』 9월 25일 ; 10월 2일.
81) 『涪島趨拜錄』 8월 19일.

3) 지속적인 학문 활동

류치명은 6개월간의 지도 생활 동안 한순간도 학자로서의 본분을 잃지 않았다. 고향에서 챙겨온 책들을 읽으며 글을 짓고 교정하는 등 저술 활동을 게을리하지 않았고, 그의 명망을 들은 이들이 글을 부탁하러 오기도 하였다. 또 지도를 방문한 문인들과 강학을 행하였으며, 편지로 제자들의 학문적 성취 여부를 챙겨보았다. 시간이 흐를수록 배움을 청하기 위해 찾아오는 이들도 많아졌다.

류치명은 섬에 들어온 이후 날마다 『心經』과 『近思錄』을 읽으며 필요한 부분을 따로 정리해 「島中隨錄」을 지었고,[82] 「讀書說」・「操存說」 등의 저술도 남겼다.[83] 특히 「讀書說」에서는 '글을 읽는 사람은 많은데 도를 얻기 어려운 이유는 마음을 主宰하지 못하기 때문이다'고 하며, '진실로 마음을 오롯이 하고 뜻을 한결같이 하여 바른 經文의 근본을 깊이 연구하며, 大意를 자세히 살펴 반복해 읽는다면 뜻이 저절로 앞에 드러날 것이다'라는 공부를 대하는 자신의 생각을 밝혔다.[84] 제자에게도 편지를 보내 이와 같은 자세로 학문에 정진하길 당부하였다.[85]

그리고 지도에 대하여 자신이 보고 들은 정보를 간략하게 정리하여 「智島風土大略」을 지었다. 이 글에서 류치명은 섬에 들어오면서 보았던 경관과 숙소의 위치, 집주인에 대한 정보를 기록하였다. 그리고 염전, 시장, 조세 등 지도의 경제적 현황과 사는 동물 및 수확 농작물, 기후 등을 소개하였다. 지도의 풍속에 대해서는 '비록 글을 아는 이는 적지만 온순하고 공

---

82) 『定齋集續集』 권7, 雜著 「島中隨錄」.
83) 『涪島趨拜錄』 8월 10일.
84) 『定齋集』 권19, 雜著 「讀書說」.
85) 류치명은 진주에 살고 있었던 문인 崔台鎭에게 "대저 읽고서 텅 빈 껍데기만 얻고 그 의미를 구하지 않으며, 또 실제로 체득하여 실천하지 않는 것은 배우는 사람의 공통된 근심이다."라고 하며 마음을 온전히 하여 학문에 임하길 당부하였다(『定齋集』 권7, 書 「答崔應天 乙卯」).

손하여 싸우는 소리가 없으며, 義氣가 뛰어난 자는 드물지만 스스로 조심
하며 지키는 여유가 있다'고 평가하였다. 또 표류해 온 이양선과 옷과 언
어가 다른 표류민이 많았던 섬의 상황을 서술하며 중국을 오고 가는 해안
변경지역의 특징을 살피기도 하였다.[86]

9월부터는 四書를 차례로 읽으며 각 책의 小註에서 필요한 부분을 뽑아
내 정리하는 등 주자학에 대한 이해를 심화하였다.[87] 이 외에도 초산도호
부사로 있을때 지었던 「學記章句」를 교정하였고,[88] 교정을 마친 후에는
김대수에게 필사하도록 하였다.[89] 또 이상정의 『屛銘發揮』를 교정한 후
그 발문을 지었다.[90]

류치엄이 지은 『湖學輯成』을 교정한 것도 중요한 일이었다. 『호학집성』
은 류치엄이 대산 이상정이 벗이나 문인과 주고받은 서찰 및 雜著, 實紀
등에서 요점을 가려 뽑아 『근사록』의 편목을 따라 8권으로 정리한 책이었
다.[91] 그는 이상정이 안동의 '蘇湖里'에 머무르며 유학을 크게 일으켰다는
뜻에서 그 학문을 '湖學'으로 명명하였고, 이는 이후 류치명을 중심으로 한
전주류씨 수곡파의 학문을 상징하는 용어가 되었다.[92] 류치명은 1854년부
터 『호학집성』의 교정을 보았는데, 일을 마치지 못하고 유배에 오르게 되

---

86) 『定齋集續集』 권8, 雜著 「智島風土大略」.
87) 『涪島趨拜錄』 9월 20일 ; 10월 1일 ; 10월 16일. 11월 9일.
88) 류치명은 1840년(헌종 6) 초산도호부사로 복무하면서 『戴氏禮』를 읽고 '옛 성인
   의 教人節目이 여기에 갖추어져 있다'고 생각하여 先儒들의 正論을 뽑아 정리한
   후 「學記章句」라 이름하였다(『定齋集附錄』 권1, 「年譜」).
89) 『涪島趨拜錄』 8월 27일 ; 9월 8일.
90) 『定齋集』 권23, 跋 「屛銘發揮跋」.
91) 『定齋集』 권22, 序 「湖學輯成序」.
92) 류치엄은 『湖學輯成』을 통해 자신들이 속한 학통을 "이황―김성일·류성룡―장
   흥효―이현일―이재―이상정"으로 정리하였고, 이황의 道統이 이상정에게로 이
   어진다는 것을 확정하였다(『溪湖學的/湖學輯成』, 한국국학진흥원, 2009, 536쪽.
   『湖學輯成』 권8, 「敎學」 "我東自退陶夫子 集成諸儒 紹承洛閩 而群賢繼起 羽
   翼斯文 至葛密兩先生 得鶴厓遺緖於敬堂之傳 大山先生 發端啓鍵 實有在此").

자 류치엄이 이를 듣고 지도로 온 것이었다. 7월 29일부터 류치명은 류치
엄과 강건에게 번갈아 『호학집성』을 읽게 하며 교정을 시작하였다. 8월 13
일 1차 교정이 완성되었고, 21일에 두 번째 교정을 보았다. 그리고 8월 24
일 류치명이 『호학집성』의 서문을 작성하였다.[93]

　류치명에게 글을 부탁하러 오는 이들도 많았다. 8월 24일 鎭將이 그를
찾아와 수군진과 戰艦을 관리하고 통솔하기 위한 목적으로 새로 지은 건
물의 이름과 기문을 부탁하였다. 류치명은 죄인이라는 이유로 사양하였지
만, 거듭된 청을 이기지 못하여 '籌勝堂'이라 이름 짓고 그 기문을 지어주
었다.[94] 선조의 저작에 서문을 부탁하는 일도 이어졌다. 임진왜란 때 김성
일의 종사관으로 활약하였던 李魯의 후손인 李賢璣와 李賢坤이 의령 洛山
書院의 유생 李賢成을 시켜 『松巖集』과 『龍蛇日記』를 함께 보내 문집의
서문을 부탁하였다.[95] 임자도에 있는 권재대를 찾아온 권방도도 그의 증
조인 權斗紀의 『晴沙集』을 보내 서문을 지어주길 청하였다.[96] 10월 27일
에는 기축옥사에 연루되어 세상을 떠난 李潑의 후손인 李圭夏와 李宗泰가
찾아와 先世事蹟의 서문을 부탁하기도 하였다.

　교육 활동도 계속되었다. 류치명은 류치엄 등 함께 거주하는 이들뿐만
아니라 이매수·신응회와 같이 지도로 찾아온 문인들과 수시로 四書를 읽
으며 그 의미를 논하였다.[97] 편지를 통한 제자들의 질문에도 성실히 답해

---

93) 이후 류치엄은 시간이 나는 대로 『호학집성』을 베껴 썼으며, 10월 24일에는 2책
　　으로 粧出하는 성과를 보았다(『涪島趨拜錄』 9월 19일 ; 9월 29일 ; 10월 10일 ;
　　10월 20일 ; 10월 24일).
94) 류치명은 '군대의 떨치는 위세는 많은 수에 달려 있지 않고, 계책을 운용하여 승
　　부를 결정짓는[運籌決勝] 적임자를 얻는 데 달려 있다'는 뜻을 담아 '籌勝堂'이
　　란 이름을 지어 주었다(『定齋集』 권22, 記 「籌勝堂記」).
95) 『定齋集』 권22, 序 「松巖先生李公文集序」 ; 『涪島趨拜錄』 9월 1일.
96) 『定齋集續集』 권9, 序 「晴沙權公遺集序」 ; 『涪島趨拜錄』 10월 2일 ; 10월 24일.
97) 해배 후 고향으로 돌아간 류치명은 신응수에게 편지를 보내 먼 곳까지 찾아와 준
　　고마움을 전하였다. 그리고 "섬에서 공부한 『朱子書節要』는 집으로 돌아간 뒤에
　　조용한 곳을 얻어 몇 권이나 더 읽었는가?"라고 물으며 의지를 견고히 하여 독서

주었다. 『敬齋箴集說』을 읽었다는 金壽東에게는 보다 효과적으로 그 뜻을 이해하는 방법을 알려주었고, 周敦頤의 主靜說과 관련한 여러 질문에도 자세히 답변해주었다.[98] 『대학』에서 언급된 動할 때와 靜할 때의 공부 차이를 물은 崔洞과 『대학』의 明德에 대한 의미를 물은 尹最植에게도 알기 쉽도록 설명해주며, 앞으로 공부할 방향을 제시해 주었다.[99]

異學에 대한 경계는 류치명이 항상 강조하는 것이었다. 스승의 해배 소식을 접한 류치엄은 곧 집으로 돌아간다는 생각에 마음이 심란하였다. 이에 雜書를 훑어보았는데, 그 모습을 류치명에게 들키고 말았다. 류치명은 "모름지기 한 책에 마음을 두어 정밀하게 窮究해야 하거늘 어찌 이와같이 두서없는 책을 보는 것이냐!"라고 하며 류치엄을 크게 꾸짖었다.[100] 그리고 이상정의 5대손이었던 李重鼎에게도 편지를 보내 『호학집성』은 우리 유가의 계통을 이은 참된 글의 극치라 평하며 "자네들은 이 가문의 사람으로서 雜書에 빠져 있으니 어찌 한스럽지 않겠는가? 간절히 유념하기를 바라네."라는 경계의 말을 전하였다.[101]

한편 시간이 지나자 원근의 인물들이 류치명에게 배움을 청하기 위해 지도를 찾아왔다.

<표 3-2>를 보면 알 수 있듯이 10월에 가장 많은 이들이 방문하였는데, 이는 류치명에 대한 소문이 지역에 퍼진 결과였을 것이다. 눈길을 끄는 것은 류치명이 배움을 청한 이들에게 모두 『대학』으로 수업을 했다는 사실이다. 『대학』은 공자의 가르침을 정리한 四書의 기본이 되는 중요한 경전이다. 『소학』을 통해 유교적 규범을 몸에 익힌 초학자는 『대학』을 배우면서 본격적으로 유교의 원리를 이해하고 학문에 임하는 자세를 익히는 등

에 정진하길 당부하였다(『定齋集』 권13, 書 「答申士運 應會 丙辰」).
98) 『定齋集』 권8, 書 「答金文瑞」 ; 「答金文瑞別紙 乙卯」).
99) 『定齋集』 권8, 書 「答崔洛瞻 洞 乙卯」 ; 권12, 書 「答尹士善 乙卯」.
100) 『涪島趨拜錄』 11월 21일.
101) 『定齋集』 권14, 書 「答李正凝 乙卯」.

〈표 3-2〉『涪島趨拜錄』에 기록된 류치명에게 수학한 인물들[102]

월	일	이름	거주지	내용	「及門諸子錄」
8	14	朴基五	靈光	『大學』을 수업	
	22	羅東純	羅州	爲己와 爲人에 대한 질의	
9	5	辛裕章	咸平	배우길 청함	
	18	盧希曾	昌寧	배우길 청함, 19일 『大學』을 수업	○
10	3	權昇淵	求禮	제자가 되길 청함	○
	14	金啓璜	智島	『論語』 한 질을 빌려 감	
	24	許爀	固城	제자가 되길 청함, 25일 『大學』을 수업	○
	27	李宗泰, 李圭夏	康津	李潑의 후손, 先世事蹟의 序文 부탁	○

학자로서의 자질을 함양하였다. 그러므로 류치명은 그들에게 학문의 기본이자 요체라 할 수 있는 『대학』을 가르쳐줌으로써 '유배'라는 한정된 시간의 한계를 극복하고자 한 것으로 보인다.

이들 가운데 盧希曾, 權昇淵, 許爀, 李宗泰, 李圭夏는 류치명의 문인록인 「及門諸子錄」에 수록되어 있다.[103] 즉 이 5명은 유배 생활이 끝난 후에도 안동으로 돌아간 류치명과 지속적인 학문적 교류를 한 것이다. 특히 이규하는 이때의 인연으로 자신의 선조인 李潑이 남긴 글을 수집하기 위해 안동에 왔고, 류치명의 제자인 金興洛의 집에 들러 이발이 김성일과 주고받은 시를 찾아내기도 하였다.[104]

---

102) 〈표 3-2〉의 명단은 류치엄이 지도에 들어간 7월 25일 이후부터 파악할 수 있는 인물들이라는 한계를 가진다. 그러나 지도에 온 류치명이 여러 가지 물건을 보내준 鄭裕昆에게 감사를 전하는 편지에서 "광주와 나주의 선비들은 잠시도 안부를 묻는 이가 없습니다."라는 말을 한 것으로 보아 시간이 어느 정도 흐른 후부터 원근의 인물들이 류치명을 찾아왔다는 것을 짐작해 볼 수 있다(『定齋集』 권5, 書「答鄭德夫 乙卯」). 그러므로 류치엄이 도착하기 전, 수학을 위해 류치명을 찾아온 이들은 소수였으리라 생각한다.

103) 류치명의 문인록인 「及門諸子錄」에는 423명의 문인이 수록되어 있다.

104) 『국역 서산선생문집』 1, 한국국학진흥원, 2016, 56~57쪽.

<표 3-2>에는 포함되어 있지 않지만 「급문제자록」에는 함평의 朴炳幾가 이름을 올리고 있다. 박병기는 류치명이 지도에서 맺은 사제의 인연 중 가장 특별한 관계였다. 류치명은 해배 후 안동으로 돌아가는 길에 정읍에 들러 박병기에게 편지를 보냈다. 그는 '자네를 만난 반년 동안 마음으로 인정하는 사이가 되어 평생 알아 온 사이와 차이가 없게 되었다'고 하며, 헤어짐의 슬픔을 표현하였다. 이어 '瞽俗에 물들지 말고 儒家의 지극한 가르침에 마음을 다할 것'을 당부하며 제자가 계속해서 학문에 힘쓰길 바라였다.[105] 그러나 박병기와의 만남은 여기서 끝이 아니었다. 그가 다시 안동의 류치명을 찾아온 것이다. 류치명은 자신을 위해 천리 먼 길을 와준 박병기에게 애틋한 마음을 담아 송별의 시를 남기기도 하였다.[106]

류치명은 낯선 곳에서 주어진 6개월의 시간을 의미 있게 보내었다. 날마다 경전을 읽으며 그 뜻을 정리하였고, 새롭게 알게 된 사실은 기록으로 남겼다. 평소 마음에 담아두었던 교정 작업을 마무리하며 저술의 깊이를 더하기도 하였다. 문인을 대상으로 한 교육 활동도 지속적으로 이루어졌다. 무엇보다 뜻깊었던 일은 그의 명망을 듣고 찾아온 이들과의 새로운 인연이었다. 그들은 류치명의 학문적 깊이에 존경하는 뜻을 담아 글을 부탁하였고, 가르침을 줄 것을 청하기도 하였다. 이 모든 것은 80을 바라보는 노학자에게 그 무엇과도 바꿀 수 없는 귀한 경험이었을 것이다.

11월 6일, 류치명을 석방하라는 명이 내려졌다는 소식에 11일에는 아들 류지호가 12일에는 문인 柳進鎬가 차례로 지도에 도착하였다. 모두가 기쁘고 들떠하며 解配의 관문이 도착하기만을 기다렸지만, 류치명은 평소와 다름없이 자신이 할 일을 해나갔다. 16일에는 고향으로 돌아가는 길에 스승인 남한조의 묘소에 올릴 제문을 지었고,[107] 19일에는 『晴沙集』의 서문을

---

105) 『定齋集』 권14, 書 「與朴幼省 炳幾 乙卯」.
106) 류치명은 이 시에서 '다시 만나 이별하니 슬픔이 더하다'고 하며, 돌아가서도 학업에 부지런히 힘써주길 기대하였다(『定齋集』 권1, 詩 「送別朴幼省 炳幾」).
107) 『定齋集續集』 권10, 祭文 「祭損齋先生墓文」.

지었다. 그리고 20일에는 선조의 묘지명을 작성하는 등 마지막 순간까지도 변함없는 일상을 보냈다. 마침내 11월 27일 나주목사를 겸하고 있었던 무안현감이 '즉시 전라도 나주목 지도에 안치된 죄인 류치명을 석방하라'는 내용이 담긴 관문을 가지고 왔다. 이렇게 6개월이 넘는 유배생활은 끝이 났다.

류치명은 영남 남인의 원로로 자신에게 주어진 책무를 다하기 위해 사도세자의 추숭을 청하였고, 겸허히 유배형을 받아들였다. 유배생활에서 무엇보다 중요한 것은 후원자의 존재였고, 학문적 관계망에서 비롯한 다양한 지원과 교류였다. 류치명은 이들을 통해 조정의 소식 등 여러 정보를 접하며 활발한 학술 활동을 이어갔다. 여기에 새로운 곳에서의 특별한 경험은 문인의 결속을 다지는 계기가 되기도 하였다. 결과적으로 류치명에게 1855년의 지도 유배는 시련이 아닌, 학자로서의 위상을 돈독히 하는 시간이었다.

제4장

영남학파 척사론의 집성과
그 전승

1. 19세기 영남 남인 사상계의 흐름

19세기는 소수 가문의 권력 집중에 따른 정치적 혼란, 천주교의 확산과 이양선 출몰의 증가, 수취제도 문란으로 인한 농민 생활의 몰락 등 다방면에 걸쳐 국가 체제 기반 자체가 위협받던 시기였다. 다수의 재야 지식인들은 변화하는 시대에 대응해 중화사상을 중심으로 한 성리학적 사회 질서를 더욱 공고히 하는 것으로 이 위기를 극복하고자 하였다.

중국 중심의 華夷論을 기반으로 하는 중화사상은 동아시아 국제 질서를 유지하는 구심점 역할을 하였다.[1] 문화적·종족적·지리적 관념이 혼합된 형태의 중화사상은 漢 이래로 유교문화의 수용 및 발달 여부를 '華'의 기준으로 삼았고, 중국을 중심으로 한 수직적 국제관계로 제도화 되어 조공책봉 체제를 완성하였다. 송 대 북방 민족의 침입을 겪으며 漢族은 그 위기 극복을 위해 이데올로기적 측면에서 화이의 구분을 더욱 엄격히 하였고, 주자학은 이를 규범화하였다.

임진왜란 이후의 정치적 혼란과 명·청 교체라는 국제 질서의 변동 속에서 조선에서는 再造之恩에 따른 對明義理論이 중요한 가치로 떠올랐다. 조선은 청을 정점으로 하는 새로운 조공책봉 관계라는 외교적 수치심과 이

---

1) '中華'는 지역을 가리키는 中原, 나라를 가리키는 中國, 종족을 가리키는 華夏 등의 의미를 함축하고 있는 포괄적인 개념이다. 원래 황하 중하류 지역의 농경민족 화하가 주변 유목민족보다 문화 수준이 높았던 데서 華와 夷라는 대칭 개념이 생겼다. 이후 점차 문화와 종족의 존비까지 구분하게 되어 중화가 夷狄보다 우월하다는 관념이 생겼다(하영휘, 「柳重教(1821~1893)의 춘추대의, 위정척사, 중화, 소중화」, 『민족문학사연구』 60, 민족문학사학회·민족문학사연구소, 2016, 180~181쪽.

넘적 박탈감을 화이론을 이용해 극복해가는 모습을 보여주었다. 즉, 외교적 상황과는 별개로 명이 멸망한 시점에서 조선만이 유교문화를 간직하고 있다는 의식이 팽배해진 것이다. 다수의 지식인은 유교문화의 정통은 이제 조선에 있다는 이른바 '小中華'를 자처하였고, '유일한 중화의 계승자'라는 사명감을 바탕으로 주자학을 지키고 계승하는 데 주력하였다.[2]

　영남 남인 역시 화이론적 세계관을 고수하며 주자학을 기반으로 한 퇴계학의 심화와 전승을 위해 노력하였다. 그들에게 華는 퇴계학을 중심에 둔 불변하는 유교적 사회 질서였으며, 夷는 華의 질서에 반하는 모든 것이었다. 18세기 이후 정치적 영향력이 약화된 영남 남인은 이황의 계승자라는 학문적 자긍심으로 자신들의 정체성을 무장하였고, 이를 통해 당시의 현실적 한계를 위로하며 결속을 다져나갔다. 그들은 이황의 학문이 중화의 정통을 이은 것이라 자부하였고 이는 불변의 진리라 생각하였다. 비록 새로운 사상의 유입과 확산으로 전통적인 주자학적 사회 질서가 위협받고 있었지만, 이는 일시적이고 가변적인 위기일 뿐이었다. 전통적 화이관의 고수 속에서 천지만물의 근본인 불변의 理는 더욱 강조되었으며, 이에 위배되는 것들은 모두 '이단'으로 규정되어 배척의 대상이 되었다.

　19세기 조선의 재야 지식인들은 변화된 시대와 도전에 대응해 '척사'라는 기본 입장을 바탕으로 독자적 문제의식과 학설을 제시하며 독립된 학파를 형성하는 양상을 보여주었다. 각 학파는 성리설의 이해에 따라 척사론과 행동 양상에 상당한 차이를 보였다. 기호학파 내에서는 李恒老(1792~

---

2) 중화사상은 조선후기의 전체적 역사상을 결정짓는 중요한 이데올로기이다. 20세기 초부터 중화사상은 사대주의론 또는 유교망국론의 관점에서 이해하는 것이 통설이었다. 그러나 1980년대부터는 새로운 인식의 틀에서 중화사상의 역사적 가치를 부여하였고, '조선중화주의'라는 표현과 함께 이를 문화적 자부심의 소산으로 평가하였다. 1990년대 이후 학계에서는 조선중화주의 담론의 관념성과 사대성의 문제를 두고 논쟁이 이어지고 있다. 이와 관련해서는 '우경섭, 「총설 : 조선중화주의에 대한 학설사적 검토」 『조선중화주의의 성립과 동아시아』, 유니스토리, 2013, 15~42쪽'을 참고할 수 있다.

1868)의 華西學派와 奇正鎭(1798~1879)의 蘆沙學派가 理를 강조하며 척사
운동과 의병활동에 적극적으로 참여하였고, 任憲晦(1811~1876)와 田愚
(1841~1922)의 鼓山-艮齋學派는 율곡의 心卽氣說을 수호하며 현실문제에
참여하지 않고 전통의 수호에 집착하는 소극적인 모습을 보여주었다.

영남학파 내에서는 李震相(1818~1886)의 寒洲學派가 독자적으로 '心卽
理說'을 제기하며 퇴계학파의 새로운 분파를 열었고, 척사운동과 의병활동
에 활발히 참여하였다. 張福樞(1815~1900)의 四未軒學派는 장현광의 학문
전통을 계승하며 의병활동에 참여하기보다는 은둔하여 학문에 매진하는
소극적 저항의 모습을 보여주었다.3) 그들 대부분은 자신들의 권위와 기존
의 사회질서를 지키기 위해, 그리고 무엇보다 유교문화의 전통을 지키기
위해 가치론적 차원에서 氣에 대한 理의 우월성과 절대성을 강조하는 철
학을 확립시켜 나갔다.4)

이 같은 흐름 속에서 류치명 또한 퇴계학맥을 통해 계승되어 온 理氣論
을 종합·검토하는 가운데 理를 강조하는 사상을 정립해 나갔다.5) 이황의
이기론은 학맥의 전승 과정에서 그들이 처한 시대적 상황에 따라 조금씩
다르게 해석되었다. 숙종 대 서인과 남인 간의 치열한 당쟁 속에서 산림의
위치에 있던 이현일은 「栗谷李氏論四端七情書辨」을 통해 율곡 이이의 이
기심성론을 19개의 조목으로 나누어 비판하며 이황의 이기론을 철저히 옹
호하였다.6) 그는 이이의 混淪說을 비판하고, 理·氣 내지 四·七의 分別을

---

3) 금장태, 「19세기 한국성리학의 지역적 전개와 시대인식」, 『국학연구』 15, 한국국
학진흥원, 2009 참조.
4) 정재식, 『한국유교와 서구문명의 충돌』, 연세대 출판부, 2004, 175~176쪽.
5) 류치명의 이기심성론과 관련해서는 '금장태, 「제 3장 定齋 柳致明의 위학론과 성
리학」 『退溪學派와 理철학의 전개』, 서울대학교출판부, 2000, 110~115쪽 ; 설석
규, 「정재학파 위정척사론의 대두와 성격」, 『국학연구』 4, 한국국학진흥원, 2004,
105~109쪽 ; 권진호, 『19세기 영남학파의 종장 정재 류치명의 삶과 학문』, 한국국
학진흥원, 2008'에 자세히 서술되어 있다.
6) 『葛庵集』 권3, 雜著 「栗谷李氏論四端七情書辨」.

강조하며 理의 능동성을 확립하는 등 퇴계학파의 정체성을 정립하고자 노력하였다.[7] 이는 서인에 대한 남인의 성리학적 정통성을 강조하려는 의도가 내포된 것이었다.

한편 이상정은 이현일로 이어진 퇴계학을 철저히 존숭하였지만, 이기론에 대한 해석에서는 변화된 모습을 보여주었다. 그는 理·氣의 분별을 강조하던 퇴계학파의 견해와는 거리를 두며 理·氣는 不相離와 不相雜의 양면성을 모두 가지는 것으로 보고, 이를 조화롭게 포괄적으로 수용할 것을 주장하였다.[8] 나아가 理·氣의 상관성을 강조하여 理·氣의 관계를 分離나 合一이 아닌 상호적 관계로 보는 종합적 논리를 제시하였다.[9] 이상정의 융통성 있는 시각은 변화된 시대적 상황에서 비롯한 것이었다. 정조대는 남인들의 정계 활동에 물꼬가 트인 시기였다. 이상정은 이 기회를 통해 영남남인의 정치 복귀를 희망하였을 것이고, 그 바람이 조정의 정책 방향과 궤를 함께하는 포용적인 사상적 해석을 가능하게 한 것으로 보인다.

그러나 앞서 언급하였듯이 류치명이 활동하던 시기는 정치적 위기뿐만 아니라 천주교를 대표로 하는 새로운 사상의 유입으로 성리학이라는 유교적 질서 자체가 위협받던 시기였다. 이에 류치명은 이기론에 대한 포괄적

7) 금장태, 「葛菴 李玄逸의 인물과 사상」, 『退溪學派의 사상Ⅰ』, 집문당, 1995, 267~281쪽.
8) 『大山集』 권6, 書「答權淸臺 相一 甲子」. "근세에 이기설을 주장하는 사람들이 '不相離'를 위주로 하면, 마른 나무나 죽은 물건이고 무릇 동정과 開闔은 모두 氣機가 스스로 그렇게 한 것이라고 거의 인식하니, 진실로 크게 잘못된 것입니다. 이와 같은 주장을 병폐로 여기면 또 理란 氣와 상대하여 각자 發用하는 것으로 여기는 듯하니, 이는 굽은 것을 바로잡다가 지나치게 곧게 한 것이어서 이것 또한 굽은 것일 뿐입니다. 이런 까닭으로 일찍이 망령되이 생각건대, 理와 氣는 비록 도기의 구분이 있지만 그 실상은 혼합되어 간격이 없기 때문에 나뉘어 둘이 되어도 不相離에 해가 되지 않고, 합하여 하나가 되어도 '不相雜'이 되는 데에 해가 되지 않습니다. 理는 氣를 벗어나서 홀로 설 수 없고 氣는 理를 벗어나서 스스로 행할 수 없으니, 천지의 조화와 내 마음의 성정이 진실로 모두 이와 같은 것입니다."
9) 금장태, 「퇴계학파의 理氣論」, 『退溪學派의 사상Ⅱ』, 집문당, 2001, 30~32쪽.

인 이해를 보여준 이상정과 달리, 다시 '理'에 우월한 가치를 부여하는 모습을 보여주었다.[10] 즉 "理는 動靜의 妙로써 主를 삼고, 氣는 動靜의 도구로써 바탕을 삼는 것이다'라고 하며 理가 動靜의 主가 되는 主理說의 입장을 견지하고 있었던 것이다.[11]

류치명은 理가 형체가 없어 알기가 어려울 뿐, 理에는 분명히 動靜이 있다고 보았다. 또 이기론의 정통이 이황에서 이상정으로 이어지고 있다고 하며, 자신은 이상정의 '理氣動靜說'을 수용하고 있다는 것을 밝혔다. 나아가 理의 능동성을 더욱 부각하여 '理는 살아있는 것으로 流動의 충만함이 넓고 넓어 존재하지 않는 곳이 없다'고 하며 理를 '活物'로 명시하였다.[12] 즉 理는 우주 생성의 주체이며 심의 본체일 뿐만 아니라 기를 主宰하는 존재라는 것이다. 또한 성리학의 핵심 문제인 四七論을 설명하면서도 四·七의 性과 情을 대비시켜 이원적으로 파악하였다. 다시 말해 性은 理가 발하는 사단만 있지만, 情은 理가 발하는 사단과 氣가 발하는 칠정이 각각 함께 나누어져 존재한다고 본 것이다.[13]

理의 우위를 전제로 한 氣와의 분별적 인식은 19세기 천주교의 확산과 외세의 접근에 직면하였을 때, 그들을 대립적인 하위에 위치시켜 철저히

---

10) 理가 動靜의 主가 된다는 류치명의 주장은 剔拔(理와 氣 가운데 理만을 도출하는 것)이 아니라 分開(사단과 칠정이 互發하는 곳에서 두 개의 조각으로 나누는 것)를 뜻하는 것으로, 그가 이상정의 사상을 계승하여 이기호발의 강조를 통한 이기론의 비판적 합일 모습을 유지하고 있다는 것을 알 수 있다. 그러나 류치명은 이기호발을 통한 '理發'을 인정하며, 氣를 제어하고 통수하는 행위의 주체로서 理를 강조하는 등 理氣不相雜에 무게를 두고 있다(이상호, 「정재학과 성리학의 지역적 전개양상과 사상적 특성」, 『국학연구』 15, 한국국학진흥원, 2009, 71~73쪽.).

11) 『定齋集』 권6, 書 「答金子翼問目」. "理者 所主以動靜之妙也 氣者 所資以動靜之具也"

12) 『定齋集』 권19, 雜著 「理動靜說」. "理無形 氣有跡 故氣之有動靜易見 而理之有動靜難知也……以尊信退陶者 而亦往往爲其所中 至大山先生 爲理氣動靜說……大抵是理活物也 洋洋乎流動充滿 無乎不在 是豈漠然無爲者哉"

13) 설석규, 앞의 논문, 2004, 106쪽.

배척하는 척사론의 기저가 되었다. 나아가 전통적 화이론에 따라 유교적 질서에 대한 도전을 '中華와 洋夷', '正學과 異端', '人類와 禽獸', '天理와 人慾' 등의 관계로 설정하고, 후자로 야기된 위기를 전자의 우월성으로 극복하는 것을 당연한 우주의 이치로 신념화하였다. 류치명은 이 같은 사상적 맥락에서 퇴계학맥의 수호와 유교적 사회의 유지를 위해 理의 절대성과 능동성을 강조하였고, 그 결과 邪의 위협을 극복하고자 하였다.

정계에서 멀어진 영남 남인의 시대적 위기 극복에 대한 고민이 '理의 강조'로 나타났다면, 그 상실감에 대한 내부적 보상심리는 '학문적 자긍심의 고취'로 표출되었다. 그들은 중국의 주자학이 조선의 퇴계학으로 계승되었다는 확신 속에서, 퇴계학의 정통이 다시 영남 남인 내 어느 학맥으로 이어졌는가를 규명하기 위해 노력하였다. 류치명이 속한 호파는 병호시비의 과정에서 퇴계 학맥의 정통을 自任하였고, 이황으로부터 이상정으로 이어진 학통을 '道統'으로 정립해 나갔다. 호파의 도통 확립을 위한 노력은 병파와의 갈등인 屛虎是非와 학문적 근거 정립을 위한 저술 활동의 두 양상으로 전개되었다.

19세기에 전개된 병호시비는 이상정의 호계서원 추향을 주장하는 호파와 이를 반대하는 병파 간의 격렬한 갈등에서 비롯한 것으로, 이황 이후 도통이 어디로 이어졌는가를 결정짓는 매우 중요한 사안이었다.14) 특히 류장원, 류건휴, 류회문 등 전주류씨 수곡파 가문의 학자들은 병호시비 과정에서 호파의 공론을 종합하고 이끌어나가는 중심 역할을 담당하였고, 김성일에서 이상정으로 이어진 학맥을 도통으로 확립하기 위해 노력하였다. 류회문의 아들인 류치명은 병호시비의 치열한 전개 과정에서 호파를 대표

---

14) 병호시비의 과정과 역사적 의미는 '권오영, 앞의 논문, 1999 ; 설석규, 「退溪學派의 分化와 屛虎是非(Ⅱ) -廬江(虎溪)書院 置廢 顚末-」, 『퇴계학과 유교문화』 45, 경북대 퇴계연구소, 2009 ; 이상호, 「류건휴의 『溪湖學的』과 『異學集辨』에 나타난 후기 영남학파의 '도통'과 '벽이단' 의식」, 『동양철학』 32, 한국동양철학회, 2009'에 자세히 정리되어 있다.

하는 학자로 자리매김을 하였으며, 활발한 강회와 토론을 통해 영남 내 유
생들에게 이상정의 학문이 퇴계학을 적통으로 계승하고 있다는 것을 분명
히 하였다.

도통의 정립을 위한 저술 또한 활발히 이뤄졌다. 특히 류건휴는『溪湖學
的』과『異學集辨』을 집필해 도통의 주도권을 확보하기 위한 이론적 토대
를 구축하였다.『계호학적』은 이황과 이상정의 어록과 문집에서 그 내용을
발췌하여 편집한 것으로, 이황의 도통이 이상정에게 이어지고 있다는 것을
논리적으로 입증하고, 병파에 대한 우위권을 확보하기 위해 편찬한 것이
다.『이학집변』은 도통을 위협하는 외부적 요인을 철저히 차단하기 위하
여 '이단'에 대한 종합적인 비판과 배척의 입장을 정리한 것이다. 류건휴
는『이학집변』의 집필을 통해 학문적으로는 正學인 퇴계학의 철저한 수호
를 통하여 이단이 다스려지길 희망하였으며, 정치적으로는 근기 남인과 천
주교의 긴밀한 연관으로 인해 영남 남인에게까지 미친 천주교에 대한 의
심을 일소하고자 하였다.[15]

이상정의 호계서원 추향 문제로 재시작된 병호시비와 저술을 통한 이론
적 토대 구축은 자연스럽게 이상정의 학문을 존숭하는 작업으로 이어졌다.
이상정의 학문은 '湖學'으로 불리었고, 류치명의 문인이자 三從弟인 류치
엄은 이상정이 남긴 편지 및 저술 등을 8권으로 정리해「湖學輯成」을 완
성하였다.[16] 류치명은 전라도 智島에서 유배생활을 할 때 류치엄과 함께
『호학집성』을 교정하고 서문을 짓는 등 체득에 힘을 쏟았다.[17]『호학집성』
에서는 호파의 학통을 "이황 → 김성일·류성룡 → 장흥효 → 이현일 → 이재
→ 이상정"으로 규정하였고,[18] 퇴계학의 도통이 이상정에게로 이어진다는

---

15) 이상호, 앞의 논문, 2009, 83~93쪽.
16)『定齋集』권22, 序「湖學輯成序」.
17)『定齋集附錄』권1,「年譜」철종 5년(甲寅).
18)「湖學輯成」권8「敎學」,『溪湖學的/湖學輯成』, 한국국학진흥원, 2009, 536쪽.
 "我東自退陶夫子 集成諸儒 紹承洛閩 而群賢繼起 羽翼斯文 至葛密兩先生 得

것을 분명히 하였다. 나아가 류치명은『대산선생실기』를 완성하고,『학봉
집』重刊의 교정을 담당하거나 이상정과 이현일의 신도비를 짓는 등 도통
의 계승자로서 자신의 존재감을 나타내었다.

19세기 영남 남인 사상계의 큰 흐름인 '理의 강조'와 '도통 확립'의 최종
목적은 정치적·사상적·학문적 위기를 극복하기 위한 대응책을 마련하는
데 있었다. 그들은 '퇴계학=정학'이라는 절대적인 전제 아래 철저한 정학
의 수호를 통하여 邪로 총칭되는 사상 및 외교적 위협을 극복하고자 하였
다. 류치명은 당시 퇴계학의 정맥을 계승한 영남 남인을 대표하는 학자이
자, 문과 급제 후 여러 관직을 경험한 영남 남인 관료의 삶을 산 인물이었
다. 그러므로 '척사'란 도통의 계승자로, 조정의 관료로, 그리고 향촌의 지
배 사족으로서의 책임감에서 비롯된 중요한 역사적 사명이었을 것이다.

2. 척사론의 정립과 전개

1) 학맥을 통한 척사론의 정립

주자학은 성립과정에서부터 도교·불교 등과 대립하였고, 사상적·학문적
으로 우위를 선점하기 위해 그들을 '이단'으로 규정하며 철저히 배척하였
다. 주자학의 도통을 이었다고 자부한 조선의 학자들 역시 기존 가치관을
위배하는 모든 사상을 '이단'으로 규정하고, 이론적 논쟁을 통해 이를 입증
하는 데에 힘을 쏟았다. 도교와 불교는 이단이기에 앞서 주자학의 전래 이
전부터 우리 사회를 지배해오던 사상으로, 종교를 넘어 문화의 일부분으로
전승되어 온 것이었다. 그러나 18세기 이후 '서학'으로 명명되어 빠른 속도
로 확산되고 있었던 천주교는 교리 및 신앙 활동 등 많은 부분에서 유교적

鶴厓遺緒於敬堂之傳 大山先生 發端啓鍵 實有在此"

가치관을 정면으로 위배하는 것이었다. 더욱이 변화된 대내·외 환경과 맞
물려 그 파급력은 기존의 이단과 비교도 안 될 정도로 위협적이었다. 지배
층과 많은 지식인은 전통적 이념을 수호하기 위해 천주교에 대한 물리적·
이론적 대응에 나서게 되었고, '척사'는 19세기 조선에서 중요한 시대적 과
제로 떠올랐다.

류치명은 학문적 사승관계 및 교우관계를 통해 자신의 척사론을 정립해
나간 것으로 보인다. 호파계열의 영남 남인은 도통의 확립과 학문의 존숭
을 통해 풍속의 교화를 이룬다면, 이단 및 사설은 저절로 사라지게 될 것
으로 생각하였다. 이는 척사와 관련한 조선 지식인들의 보편적 인식으로
정조 역시 邪學을 물리치려면 무엇보다 正學을 먼저 밝혀야 한다고 말한
바 있었다.[19] 그러나 정조대 천주교의 확산과 전파는 정학의 수호라는 이
상적 원칙만을 고수하기엔 감당할 수 없을 만큼 빠른 속도로 진행되고 있
었고, 체제 유지를 위해서라도 그 탄압은 불가피한 것이었다.

서학과 밀접한 관련을 맺고 있던 이들은 성호 이익을 중심으로 한 근기
남인이었다. 이익은 개방적 자세로 서학에 대한 학문적인 접근을 시도하였
고, 그의 문인들은 서학 수용에 대한 입장차이로 두 계열로 분화되었다. 즉
서학을 배척의 대상으로 삼고 전통적 성리학적 질서를 추구하였던 안정복
계열과 서학을 학문의 대상을 넘어 천주교로 수용하였던 권철신 계열로
나눠진 것이다. 1785년(정조 9) 秋曹摘發事件으로 천주교도들의 비밀 신앙
집회의 실체가 공개되었을 때 후자의 근기 남인이 연루되어 있었고, 이후
에도 근기 남인은 천주교와의 밀접한 연관성으로 학파 존립의 위기를 맞
이하였다.

이에 안정복은 더욱더 천주교에 대한 비판적 입장을 견지하였고, 저술
을 통해 철저한 척사론을 주장하였다.[20] 나아가 이익 이래로 학문적 교류

---

19) 『정조실록』 33, 정조 14년 11월 7일(무인).
20) 안정복은 1783년부터 성호학파 내 젊은이들을 중심으로 천주교가 급속히 퍼져나
　　가자 위기의식을 느끼고 천주교를 배척하는 글들을 저술하기 시작하였다. 1784년

가 이어지고 있었던 영남 남인에게 척사와 관련해 뜻을 함께할 것을 권하며, 자신이 지은 「天學或問」을 남한조에게 전해 교정을 부탁하였다. 그 결과 이상정의 문인이자 류치명의 스승이었던 인물들을 중심으로 천주교에 대한 척사의 논의가 일어났다.

류치명의 척사론 형성과 관련해 먼저 그의 종증조부이자 유년 시절 스승이었던 東巖 柳長源(1724~1796)의 척사론을 살펴볼 필요가 있다. 류장원은 남한조를 통해 안정복의 「천학혹문」을 구해 읽은 뒤, 다시 남한조에게 편지를 보내 미진한 부분을 추가로 지적하였다. 우선 글의 제목을 '或問' 대신 '辨破'로 바꾸어 내용을 읽지 않고도 뜻하는 바가 '이단의 척결'에 있다는 것을 분명히 알 수 있게 해야 한다고 주장하였다. 이어 천주교를 칭할 때 '天學'이라 하여 '天'이라는 글자를 쓰고 있는 자체가 부당하다는 입장을 밝혔다. 다시 말해 하늘의 질서에 벗어나 있고, 군신·부자·부부간의 이치를 모르는 설들을 '天'이라 이름하는 것 자체가 불가하다는 것이었다.

또 외국에서 중국의 正學이 황폐해진 것을 엿보고 천주교를 전파했으니, 儒者라면 음란한 소리나 아름다운 여색을 멀리하듯이 천주교에 대해서도 마땅히 그렇게 해야 한다고 강조하였다.[21] 혹여나 그들의 새롭고 기이한 것을 취하여 박식함의 바탕으로 삼고자 천주교를 가까이하는 경우엔 자신도 깨닫지 못한 사이에 점점 그 속으로 빠지게 될 것이라 경고하며, 심도 있는 비판을 위한 천주교 연구마저 철저히 막는 모습을 보여주었다.[22]

「천학혹문」이라는 제목과 글자부터 적합하지 않다는 지적은 류장원이 안정복보다 훨씬 강하고 분명한 척사의 입장에 있었다는 것을 보여주는

겨울 「天學說問」을 시작으로 1785년 「天學考」, 「天學或問(天學問答)」을 저술한 안정복은 이를 권철신 계열의 근기 남인뿐만 아니라 영남 남인들에게까지 전하여 척사의 뜻을 함께할 것을 권하였다(서종태, 「順菴 安鼎福의 <天學設問>과 <天學考>·<天學問答>에 관한 연구」, 『교회사연구』 41, 한국교회사연구, 2013).
21) 『東巖集』 권5, 書 「答南宗伯 辛亥」.
22) 『損齋集』 권15, 行狀 「東巖柳先生行狀」.

것이다. 특히 학문의 목적이라도 천주교를 가까이해서는 안 된다는 주장은 서학에 개방적이었던 근기 남인의 일부가 천주교로 화를 입어 학파 전체가 위기에 처한 사실을 염두에 둔 경계의 표현이었다. 즉 류장원은 천주교에 대해 학문적 접근조차 차단하는 철저한 배척을 통해 영남 남인의 분열과 갈등을 사전에 방지하고자 하였다.

다음으로 이상정의 대표 문인이자 남한조와 긴밀한 교유관계에 있었던 立齋 鄭宗魯(1738~1816)의 척사론도 주목할 만하다. 류치명은 25세부터 그의 문하에 드나들며 강론에 참여하는 등 가르침을 받았다. 정종로는 안정복의 「天學考」와 「천학혹문」이 영남에 전해졌을 때 이를 접하였고, 특히 「천학고」를 읽고 천주교에 대한 자신의 견해를 밝혔다. 그는 이를 읽어본 바 이단을 배척하고 물리치려는 뜻이 확고하며, 더욱이 동료인 남한조가 분별에 미진한 부분은 추가로 지적해 바로잡게 해주었으니 척사의 뜻은 더욱 분명히 드러날 것이라 하였다.

나아가 천주교는 지금까지의 이단과는 본질적으로 다르다는 것을 강조하였다. 그는 우리의 道 외에 모든 것은 이단이지만, 楊朱·墨子 등은 중국에서 생겨난 것이고 불교는 程朱 이전에 나온 것으로 송나라 이후엔 사대부들이 미혹되지 않아 그 위험성이 적다고 보았다. 그러나 오늘날 유행하는 천주교는 오랑캐 중의 오랑캐들의 것으로 천당과 지옥 등의 설로 백성들을 현혹한다고 보고, 그 폐해가 불교보다 훨씬 심하다고 지적하였다. 그는 사악한 종교인 천주교를 배척하지 않는다면 장차 인류가 모두 멸할 것이라 경고하며 관련 서적들을 다 불태워서라도 백성들이 접할 수조차 없게 해야 한다고 주장하였다.23)

정종로는 천주교의 원천적 봉쇄를 강조하였다. 즉 천주교의 위험성을 인류의 멸망에까지 확대하고, 영남 내 확산을 막기 위해서는 강압적 방법을 동원해서라도 철저히 접촉을 차단해야 한다고 말하였다. 이는 류장원과

---

23) 『立齋集』 권25, 雜著 「書天學考後」.

마찬가지로 천주교로 인해 큰 혼란을 겪고 있었던 근기 남인의 상황을 고려하여 학파 존립과 관련한 위기의식의 고조에서 나온 대응으로 보인다. 더하여 천주교에 대한 영남 남인의 결백함과 철저한 배척을 강조해 근기 남인과의 차별성을 부각하고자 한 의도도 포함되었을 것이다.

영남 남인의 척사론을 논할 때 빼놓을 수 없는 인물은 류치명의 스승인 損齋 南漢朝(1744~1809)이다.[24] 안정복이 천주교와 관련한 저술을 작성한 후 남한조에게 교정을 부탁하고, 훗날 사람을 보내 자신의 저술을 전달한 사실은 그가 평소 척사와 관련해 수준 이상의 식견을 가지고 있었다는 것을 짐작할 수 있게 한다.[25] 실제로 그는 이익의 「天主實議跋」을 보고 배척 논의가 미진하다고 느껴 「李星湖瀷天主實義跋辨疑」를 저술하였고, 안정복이 보내온 「천학혹문」을 읽고 역시 변파의 뜻이 미흡한 부분이 있다고 판단해 「安順庵天學或問辨疑」를 작성하는 등 보다 구체적이고 체계적으로 척사에 대한 견해를 밝혔다.[26]

위 저술에서 남한조가 근기 남인의 척사론과 입장을 달리한 부분은 크게 세 가지이다.[27] 첫째, 서양 과학기술에 대한 부정적 인식이다. 그는 근기 남인이 천주교와 달리 서양의 과학기술에 대해선 수용의 입장을 가지는 것에 대해 비판적 태도를 보였다. 즉 서양의 과학기술을 인정하게 되면 점차 서양의 사상도 인정하는 결과를 초래한다는 것이다. 또한 서양 과학기술이 실제는 일본이나 안남[베트남]의 뛰어난 기술 수준과 다르지 않다고 하며, 굳이 높이 평가할 필요가 없다고 보았다.

둘째, 천주교의 神에 대한 비판이다. 이익과 안정복은 천주교의 신 자체

---

24) 남한조의 척사론과 관련해서는 '안영상, 「《퇴계학자료총서》 제8차분 해제 : 『損齋集』南漢朝 著」, 『退溪學』, 2007 ; 서종태, 앞의 논문, 2013 ; 김선희, 「19세기 영남 남인의 서학 비판과 지식 권력 : 류건휴의 『이학집변』을 중심으로」, 『한국사상사학』 51, 한국사상사학회, 2015' 등의 연구가 진행되었다.

25) 『立齋集』 권45, 行狀 「損齋南公行狀」.

26) 『損齋集』 권12, 雜著 「安順庵天學或問辨疑」 ; 「李星湖(瀷)天主義跋辨疑」.

27) 안영상, 위의 해제, 2007, 229~234쪽 ; 김선희, 위의 논문, 2015, 466~474쪽.

는 부정하지 않았으며 유교에도 이에 대응하는 '上帝'라는 존재가 있다고
보았다. 그러나 남한조는 천주교의 천주는 情意와 造作이 가능하여 여러
가지 괴이한 기적을 행할 수 있는 靈神으로, 이것은 理가 아닌 氣의 속성
을 지닌 것이라 하였다. 반면 원시유교의 상제는 태극[理]의 다른 표현에
불과한 것으로 모든 변화의 근본이 되는 존재라 하였다. 또 천주교의 천주
는 만물을 초월해 있는 절대자로서 인간과 같은 인격성을 가지고 있지만,
유교의 상제인 태극은 만물에 내재해 있는 필연적 법칙 그 자체라고 하였
다. 그는 氣에 근거한 인격적 신을 내세운 종교는 이단이라는 관점 아래,
천주교는 가장 강력한 氣論의 형태를 띤 이단이므로 원시유교의 상제와
연관시키는 것은 불가하다고 보았다.

　마지막으로 영혼 불멸과 귀신에 대한 해석의 차이다. 이익과 안정복은
천주교의 영혼 불멸설에 대응해 조상귀신은 궁극적으로는 사라지지만, 일
정 기간은 존재하면서 제사의 대상이 된다고 해석하여 귀신이 실제적 형
태로 존재할 가능성을 열어놓았다. 남한조는 이를 비판하며 사람이 죽으면
형체가 없어지고, 혼백은 떠나가는 것이니 정신도 결국 흩어져 없어진다고
하였다. 다만 조상 제사와 관련해서는 없어지지 않는 氣가 있다고 보았다.
즉 사람은 만물을 생겨나게 하는 보편적인 氣(所以生之氣)를 얻어 생겨나
며, 이 氣를 다시 자손에게 전달하여(所傳之氣) 계속 연결된다는 것이다.
그는 조상으로 연결된 氣가 바로 제사의 대상이라 하였다.

　남한조는 안정복과 교유하면서 그의 척사론과 뜻을 함께하였다. 더하여
이익과 안정복의 천주교 비판과 관련해 미진하다고 생각되는 부분과 그릇
된 주장에 대해서는 주자학 중심의 입장에서 보다 강력한 척사론을 제기
하였다. 특히 「안순암천학혹문변의」에서는 류장원의 의견을 수렴해 안정
복에게 '혹문' 대신 척사의 뜻이 분명히 드러나는 제목으로 고칠 것을 제
안하기도 하였다.[28]

---

28) 안정복은 남한조의 지적을 받아들여 1791년 「천학혹문」의 제목을 「천학문답」으

이처럼 근기 남인의 척사론이 영남에 소개된 후, 이상정의 문인을 중심
으로 활발한 논의가 일어났다. 그들은 근기 남인의 척사론에 동의를 표하
였고, 더 보수적이고 강한 척사론의 입장에서 미진한 부분은 주자학을 중
심으로 한 사상적 논리로 보완해 나갔다. 천주교 탄압과정에서 근기 남인
이 처한 학파 존립의 위기는 그들이 천주교에 대해 더욱 엄격한 입장을 견
지하는 주요 원인이 되었다. 남한조가 보여준 구체적인 척사의 입장과 견
해는 당시 영남 남인의 척사론을 대변하는 것이었다. 류치명은 류장원과
15년, 남한조와는 12년 동안 사승관계를 맺었고, 정종로와도 꾸준히 교유
하며 배움을 청하였다. 이 과정에서 자연스럽게 이들의 척사론을 수용하였
으리라 생각한다.

한편 동료와의 학문적 교류 또한 류치명의 척사론 형성에 큰 영향을 미
쳤다. 大埜 柳健休(1768~1834)는 18세가 되던 1785년(정조 9)부터 류장원의
문하에 나아가 수학하였고, 류장원 사후엔 1807년(순조 7) 40세의 나이로
남한조에게 가르침을 청하며 이상정으로 이어진 퇴계학의 정맥을 계승한
인물이다.[29] 병호시비 과정에서 류치명은 호파의 여론을 결집하는 역할을
담당하였으며, 류건휴는 『계호학적』과 『이학집변』을 집필하는 등 도통 확
립의 이론적 토대를 구축하였다. 이처럼 두 사람은 호파를 대표하는 학자
로 함께 활동하면서 깊은 유대를 형성하였을 것으로 보인다.

특히 류치명은 72세의 나이로 류건휴의 『이학집변』 교정을 담당하였을
만큼 그의 척사론에 직접적인 영향을 받았다.[30] 『이학집변』은 1833년(순
조 33) 편찬된 5권 6책 760여 章에 이르는 방대한 분량의 저술로 19세기
호파계열 영남 남인의 입장에서 유학이 아닌 다른 학문 즉, '異學'에 대한
비판적 견해를 집대성한 것이다.[31] 류건휴는 총론에서 "스스로를 다스리

　　로 바꾸었다(서종태, 앞의 논문, 2013, 21쪽).
29) 김우동, 「《퇴계학자료총서》 제8차분 해제 : 『大埜集』柳健休 著」, 『퇴계학』, 2007.
30) 『定齋集附錄』 권1, 「年譜」 헌종 14년(戊申).
31) 『이학집변』의 구성 및 서술 분량을 정리하면 다음과 같다(류건휴, 『이학집변』 1

는 것이 사설을 물리치는 근본이 됨을 밝힘(明自治爲闢邪之本)", "사설을 물리친 뒤에 정도가 분명해짐을 밝힘(明闢邪然後正道明)", "이단을 전공하는 것이 잘못임을 논함(論專治異端之罪)", "우리 유학이 밝아지고 나면 사설은 저절로 변파됨을 논함(論吾學旣明邪說自破)"의 네 가지를 저술의 기본 이념으로 밝혔다.32) 이는 '정학을 바로 세워 이단을 물리친다'는 전통적인 척사론과 같은 맥락에 있는 것이었다.

당시 유교적 사회 질서를 가장 위협하는 이단은 바로 천주교였다. 류건휴는 "천주학의 이론은 釋氏와 老氏의 찌꺼기를 주워 모은 것으로, 지극히 비루하여 사람을 속일 정도도 못 된다"33)고 비판하면서도, 현실적으로 우리 도학을 모두 침체시킬 만큼 위협이 되고 있다는 사실을 인정하였다. 그는 이익과 안정복 등 근기 남인의 척사론과 남한조 등 영남 남인의 척사론을 바탕으로 천주교에 대한 비판을 14개의 주제로 나누어 정리하였고,34)

「해제(서정형 지음)」, 한국국학진흥원, 2013, 24~26쪽).

① 권1 : 老子·莊子·列子(7%)/楊朱·墨子(2%)/管子(1%미만)/荀子·揚子(2.5%) / 孔叢子(1%미만)/文中子(1%미만)/道家(1.5%)
② 권2·권3 : 禪佛(38%)
③ 권4 : 陸學(21%)
④ 권5 : 王學(8%)/蘇學(1.5%)/史學(3%)
⑤ 권6 : 天主學(6%)/記誦學·詞章學(5%)

32) 류건휴, 『이학집변』 1 「총론」, 한국국학진흥원, 2013, 55~67쪽.
33) 류건휴, 『이학집변』 1 「이학집변서」, 한국국학진흥원, 2013, 49쪽.
34) 『이학집변』 권6 「천주학」의 각 조목은 아래와 같다(류건휴, 『이학집변』 3 「천주학」, 한국국학진흥원, 2013, 189~243쪽).

①예수가 한나라 때 태어났다는 것을 변파함(辨耶蘇之生於漢時), ②양학의 상제와 천주를 변파함(辨洋學上帝天主), ③가씨가 삼신을 해석한 것을 변파함(辨柯氏釋三辰), ④천주학의 공부를 변파함(辨天學工夫), ⑤천주학에 남녀 구별이 없음을 변파함(辨天學男女無別), ⑥영신불멸을 변파함(辨靈神不滅), ⑦금수의 세상에 대해 변파함(辨禽獸世), ⑧제사에 마귀가 와서 먹는다는 것을 변파함(辨祭祀魔鬼來食), ⑨서학이 중국에 들어온 것을 논함(論西學入中國), ⑩서학이 우리나라에 들어온 것을 논함(論西學入東國), ⑪천주경을 『시』·『서』에 견준 것을 변파함(辨天主經擬詩書), ⑫서역이 천하의 중심임을 변파함(辨西域爲天下中),

변파가 미흡하다고 느끼는 부분에 대해선 자신의 의견을 덧붙였다.

먼저 안정복이 예수의 탄생과 함께 '그 나라의 역사서가 3천 7백 권이 있었다'는 서술을 한 것에 대하여 "직접 보지 못한 근거 없는 말을 경솔하게 믿고 적었으니, 사람들이 괴이한 것을 좋아하는 것이 심하다."고 하였다.35) 이는 천주교에 대한 부정적인 견해일 뿐만 아니라 근기 남인의 학문적 경향을 비판한 것이기도 하였다. 즉 천주교에 대한 관심과 확산을 근기 남인의 개방적이고 박학적인 학문 경향에서 비롯된 것으로 보고, 이를 비판하며 거리를 두었다.

류건휴는 스승 남한조의 의견이라 할지라도 미진한 부분은 부정적으로 평가하였다. 예를 들어 남한조가 상제와 천주의 차이에 대해 辨釋한 것은 동의하지만, 제사의 대상을 '조상으로 연결된 氣'에서 찾은 것은 옳지 못하다고 하였다.36) 그는 제사를 지낼 때 조상과 상관없이 나의 정성으로써 제사를 받는 신을 감응하게 한다면, 하나의 氣로 연결될 수 있다고 보았다. 결국 자신이 主가 되기 때문에 '조상의 정신이 바로 나의 정신'이 되며, 내가 정성을 다하면 혈연 관계가 아니더라도 '그 氣가 모두 나와 상관있는 것이 된다'는 것이다.37) 류건휴의 견해는 혈연적 자손이 단절되더라도 정성만 있다면 조상의 제사에 의미를 부여할 수 있다는 것으로, 제사의 지속과 관련한 중요한 명분을 제공하는 것이었다.

또 '천주학'의 명칭에 대해서도 부정적 견해를 갖고 있었다. 류건휴는 비록 서양이 그들의 학문 명칭에 '天'을 사용하였지만, 그들이 말하는 하늘

⑬서양의 역법을 사용한 것을 변파함(辨用西洋曆法), ⑭서양인의 지해와 기예를 변파함(辨西洋人知解技藝)
35) 류건휴, 『이학집변』 3 「천주학」 '예수가 한나라 때 태어났다는 것을 변파함', 한국국학진흥원, 2013, 190쪽.
36) 류건휴, 『이학집변』 3 「천주학」 '양학의 상제와 천주를 변파함', 한국국학진흥원, 2013, 193~195쪽.
37) 류건휴, 『이학집변』 3 「천주학」 '제사에 마귀가 와서 먹는다는 것을 변파함', 한국국학진흥원, 2013, 230쪽.

은 우리 유교에서 말하는 하늘과는 모든 것이 어긋나는 것으로 동등한 의미로 이해해서는 안 된다고 하였다.[38] 이는 류장원이 「천학혹문」을 읽고 미진한 부분을 지적하며 남한조에게 보낸 편지에서 이미 제기된 비판으로, 그의 척사론이 스승에게 영향을 받은 것이라는 것을 보여주는 대목이다.

류건휴는 남한조의 보수적이고 철저한 척사론을 계승하고, 영남 남인의 척사론을 종합·정리하여 『이학집변』의 「천주학」을 저술하였다. 그의 척사론은 스승의 것보다 더욱 보수적인 관점에 입각한 것이었다. 이는 영남 남인의 정치적 열세와 병호시비로 인한 갈등 속에서 혹시라도 천주교와의 연관으로 더 악화될 수 있는 상황을 미리 차단하고자 하는 의도에서 비롯된 것이었다. 또 이익과 안정복의 척사론에 대한 비판의 강도가 더해진 것은 천주교 전파와 관련해 근기 남인과는 차별된 영남이 가지는 상징성을 부각하기 위한 것이라 할 수 있다. 더욱이 천주교에 대한 엄격한 비판과 배척 의지의 표명은 도통을 위협하는 외부적 요인에 대한 적극적인 대응인 것과 동시에 도통의 수호라는 측면에서 병파에게 우위를 점할 수 있는 토대가 되는 것이기도 하였다.[39]

凝窩 李源祚(1792~1872)와 류치명의 관계 또한 주목할 만하다. 이원조는 1813년(순조 13) 22세의 나이로 정종로에게 나아가 사승관계를 맺은 이후,[40] 전주류씨 수곡파 내의 여러 문인과 본격적으로 교유하였다. 직접 안동의 류범휴를 찾아가 학문을 논하며 편지를 주고받기도 하였고, 류정문·류치명과 從遊하며 이상정의 학문을 강론하기도 하였다.[41] 훗날 이원조의

---

38) 류건휴, 『이학집변』 3 「천주학」 '천주학의 공부를 변파함', 한국국학진흥원, 2013, 201~202쪽.
39) 류건휴는 천주학이 세상을 미혹시켰으나 영남 지방만은 유학의 기풍을 보존하고 있다는 정조의 말을 소개하며 영남이 가지는 상징성을 부각하였고, 이는 이황과 이상정의 학문에서 비롯된 것임을 명시하였다(류건휴, 『이학집변』 3 「천주학」 '서학이 우리나라에 들어온 것을 논함', 한국국학진흥원, 2013, 234~235쪽).
40) 『凝窩全集』 권1, 「年譜」 순조 13년(癸酉).
41) 『凝窩全集』 권1, 「年譜」 순조 16년(丙子). 이때부터 시작된 인연으로 이원조는

큰아들 이정상이 전주류씨 수곡과 류치묵의 4녀와 혼인을 올린 것은 그들
이 돈독한 관계를 맺고 있었다는 것을 보여주는 것이라 할 수 있다.[42]

특히 이원조는 류치명과 지속적으로 교유하였으며, 1860년(철종 11)에는
만우정을 찾아가 류치명을 만난 후 여러 문인과 함께 고산서당에서 학문
을 강론하였다.[43] 류치명이 이원조를 위해 「晩歸亭記」를 지어주고,[44] 이
원조가 류치명의 만우정 현판 및 여러 글을 지은 사실은[45] 둘의 친분을 충
분히 짐작해 볼 수 있게 한다.[46] 또 1855년(철종 6)에 류치명이 장헌세자의
추숭을 청하는 상소를 올리려 하자, 이원조는 그의 신변을 염려하며 상소
의 내용을 고치길 권하는 편지를 보내기도 하였다.[47] 이처럼 류치명과 이
원조는 13살의 나이 차이에도 불구하고 서로의 학문을 존중하며 오랜 유
대관계를 형성하고 있었다. 그러므로 이원조의 서학 즉, 천주교에 대한 인
식은 그들의 교류를 통해 류치명에게 직간접적으로 영향을 주었을 것으로
보인다.

1839년(헌종 5) 3월, 우의정 이지연의 奏請으로 시작된 己亥邪獄은 그해
10월까지 계속되며 천주교인에 대한 대대적인 박해를 가하였다.[48] 1809년
(순조 9) 18세의 나이로 과거에 급제한 이원조는 노론 계열의 소수 유력
가문이 정치를 장악하고 있던 상황 속에서 도당록에 入錄되지는 못하였으

류범휴와 류정문이 사망한 이후 祭文을 지어 그 죽음을 애도하였다(『凝窩集』 권9
「祭壽靜齋柳公文」).

42) 『星山李氏世譜』 4, 2008, 736쪽 ; 『定齋集』 권26, 墓誌銘 「族兄處士完山柳公墓
誌銘」.

43) 『凝窩全集』 권1, 「年譜」 철종 11년(庚申) ; 『凝窩集』 권3, 詩 「高山書堂與諸名
勝留話」.

44) 『定齋集』 권22, 記 「晩歸亭記」.

45) 『凝窩集』 권3, 詩 「晩愚亭次諸君韻呈定齋柳丈」 ; 『凝窩集』 권15, 後敍 「晩愚
亭後記敍」.

46) 류치명은 「晩歸亭記」에서 자신을 이원조의 '友人'으로 칭하였다(『凝窩全集』 3,
「布川誌 下」 '晩歸亭記').

47) 『定齋集附錄』 권1, 「年譜」 철종 6년(乙卯).

48) 『헌종실록』 6, 헌종 5년 3월 5일(신축).

나, 우수한 학행을 인정받으며 꾸준히 관직에 제수되었다.[49] 1837년(헌종
3) 7월에는 사간원 正言에 임명되었고,[50] 8월에는 실록 편수관으로『순조
실록』편찬에 참여하였다.[51] 다음 해에는 실록청 粉板郞廳에 差定되었
고,[52] 1839년 4월에는 사헌부 장령,[53] 5월에는 군자감 正에 차례로 제수되
는 등[54] 기해사옥이 일어나기 3년 전부터 꾸준히 조정에 머무르며 관료로
활동하였다. 또 이 기간동안 성균관에서 동료들과 함께 이상정의『敬齋箴
集說』을 강론하기도 하였다.[55]

이처럼 이원조는 기해사옥 당시 조정의 가까이에서 사건의 경위를 목격
하였다. 이때 성균관에서는 의논을 거쳐 이원조를 추대해 척사를 위한 통
문을 지어 경상도 각 향교와 서원에 보내도록 하였다.[56] 그는 통문에서 천
주교 즉, 서양을 '짐승', '오랑캐'라 명명한 후 "정학이 명료하게 드러나면
이단이 미혹할 수 없다"라고 하며 천주교에 대한 강력한 배척 의지를 밝혔
다.[57] 또 이들이 외국과 몰래 내통하여 유교에 혼란을 가져오고 있고, 그
결과 사회에 근심이 되고 있다고 하며 그 폐해를 지적하였다.

이어 邪敎가 전래 된 이후 영남만은 한 사람도 물들지 않아 정조가 기뻐
하며 綸音을 내려 옥산서원과 도산서원에 致祭한 사실을 언급하면서, 척사
의 논의에서 영남이 갖는 상징성을 강조하였다.[58] 이는 이원조뿐만 아니

---

49) 배재홍,「凝窩 李源祚의 官歷과 三政 釐正방안」,『퇴계학과 유교문화』39, 경북
   대 퇴계학연구소, 2006, 128~141쪽.
50)『승정원일기』헌종 3년 7월 1일(병자).
51)『승정원일기』헌종 3년 8월 4일(기유).
52)『승정원일기』헌종 4년 윤 4월 13일(갑오).
53)『승정원일기』헌종 5년 4월 21일(병술).
54)『승정원일기』헌종 5년 6월 29일(계사).
55)『凝窩全集』권1,「年譜」헌종 4년(戊戌).
56)『凝窩全集』권1,「年譜」헌종 5년(己亥).
57)『凝窩集』권10, 通文「以邪學禁治事通道內校院文 己亥」.
58) 1791년(정조 15) 신해사옥을 마무리하는 과정에서 정조는 先正의 遺風으로 영남
   지역이 邪學에 물들지 않았다는 것을 크게 칭찬하며, 이황과 이언적의 후손에게
   특별히 관직을 제수하였다(『정조실록』33, 정조 15년 11월 24일(을미)). 다음 해

라 영남 유생들이 보편적으로 갖고 있었던 자부심이었다. 그러나 천주교에 대한 배척과 탄압이 강화되자 교도들은 영남의 곳곳으로 숨어들었다. 1801 년(순조 1) 발생한 신유사옥은 그들의 유입을 더욱 가속화 하였고, 문경·영양·청송 등에선 교우촌이 형성되어 점점 천주교의 세력을 확산시켜 나갔다.[59]

이원조도 이 같은 영남의 위기를 인지하고 있었다. 그는 청송과 상주 등 영남의 경계가 되는 곳에 다른 지역의 천주교인들이 박해를 피해 숨어들고 있는 사실을 지적하며, 이들이 영남에 유입되어 천주교를 전파하지 않도록 미리 막아야 한다고 주장하였다. 그리고 그 방법으로 향교와 서원뿐만 아니라 모든 마을에서 규율을 엄격히 하여 행동거지가 수상한 사람을 잡아 다스리거나, 백성들 스스로 쫓아내기를 권하였다. 즉 이원조는 기해사옥을 계기로 또다시 천주교도들이 탄압을 피해 영남으로 유입되는 것을 방지하고자 천주교에 대한 엄격한 경계를 당부한 것이다.

당시 류치명은 순조가 세상을 떠난 후 관직에서 물러나 고향에 머물고 있었다. 간간이 관직에 제수되었지만 곧 체직되었고,[60] 1839년(헌종 5) 승

3월에는 李晩秀(1752~1820)를 경상도로 파견하여 옥산서원과 도산서원에서 御製祭文으로 제사를 올리도록 명하였다. 특히 도산서원에서는 제사 후 別試를 시행하여 영남지역의 유생을 선발하였고, 관련 기록과 성적우수자의 답안지를 편집하여 『嶠南賓興錄』을 간행해 배포하였다. 정조는 이를 통하여 邪學인 西學의 확산을 막고 正學인 성리학을 부흥하고자 하였고, 지방 유생을 본격적으로 양성하고자 하였다. 나아가 영남 남인의 사기를 진작시켜 사도세자 복권의 지원 세력으로 삼으려는 정치적 의도도 포함되어 있었다(김문식, 「『嶠南賓興錄』을 통해 본 정조의 대영남정책」, 『퇴계학보』 110, 퇴계학연구원, 2001, 446~456쪽).

59) 영남지방에 천주교도들이 거주하고 있다는 사실을 알게 된 영남 유생의 충격은 '척사의 상징적 지역'이라는 자부심이 한순간에 무너지는 충격이었다. 그 결과 영남에서는 1815년(순조 15), 1827년 두 차례의 대대적인 천주교도들에 대한 축출이 이뤄졌다. 이와 관련해서는 '정성한, 「대구·경북지역 초기 가톨릭 전래사 연구 - 교우촌의 형성과 박해를 중심으로 - 」, 『신학과 목회』 32, 영남신학대학교, 2009' 에 자세히 설명되어 있다.

60) 류치명은 헌종 1년 9월 右副承旨, 헌종 4년 6월 司諫院 大司諫에 제수되었으나

지에 제수되었을 때도 안동에 머물고 있었다.[61] 류치명은 이원조가 영남
으로 보낸 통문을 통해 기해사옥과 관련한 조정의 상황을 파악하고, 그의
척사 의식을 접한 것으로 보인다.

한편 이원조는 「洋佛同異攷」를 지어 불교와 천주교를 비교하며 이단을
비판하였다.[62] 그는 불교와 천주교는 모두 서쪽 즉, 해가 저무는 어둠의
지역에서 발생한 것으로 그곳은 조선이 속한 중화 문명의 지역과는 풍속·
기후·인종 자체가 다르다는 것을 강조하였다. 다시 말해 이단은 우리와 전
혀 다른 지리적·문화적 환경 속에서 파생된 것으로, 본질적으로 우리에게
부합하지 않는다는 것을 전제하고 있었다. 특히 같은 이단이라 하더라도
천주교를 불교에 비하여 훨씬 부정적이고 위험한 것으로 평가하였다.[63]
천주교에 대한 강한 위기의식은 배척의 방법에서도 불교와 차이를 보여주
었다. 불교는 정신적 교화의 방법으로 배척할 수 있지만, 천주교는 창과
활·대포 등 물리적이고 직접적인 방법을 동원해 강력히 배척 해야 하는 것
이었다. 또 교도들의 처벌에서도 그들을 잡아 관련 서적만 불 태우는 방법
은 불교에만 해당할 뿐, 천주교인들은 가혹한 형벌을 동원해서라도 그 근
원을 뿌리째 끊어내야 한다고 하였다.

이원조는 물리적 방법과 가혹한 형벌을 동원해서라도 그 세력을 사회에
서 축출할 것을 주장하였다. 기해사옥 당시 추대를 통해 척사 통문을 작성
하는 대표가 되었던 것은 평소 동료들이 척사에 대한 이원조의 확고한 의

바로 체직되었다(『定齋集附錄』 권1, 「年譜」).

61) 『승정원일기』 헌종 5년 4월 4일(기사) ; 『승정원일기』 헌종 5년 11월 10일(임인).

62) 『凝窩集』 권12, 雜著 「洋佛同異攷」.

63) 『凝窩集』 권12, 雜著 「洋佛同異攷」, "均是匪類 均是邪說 而論其禍洋浮於佛 佛
以淸淨爲本 而洋以機巧爲用 佛以普濟爲心 而洋以貪饕爲性" 나아가 그는 천주
교의 본질은 종교가 아니라 實利를 추구하며 사람들을 속여 우리의 재물들을 자
신들의 나라로 가져가는 것에 있다고 보고, '洋學'이라 하며 '學'이라 칭하는 것
자체를 부당한 것으로 보았다(所謂洋學者 餙虛文而求實利 所大欲不過驅人財
帛金銀 歸其國而自私 此而謂之學 吁亦熸矣).

지를 인지하고, 이를 지지했던 것이 배경으로 작용했을 것이다. 류치명과
이원조는 5년의 차이로 각각 문과에 급제한 후, 정도의 차이는 있지만 관
료의 경험을 쌓은 인물들이었다. 이 공통점은 두 사람의 관계를 더욱 돈독
히 하는 요인이 되었을 것이다. 다시 말해 당시 천주교에 대한 이원조의
위기의식과 강력한 배척 의지는 학문적·정치적 교유 속에서 류치명에게도
일정부분 영향을 끼쳤을 것으로 보인다.

류치명은 류장원, 남한조, 정종로 등을 통한 사승관계 및 류건휴, 이원조
등과의 학문적 유대관계를 통해 자신의 척사론을 정립해 나갔다. 근기 남
인의 척사론이 이상정의 문인들에게 전해지며 시작된 천주교 배척 논의는
시간이 흐르면서 더욱 철저한 유교적 가치관을 따르는 해석을 보이며 보
수적·폐쇄적 성격을 띠게 되었다. 나아가 점차 근기 남인의 척사론과도 거
리를 두며 영남 남인만의 엄격한 척사론을 형성하기 이르렀다. 『이학집변』
의 저술은 영남 남인 척사론의 총집결이자 완성이었고, 류치명은 그 교정
을 주도하며 영남 남인의 척사론 정립에 중요한 역할을 담당하였다.

2) 척사론의 전개와 성격

류치명의 척사론은 『이학집변』으로 완성된 영남 남인의 척사론을 계승
하고 따르는 양상으로 전개되었다. 이상정에 이어 퇴계학의 정맥을 계승한
류치명에게 척사와 관련해 주어진 사명은 완성된 척사론이 실현될 수 있
도록 정학을 밝히고 지켜가는 것이었다. 그가 선현의 학문과 사상에 대한
면밀한 검토를 통해 학맥의 이론적 기준을 정립하고, 문집의 발간·교정을
주도하며 활발한 강학 활동에 앞장섰던 이면에는 호파를 중심으로 한 도
통의 확립과 함께 새로운 사상의 대두에 맞서 척사를 위한 근본 즉, 정학
을 정비하려는 의도가 있었다고 생각한다.

류치명은 스승과 동료의 묘지명 및 행장 등을 작성하면서 척사와 관련

한 공적이 있는 경우, 그 사실을 빠지지 않고 기록하였다. 예를 들어 류건휴의 행장에서는 그가 '斯文을 보호하기 위해 모든 이단에 대하여 병폐의 근원과 배척의 뜻을 담은 『이학집변』을 저술하였고, 이는 吾學에 있어 큰 공적이다'고 하며 가치를 높이 평가하고 있다.64) 이는 류치명이 척사가 시대의 중요한 과제라는 것을 인지하고 있었다는 것을 보여 는 것이라 할 수 있다.

趙述道(1729~1803)의 행장에서는 그가 천주교를 배척하기 위해 「雲橋問答」을 저술하였다는 사실을 언급하였다.65) 이와 함께 "서학[천주교]은 일종의 기괴한 무리가 자신을 과장하고 기이한 것에 힘써 멋대로 요란한 위세로 어리석은 백성을 속여 꾀어내려는 계책에 불과하고, '學'이라 이름 붙인 것이 어찌 물에 스며들지도 않고 불에 타지도 않으며 태어나지도 죽지도 않을 수 있겠는가?"라며 천주교가 서학이라 명명된 것 자체가 불합리하다고 강조한 조술도의 견해를 소개하고 있다.66) 류치명이 천주교를 바라보는 시각 또한 이와 크게 다르지 않았을 것이다.

이 외에도 류치명이 남긴 기록을 통해 척사론과 그 성격을 유추해 볼 수 있다. 우선 남한조가 안정복과 이익의 척사론을 접한 후 미진한 부분에 대해 별도의 논박을 가한 사실을 언급하면서, '영신불멸설'·'제사폐지설'·'天主와 上帝의 비교' 등은 내용의 핵심을 추가로 기술하였다.67)

특히 제사의 대상인 '귀신'의 성격 규정에 관심을 보였다. 유교에서 '효'는 종교를 초월하는 절대적인 개념이었다. 부모님이 돌아가신 후에도 효를 지속해야 했으며, 제사는 돌아가신 조상에게 追遠報本의 도리를 다하기 위한 후손의 의무였다. 그러나 '천주' 이 외의 모든 대상에 대한 숭배를 부정한 천주교는 제사는 이미 천당이나 지옥으로 가 있는 조상의 영혼과는 상

---

64) 『定齋集』 권32, 行狀 「大埜柳公行狀」.
65) 『晚谷集』 권8, 雜著 「雲橋問答」.
66) 『定齋集』 권31, 行狀 「晚谷先生趙公行狀」.
67) 『定齋集』 권36, 遺事 「損齋先生遺事摠叙」.

관없는 '마귀'를 부르는 행위에 불과하다고 주장하였다. 인륜의 도리를 부
정한 천주교의 교리는 조선의 지식인에게 짐승만도 못한 패륜의 끝으로
규정되었고, 철저한 탄압과 배척의 대상이 되었다. 그들은 제사의 대상이
되는 '鬼神'은 단순한 '魔鬼'가 아닌 '조상'과의 연결성을 갖는 존재라는
것을 이론적으로 입증하는 방향으로 척사론을 전개하였다.

앞서 남한조는 사람은 만물을 생겨나게 하는 보편적인 氣[所以生之氣]
를 얻어 생겨나며, 이 氣가 다시 후손에게 전해져[所傳之氣] 조상과의 연
결성이 지속한다고 보았다. 그는 제사란 후손들이 이 氣를 불러 모아 조상
에게 흠향하는 것이라 하였다. 나아가 류건휴는 남한조의 견해에 미진한
부분이 있다고 지적하며, 조상과 상관없이 나의 정성으로 제사를 받는 신
을 감응하게 하다면 하나의 氣로 연결될 수 있다고 하였다. 그들이 말하는
제사의 대상인 '귀신'은 직접적인 조상이든 아니든 행위의 주체와 연결된
'氣의 屈·伸'에 의해 생겨난 것으로, 이는 理의 가치를 따르는 것이었다.

류치명은 두 스승의 의견을 종합하여 제사의 대상이 되는 '귀신'의 개념
을 정리하였다. 그는 귀신은 氣가 굽혀지고[屈] 펼쳐지는[伸] 것으로, 사람
이 죽으면 그 氣가 이미 굽혀지는데 굽혀짐 속의 펼쳐짐이 감화가 있어 반
드시 응하는 것은 理의 떳떳함이라고 하였다. 그리고 귀신이 사라졌다가
다시 감응하여 모여들어 나타나는 것을 '妙'라고 칭하며, 이는 하늘과 땅이
텅 비어있지만, 비가 내리려 할 때 음양이 교감하여 아무것도 없는 것에서
구름이 만들어져 비가 내리고 다시 아무것도 없이 흩어지는 자연현상과
같은 이치라고 설명하였다. 즉 제사에서 귀신은 처음엔 없는 것이지만 정
성을 다하여 공경함이 관통하고 신과 사람이 서로 감응하면 향이 피어올
라 그곳에 氣가 모여 가득히 있는 듯 하다가, 제사가 끝나면 신들은 모두
돌아가니 다시 정신은 아득하고 아무것도 없게 된다는 것이다.68)

---

68)『定齋集』권21, 雜著「祭祀鬼神說」. "夫鬼神 乃氣之屈伸也 屈中之伸 伸中之屈
相推於無窮者 其良能也 人之死也 其氣已屈 而屈中之伸 有感必應者 理之常也
是以雖其化而無有矣 而必有感應之妙 如天地寥廓 而將雨之際 陰陽交感 生於

나아가 제사에서 氣가 서로 감응하는 것은 자손과 조상은 이미 같은 氣로 연결되어 있기 때문이며, 外神의 경우엔 제사의 주관자가 정성을 다해 하나의 氣로 감응할 수 있다고 보았다. 이처럼 류치명은 '귀신'에 대하여 자신의 독창적인 의견을 개진하기보다는 학맥을 통해 전해진 견해를 종합하여 이해가 쉽도록 정리하고 있다.[69]

류치명의 척사론은 척사가 시대의 과제라는 인식 아래 유교적 세계관에 따른 이론적 논증을 통해 천주교가 '왜 이단일 수밖에 없는가?'를 입증하는 데에 초점을 맞추고 있었다. 여기서 그가 선택한 근거는 학맥을 통해 계승된 척사론이었으며, 그 방법은 선현의 척사론을 종합·정리하거나 강조하는 것이었다. 그는 천주교로 대표되는 이단의 배척 및 대응에 대한 직접적인 실천 방안을 고찰한 별도의 저술을 남기지 않았다. 이는 여러 상황에서 비롯된 결과로 보인다.

첫째, 천주교 전파에서 영남지역, 특히 안동이 가지는 특수성이다. 천주교에 대한 조정의 탄압이 심해지면서 많은 교인이 문경·상주 등 접경지역을 중심으로 숨어들어 교우촌을 형성하였지만, 류치명이 살던 안동은 상황이 달랐다. 퇴계학의 발상지라는 학문적 자부심을 바탕으로 지역의 사족들은 새로운 사상들의 끊임없는 도전에 맞서 유학을 지켜나가는 수호자 역할을 자임하고 있었다. 더욱이 천주교와의 연관으로 학파 존립에 위기를

無有 聚於無物 溶溶乎出雲 沛然下雨 旣又復於無有 散於無物 廓然而無所見矣 祭祀之鬼神 固亦無有矣 及其將祭 而誠敬貫徹 神人相感 則焄蒿悽愴 洋洋乎如 在矣 及其旣享 則神保聿歸 又窅然而無物矣"

69) 금장태는 류치명의 귀신개념에 대하여 그가 귀신의 존재를 오직 자손의 誠敬을 통해서 감응하여 일시적으로 나타날 수 있는 의존적인 존재로 파악하고, 적극적이고 자율적인 의지가 결여된 소극적인 개념으로 이해하고 있다고 보았다. 나아가 류치명이 귀신을 특별히 靈異한 존재로 보기를 거부하며, 어떤 怪異함이 있어도 단지 氣의 屈伸일 뿐이므로 인간에게 禍福을 줄 수 있는 존재로 보는 것을 반대하고 있다고 하였다(금장태, 「제3장 定齋 柳致明의 위학론과 성리학」 『退溪學派와 理철학의 전개』, 서울대학교출판부, 2000, 123~126쪽).

맞은 근기 남인의 소식은 그들에게 경각심을 불러일으켰고, 천주교와의 연관성을 사전에 차단하려는 움직임도 나타났다. 그러므로 천주교가 안동에 전파되는 것은 쉬운 일이 아니었으며, 위기를 직접적으로 체감하기는 어려웠다.

둘째, 류치명이 강조한 학문 방법의 특징이다. 그는 스승의 글을 읽으면서 "자신을 믿을 것이 아니라 스승을 믿어야 하며, 이는 가볍게 믿을 것이 아니라 반드시 믿어야 하는 것"이라고 하였다.[70] 호파를 중심으로 한 도통의 확립과정에서 학맥을 통해 이어진 스승의 학문은 부정할 수 없는 절대적인 대상이었다. 류치명은 스승의 학문은 진리라는 전제 아래 더욱 깊이 이해할 것을 추구하였고, 이는 스승의 이론을 계승하려는 노력으로 이어졌다. 척사론의 경우도 마찬가지였다. 그의 스승인 류장원은 척사와 관련해 '천주교의 새롭고 기이함을 취하여 변파할 바탕으로 삼을 경우, 이미 자신이 깨닫지 못하는 사이에 그 가운데로 빠질 것'이라 하였다.[71] 천주교에 대한 구체적이고 체계적인 비판을 위해 그 교리를 가까이하는 것 자체가 이미 천주교에 경도될 가능성을 스스로 열어두는 것이라는 경고의 의미를 담고 있다. 류치명은 류장원의 가르침에 따라 천주교에 대한 직접적인 분석 대신, 스승과 동료의 척사론을 종합·정리하는 것으로 자신의 척사론을 전개한 것으로 보인다.

셋째, 류치명이 살았던 시대적 상황이다. 그가 세상을 떠난 1861년(철종 12)은 이양선 출몰이 잦아져 외세의 접근에 대한 위기의식이 고조되긴 하였지만, 직접적인 충돌은 일어나지 않은 시기였다. 또 서구 열강 세력이 무력과 문물을 앞세워 공식적으로 통상을 요구하기 전이었다. 그러므로 천주교에 대한 위기의식은 정치적·외교적 부분이 아닌 사상적인 부분에 초점

---

70) 『定齋集附錄』 권4, 「叙述」 姜楗 "不敢自信 而信其師 亦須不敢輕信 而見其必可信"
71) 『損齋集』 권15, 行狀 「東巖柳先生行狀」. "如或取其新奇而資其辨博 不覺其駸駸然入其中矣 此程夫子所以有已化爲佛之戒也"

이 맞춰져 있었다. 다시 말해 천주교에 대한 대응은 인륜에 위배하는 교리를 주자학의 입장에서 논박하는 단계에 머물러 있던 것이다. 더군다나 당시 대부분의 영남 남인과 마찬가지로 류치명도 관직 활동보다는 학자로서의 삶에 집중하고 있었기 때문에 조정을 통해 변화하는 대외적 상황을 살피는 데는 한계가 있었을 것이다. 무엇보다 류치명은 『이학집변』의 교정을 주도하며 영남 남인 척사론의 완성에 있어 중요한 역할을 담당한바, 별도의 개인적 논의는 불필요하다고 생각하였는지 모른다.

주목할 만한 것은 류치명이 며느리였던 聞韶金氏의 장례에서 '洋布'의 사용을 엄격하게 금지한 사실이다. 양포는 서양에서 온 무명을 말하는 것으로, 우수한 품질로 당시 널리 쓰이고 있었다. 류치명은 만연한 洋學의 영향으로 장례에 양포를 사용하고 있는 현실을 지적하며, 며느리의 시신을 닦고 壽衣를 입힌 뒤 殮布로 묶는 과정에서 양포를 사용하지 못하도록 하였다.[72]

그가 며느리의 장례를 치른 때는 1849년으로,[73] 『이학집변』의 교정을 마친 지 1년이 지난 해였다. 이를 통해 류치명이 교정을 통해 이론적으로 체득한 척사론을 실생활에서 서양 물품의 사용금지로 실천했다는 것을 알 수 있다. 이처럼 류치명은 학문적으로는 선현의 사상과 이론을 존숭·정리하는 보수적인 성향을 보여주었지만, 현실 문제에 대해서는 폐해의 시정과 해결방안 마련에 적극적인 자세를 지닌 인물이었다. 며느리의 장례에 양포의 사용을 금지하며 서양물품의 확산을 경계한 것 또한 그의 실천적 성향에서 비롯된 것이었다.

---

72) 『定齋集』 권36, 遺事「子婦恭人聞韶金氏行錄」.
73) 『定齋集附錄』 권1,「年譜」헌종 15년(己酉).

3. 문인으로의 전승과 의미

류치명은 저술 및 강학 활동을 통해 많은 문인을 양성하였다. 1811년(순조 11) 高山精舍 강회에 참여하면서 영남 학계의 주목을 받기 시작한 그는 40대 후반부터 본격적인 강학을 시작하였다. 이 과정에서 혈연적 관계를 중심으로 문인이 형성되기 시작하였고, 위상이 높아짐에 따라 문인집단의 외연은 더욱 확대되었다.

류치명의 척사론 역시 문인에게 전승되었다. 비록 천주교 배척을 주제로 본격적인 논의를 한 것은 아니었지만, 기회가 있을 때마다 정학에 힘쓰며 이단을 멀리할 것을 제자들에게 강조하였다.74) 김도화가 1849년 4월, 류치명에게 나아가 가르침을 청하는 과정에서 가장 먼저 한 질문은 이단의 교리에서 높은 경지에 있는 것들의 실체에 관한 것이었다. 이에 류치명은 "佛子는 空寂으로 主를 삼아 滅에 들어갔고, 老子는 玄虛로써 宗을 삼아 無에 들어갔다"라고 말한 후, "그 교리의 경지가 심히 높은 것 같으나 實이 없는 것이다"고 하며 이단들의 교리가 가진 허구성을 지적하였다.75) 여기서 언급된 이단은 老·佛에 한정된 것이었다. 그러나 당시 유교적 가치관을 위협하는 사상에 대하여 류치명과 문인집단이 위기의식을 공유하였다는 사실은 충분히 확인할 수 있다.

류치명이 세상을 떠난 후, 개항과 외세의 침략이라는 위기 속에서 그의 문인들은 스승에게 배운 학문을 정치적·사회적 현실에 대응해가며 각자의 사상으로 발전시켜 나갔다. 1866년(고종 3) 병인양요를 시작으로 외세의

---

74) 류치명은 智島에서 유배생활을 하던 중에도 雜書를 읽고 있던 류치엄을 크게 꾸짖거나(『涪島趨拜錄』 11월 21일), 문인 李重鼎에게 편지를 보내 잡서를 가까이 하는 것을 경계하는 등(『定齋集』 권14, 書「答李正凝 乙卯」) 제자들에게 이단을 멀리할 것을 강조하였다.

75) 『拓菴集』 권9, 雜著「記聞錄」.

침략이 본격화하고, 1876년(고종 13) 강화도조약을 통해 개항이 현실로 다가오자 성리학을 고수해오던 유림에게 척사는 시대의 급무로 떠올랐다. 정조 연간 이래 사상적 측면의 배척에 머물러 있던 척사론은 외세의 직접적인 군사적·경제적 침탈에 대한 위기의식 강화로 척사의 대상과 방향은 더욱 구체화 되었고, 1880년대에 이르러 적극적인 척사운동으로까지 나아갔다. 류치명의 문인들 또한 변화한 현실 속에서 척사에 대한 강한 의지를 보여주었다.

이상정의 玄孫이자 25세부터 류치명 문하에서 수학한 李敦禹(1807~1884)는 1877년(고종 14) 국가의 위기를 극복하기 위한 임금의 덕목을 담은 '三綱九目'의 상소를 올렸다.[76]

〈표 4-1〉 '三綱九目'의 각 조목

綱	目
(1) 體天(천도를 실천할 것)	① 立志(뜻을 세울 것) ② 居敬(마음을 바르게 해서 품행을 닦을 것) ③ 納諫(간언을 받아들일 것)
(2) 順天(천심에 순응할 것)	④ 恤民(백성들을 보살필 것) ⑤ 尙儉(검소함을 숭상할 것) ⑥ 恢公(공도를 넓힐 것)
(3) 畏天(천명을 두려워할 것)	⑦ 立綱(기강을 세울 것) ⑧ 斥邪(邪道를 배척할 것) ⑨ 興學(학문을 부흥시킬 것)

'3강 9목'은 이상정과 류치명의 경세관을 계승한 것이라 할 수 있다. 9개의 각 조목은 1781년(정조 5) 이상정이 임금의 덕을 陳勉하는 방안으로 제시하였던 "立志, 明理, 居敬, 體天, 納諫, 興學, 用人, 愛民, 尙儉"과 크게 다르지 않다.[77] 또 1853년(철종 4) 류치명이 지은 '3강 10목'과 구성이 같으

---

76) 『승정원일기』 고종 14년 3월 4일(경신) ; 『肯庵集』 권2, 疏 「應旨陳三綱九目疏」.
77) 『大山集』 권4, 疏 「三辭刑曹參議仍陳勉君德疏」.

며,[78] 내용에 서도 "(1) ㉰3목:'納諫' — ㉩10목:'廣言路', (2) ㉰4목:'恤民' — ㉩7목:'恤民隱', (3) ㉰6목:'恢公' — ㉩9목:'恢公道', (4) ㉰8목:'斥邪' — ㉩8목:'修軍政'"이 거의 유사하다. 즉 이돈우는 학맥으로 계승된 경세관의 틀 위에 19세기 말 변화한 현실 정세를 반영하여 각 조목에 자신의 견해를 덧붙인 것이다.

여기에 이돈우는 시대적 요구에 따라 중요하게 인식한 새로운 항목을 추가하여 '3강 9목'을 완성하였다. 그는 끊임없는 외세의 접근과 혼란을 심각한 위기로 인식하였다. 우선 5목 '尙儉'에서 당시 만연해진 사치풍조의 중요 원인으로 서양의 물품이 온 나라에 무분별하게 유통되고 있는 상황을 꼽았다. 이어 신분의 고하를 막론하고 서양 재화의 사용을 엄격히 금지할 것을 청하며, 이는 나라의 근본 및 국운과 연관된 것임을 강조하였다. 더욱이 3강 '畏天'에서는 서양 세력이 틈을 엿보는 현실을 우려하여 외세의 위협을 물리치기 위해서는 軍政을 정비해 비상시를 대비하는 등 국방력을 강화하는 것이 시대의 급무라 주장하며 적극적인 대응 마련의 필요성을 언급하였다.

또 법도와 풍속이 어지러워질 만큼 국법이 제대로 행해지지 못하는 현실을 비판하면서 나라의 기강을 바로 세우는 '立綱'을 7목으로 제안하였다. 그 후 마땅히 우선으로 해야 할 것은 '척사'라 주장하였다. 이는 외세의 접근에 대비한 대응책 마련을 가장 시급하고 중요한 시대의 과제로 인식하고 있었다는 것을 보여주는 것이다.

외세에 대한 강한 배척 의지는 8목 '척사'에서 보다 구체적으로 나타난다. 이돈우는 8목의 서두에서 천하의 도를 '正道'와 '邪道'로 구분하였다. 이어 '사도'가 홍하면 천지가 바뀌어 중국이 오랑캐의 나라가 되고 사람이 짐승으로 바뀌게 된다고 하며, '사도'의 위험성을 국가의 홍망을 넘어 온

---

78) 『定齋集』 권1, 疏 「辭兵曹參判仍陳勉疏」. 류치명의 '3강 10목'은 "(1)先事之戒(①戒逸豫 ②戒貨財 ③戒諛佞), (2)爲治之本(④體天意 ⑤師聖王 ⑥勤學問), (3) 急先之務(⑦恤民隱 ⑧修軍政 ⑨恢公道 ⑩廣言路)"의 항목으로 구성되어 있다.

세상의 전복으로까지 확대하였다.79) 서양을 묘사할 때도 매우 과격한 표
현을 사용하여 '오랑캐'에도 끼일 수 없는 '禽獸'로, 귀신과 불여우 같은
음흉함과 간사함, 개나 돼지와 같은 욕심을 지닌 국가의 화가 되는 존재로
서술하였다.80)

척사의 방법도 변해야 한다고 주장하였다. 즉 예전에는 '사도'를 물리치
는 것이 언어와 문자로 가능했지만, 오늘날은 군사력으로 대응할 수밖에
없다고 하며 군사를 훈련하고 정비하는 등 혹시 모를 사태에 대비해 국방
력을 강화해야 한다고 보았다. 이돈우가 직접적으로 국방력 강화를 척사의
방법으로 주장한 이유는 1년 전 강화도조약이 체결되면서 서양과 일본 등
외세의 내륙 진출이 현실로 다가왔기 때문일 것이다. 그는 조약 체결의 소
식을 듣고 정신이 아득하고 수치와 분노에 몸을 떨었다고 고백하며, 비록
외세가 지금은 물러가 당장의 걱정은 없지만 언제라도 욕심을 드러내 다
시 조선을 공격해 올 것이라고 예견하였다.

그러나 스스로 군사 일에 어두워 병술과 관련해서는 할 말이 없다는 것
을 고백하였듯이, 이돈우는 국방력 강화를 위한 구체적이고 현실적인 방안
을 제시하지는 못하였다. 그가 제시한 방안은 "軍保들이 上番兵을 지원하
기 위해 내는 돈과 포목 중 실제 수효를 제외한 나머지를 鄕兵 지원에 사
용하여 백성들에게 불필요한 세금 수취를 없앨 것, 군졸들에게 옷과 兵馬
를 갖춰줄 것, 능력 있는 장수를 뽑아 군대를 정비시키고 훈련된 군졸을
길러 국방력을 강화할 것"으로 이는 류치명의 '3강 10목' 중 '修軍政'의 내
용을 그대로 따른 것이었다.

---

79) 『肯庵集』권2, 疏「應旨陳三綱九目疏」. "臣聞天下之道 有正有邪 邪者 正之賊
也 正道興而邪道絶 則天地正位 化理淸明 國有磐石之固 而民有安堵之樂矣 邪
道熾而正道熄 則天地易處 彝倫斁塞 中國化爲夷狄 人類化爲禽獸矣"
80) 『肯庵集』권2, 疏「應旨陳三綱九目疏」. "至若所謂洋夷者 乃禽獸之類 而夷狄
之所不齒者也 其鬼蜮之陰謠 犬豕之嗜慾 小則禍人家國 大則絶天彝倫 此其爲
國家之禍 有不可勝言矣"

한편 이돈우는 '척사'의 근본은 학문을 일으키는 데에 있다고 보고 '홍학'을 9목으로 꼽았다. 그는 "우리의 도를 힘써 행하여 더욱 빛나고 밝아지게 하면 邪說은 눈 녹듯 저절로 사라진다"고 하며, 더욱더 학문에 힘써 '正學'을 지킬 것을 주장하였다.[81] 그리고 '홍학'을 위한 방안으로 과거제의 개선과 함께 서원의 필요성을 강조하였다. 홍선대원군에 의해 호계서원이 훼철된 이후 류치명의 문인들은 무엇보다 서원 복설을 위한 노력을 최우선에 두고 있었다. 이돈우는 '서원이 훼철된 이후 선비들이 학문 진작을 위한 의지할 곳을 잃어 기세가 꺾였고, 외세의 압박이 더해지는 가운데 앞으로의 형세조차 예측하기 어렵게 되었다'고 하며 서원 훼철로 인한 폐해를 지적하였다. 나아가 팔도에 사액서원을 다시 설치하여 선비들이 돌아갈 곳을 마련해주는 방법을 통해 학문을 일으켜야 한다고 하였다.

이돈우는 스승의 경세관을 바탕으로 개항 이후의 현실 위기를 반영해 '3강 9목'을 작성하였다. 그는 외세에 대해 강한 배척 의식을 갖고 군사를 동원한 척사를 주장하였으며, 衛正을 위해 과거제 개선 및 서원 복설을 통한 학문의 진흥을 강조하였다. 비록 구체적이고 실제적인 군사적 대응 방법을 제안하지는 못하였지만, 변화된 국제정세를 직시하고 군사력 강화로 외세에 대응할 것을 주장한 것은 평소 척사를 강조한 류치명의 영향을 받은 것이라 할 수 있을 것이다. 더욱이 이돈우가 1867년(고종 4) 조정에서 벼슬의 유무와 관계없이 三政의 폐단에 대한 개선 방안을 제시하라는 명에 부응하여 「三政策」을 지어 올린 사실은, 실천을 강조하며 현실문제 개선에 관심을 가져온 류치명의 경세관을 그대로 계승하고 있었다는 것을 확인시켜 준다.[82]

다음으로 척사와 관련해 주목할 만한 인물은 金道和(1825~1912)이다. 그

---

81) 『肯庵集』권2, 疏 「應旨陳三綱九目疏」. "但當力行吾道 俾益光明 則彼之邪說 自當如見晛之雪耳"
82) 『肯庵集』附錄, 「年譜」 고종 4년(丁卯). 그러나 이돈우가 지은 「삼정책」의 구체적 내용은 그의 문집이나 실록에 남아있지 않아 확인이 불가능하다.

는 어려서부터 가학을 통해 이상정으로 이어진 퇴계학맥을 접하였고,[83]
1849년(헌종 15) 25세에 집안의 명으로 류치명 문하에 나아가 학문을 닦기
시작하였다. 이후 류치명은 기대를 표하며 학문을 더욱 넓히라는 '展拓' 두
글자를 써주었는데, 김도화의 號인 '拓菴'은 바로 여기서 유래한 것이다.[84]
그는 스승을 통해 호파의 정맥을 계승하였고, 안동을 중심으로 자신의 영
향력을 확대하였다. 류치명이 세상을 떠난 후에는 김흥락과 함께 『정재집』
을 교정하는 등 스승의 학문을 정리하고 계승하는 데에 힘을 쏟았다.

　김도화는 개항 이후 격변하는 시대의 흐름에 대응하여 조선의 안위와
유학의 전통을 지키기 위해 적극적인 자세로 척사에 앞장선 인물이었다.
특히 1895년(고종 32) 을미사변과 단발령에 항거하며 각 문중에 통문을 보
내 김흥락·권세연 등과 더불어 안동의병을 조직하였고, 1896년에는 권세
연에 이어 의병장에 추대되었다. 그 후 80이 넘는 나이로 을사늑약과 국권
침탈에 대항하는 소를 작성하거나 격문을 보내는 등 항일투쟁에 적극적인
모습을 보여주었다.[85]

　척사에 대한 김도화의 의지는 본격적인 의병활동을 시작하기 십여 년
전부터 표명된 것으로 이는 그가 작성한 「斥邪說疏」에 잘 나타나 있다.[86]

83) 그의 증조인 金㙆은 이상정의 문인이었고, 조부 金㢸秉역시 이상정의 문인이었던
　　金宗德에게 수학하였다. 부친 金若洙는 정종로의 손자이며 남한조의 외손인 鄭
　　象觀에게 수학하며 그의 사위가 되었고, 후에 이상정의 손자 李秉運에게 나아가
　　학업을 닦았다(徐錫弘, 「拓菴 金道和 硏究」, 『안동한문학논집』 4, 안동한문학회,
　　1994, 255쪽).
84) 『俛宇集』 권151, 壙誌 「拓菴金公壙誌」 "二十五歲以庭命始贄謁于柳先生 講庸
　　學微意 訂質領悟 往往獨到 柳先生期許之 書展拓二字授之 公之自署以拓菴者
　　此也"
85) 임노직, 「척암 김도화의 현실인식 - 그의 疏·詞를 중심으로」, 『국학연구』 4, 한국
　　국학진흥원, 2004, 149~151쪽.
86) 『拓菴續集』 권2, 疏 「斥邪說疏」 代人作 丙子. 여기서 상소의 작성 시기가 병자
　　년(고종 13년(1876))으로 되어 있으나, 상소의 주 내용은 1880년에 조선에 유입된
　　『朝鮮策略』에 대한 김도화의 입장을 정리한 것이므로 작성 시기 역시 그 이후가
　　되어야 할 것이다. 즉 병자년은 문집 편찬과정에서 발생한 오류라 생각한다.

여기서 김도화는 수신사 김홍집이 가져온 『조선책략』이 조정에 전해져 세상을 혼란스럽게 하는 현실을 개탄하며, 이를 '妖書'로 규정하고 그 내용은 '誣妄'한 것이라 하였다. 이어 『조선책략』의 내용을 믿을 수 없는 이유로 세 가지를 꼽았다.

첫째, 김도화는 '耶蘇'를 '天主'와 같은 존재로 인식하였다. 즉 모습은 바뀠지만 그 교리는 같은 맥락이고, 명목을 다르게 구분하였으나 본질은 하나라는 것이다.[87] 그는 정조 이래 행해진 박해를 피하기 위해 천주교가 '야소'를 내세워 자신을 엄폐하고 세상을 속이는 계책을 세운 것이라 하며 '야소교'를 비판하였다.

둘째, 나라의 생산 활동과 관련해서는 농사와 길쌈을 강조하였다. 그는 節用하여 재물을 넉넉하게 하고 위를 덜어 아래를 더해주며, 생산하는 자가 많고 일하는 자가 빠르면 백성들이 풍족해진다는 전통적인 인식을 고수하였다. 그는 외세가 강조하는 통상의 실상은 접경지역에 임시로 머무르며 불법 무역을 하거나 심지어 밤을 이용해 여러 물품을 몰래 훔쳐 가고 있는 것에 불과하다고 비판하였다.

셋째, 김도화는 국방력 강화를 국가의 급무로 파악하고 견고한 무기와 훈련된 군대, 병법에 능한 장수 선발을 통해 강한 군대를 양성할 것을 주장하였다. 이와 함께 '저들이 단순히 군사력으로 조선을 침략하고자 했다면 몇 년째 우리나라에 출몰해 위협만을 주는 것에 그쳤겠는가?'라고 하였다. 그러므로 러시아 침략에 대한 『조선책략』의 주장은 야소교와 더불어 나라를 선동하기 위한 것일 뿐 믿을 수 없는 것이라고 보았다.

김도화가 스스로 『조선책략』을 직접 보지 못하였고 일부를 전해 들은 것에 불과하다고 밝혔듯이, 그가 주장한 세 가지 비판은 『조선책략』의 핵심 내용과는 거리가 있었다.[88] 주지하다시피 『조선책략』은 당시의 국제정

---

87) 『拓菴續集』 권2, 疏 「斥邪說疏」. "夫耶蘇之於天主 頭面雖換改 而其術則一串也 名目雖分異 而其實則一體也"

88) 『拓菴續集』 권2, 疏 「斥邪說疏」. "臣雖不欲目見 而竊以一二傳聞者 推之其爲

세 속에서 조선이 "親中國, 結日本, 聯美國"의 외교 정책을 통해 자강을 도모하여 러시아의 위협에 대비해야 한다는 내용을 담고 있다. 그리고 각국의 상황과 외교적 위상에 대한 설명을 첨부하여 주장에 대한 동조를 이끌어내고 있다.

그러나 김도화는『조선책략』에서 제시한 핵심 외교 정책 및 각국에 대한 설명이 아닌, 부분적이고 지엽적인 일부 주장에 초점을 맞추어 비판을 가하였다. 특히 그의 비판은 '야소교'에 집중되었다.『조선책략』에서는 '聯美國'을 주장하면서 이를 실현하기 위해 미국에 대한 우호적인 서술로 조선의 위정자들을 설득하고 있다. 같은 맥락에서 '야소교' 또한 비록 '천주교'와 근원은 같지만, 당파가 명백히 다른 것이라고 강조하는 등 그 차별성을 부각하였다. 더하여 '야소교'는 정치성이 없는 순수한 종교로, 교인들은 선량하고 포교를 통해 사람들이 선해지는 것을 목적으로 하므로 심지어 유교보다 더 낫다고도 하였다.[89]

여기서 김도화는 '미국'이 아닌 '야소교'를 주된 비판의 대상으로 삼아, '야소교'와 '천주교'의 차별성을 부정하며 단호하게 배척해야 한다고 주장하였다. 또『조선책략』에 소개된 야소의 교리는 재화를 빼앗고 풍속을 음란하게 하고자 하는 본질을 숨기고 있다고 보고, 그들이 주장한 국가 재정의 확충과 국방력 강화는 그 본질을 숨기기 위한 명목에 불과하다고 판단하였다. 더욱이 재화는 백성들의 목숨과 같은 것이고, 음란한 풍속은 새로운 백성이 태어나는 것과 직결되므로 국가의 운명을 결정짓는다고 보았다. 결국 '야소의 학'은 음란하고 더러움을 일삼는 것이므로 이를 믿는 자들은 남녀와 부부, 부자와 군신의 구분 없이 섞여 살아 인간의 떳떳한 본성이 무너지고 예의가 모두 사라져 개 등과 같은 금수일 뿐 처음부터 인류에 포함할 수 없는 존재라며 강하게 비판하였다.

誕忘 而不足信也明矣"
89) 황준헌 저/조일문 역,『朝鮮策略』, 건국대학교출판부, 2001, 36~38쪽.

'야소교'에 집중된 비판은 당시까지 김도화가 '邪'의 주된 대상을 조선의 존립에 위협이 되는 '정치적·외교적 세력'보다는 유교를 위협하는 '종교적·사상적 세력'으로 인식하였다는 것을 의미한다. 야소의 교리에 포함된 거짓된 본질에 대한 규명과 유교적 사회질서의 붕괴에 대한 위협에서 벗어나기 위한 대응책으로 그가 제시한 방법은 '유학의 부흥'이라는 사상적 대응이었다. 그는 성학의 요체는 퇴계의「聖學十圖」에 있다고 하며, 퇴계를 존숭하는 것과 함께 국왕도 성찰하여 유학을 지켜가길 당부하였다.

「척사설소」에 보이는 김도화의 척사론은 류치명을 비롯하여 학맥에서 강조해 온 사상적 논증을 통한 배척에 초점을 맞추고 있었다. 또 척사의 실현을 위한 대응도 유학자들의 보편적 인식과 궤를 같이하며 '철저한 유학의 수호를 통한 사학의 소멸'이라는 사고의 틀을 벗어나지 못하였다. 서양에서 주장하는 통상의 본질을 우리의 재화를 자국으로 가져가고자 하는 의도로만 파악하고 있는 것 역시 앞서 이원조가 주장했던 척사론의 수준과 크게 다르지 않다. 이와 함께 러시아의 남하 가능성을 단순히 나라를 선동하기 위한 망언으로 치부하는 것은 김도화가 변화하는 국제정세를 제대로 인지하지 못했다는 것을 보여주는 것이라 할 수 있다.

고종 집권 이후 외세의 접근은 단순히 종교적 전파에서 그치는 것이 아니라 통상의 요구로 이어졌다. 일본에 의해 개항이 현실로 다가오자 국내 정치는 변화에 대한 세력 간의 입장 차이로 매우 어지러웠으며, 서양 문물의 본격적인 유입은 그 혼란을 가중시켰다. 더하여 서구 열강은 자국의 이익을 위해 앞다퉈 조선에 여러 이권을 요구하고 있었다.

한편 영남 남인은 이 같은 변화에 민감하게 대응하지 못하였다. 그들은 오랜 기간 정권의 핵심을 떠나있었고, 향촌 사회에 머물며 퇴계학의 심화와 도통의 정립이라는 정체성 확립에 집중하고 있었다. 류치명 사후에도 사정은 마찬가지였다. 그들은 병인양요 이후 본격화된 서양의 접근보다 대원군의 서원훼철령을 더 큰 위기로 인식하였고, 이를 강하게 반대하였다. 영남 남인은 현실적으로 급격히 변화한 국내외 정세에 대한 정보를 빠르게 입수하는 데 어려움이 있었다. 또한 이미 시대의 위기에 대응하는 가치관이 달랐기 때문에 국내외 정세변화와 관련한 정보를 입수하려는 의지도 간절하지 않았다. 김도화의 척사론이 이십여 년 전 류치명의 척사론과 크게 다르지 않고, 정확한 국제정세 파악에 한계를 보인 것은 바로 이 같은 이유 때문이었을 것이다.

『조선책략』의 영향으로 조정에서 개화를 표명하며 유교적 사회질서의 변화를 공식화하자, 영남 남인의 척사론은 일시에 행동으로 표출되었다. 그들은 조정의 정책에 거세게 항의하며 적극적이고 집단적인 척사운동을 준비하였고, 1881년(고종 18) 이황의 후손인 이만손을 소두로 '영남만인소'를 올렸다.[90] 영남만인소를 준비하고 진행하는 과정에서 류치명의 문인집단은 핵심 역할을 담당하였다. 1881년 2월부터 4월 말까지 4차에 걸친 척사운동에 필요한 자금을 마련할 때 류치명의 문인인 류기호는 직접 나서서 각 문중과 서원의 지원금 납부를 독려하였다. 또 2차, 3차, 4차 상소에서는 문인 김조영, 김석규, 김진순이 각 상소의 소두를 맡아 척사운동을 이끌어 나갔다.

개화 반대라는 정치적 성격으로 출발한 척사운동은 내용의 격렬함으로 인해 조정의 분노를 일으켰고, 이에 상소를 올리는 것조차 여의치 않았다. 그 결과 2차 상소 운동부터는 일본과 서양에 대한 배척과 비판으로 내용을 선회하였다.[91] 반외세 투쟁으로의 성격 변화는 척사운동이 당론과 지역을

---

90) 권오영은 연구를 통해 김도화의 「척사설소」는 영남만인소의 준비 과정에서 작성된 초안 중 하나라는 것을 밝혔다. 이 외 1881년 영남만인소의 작성 경위와 전개 양상에 대해서는 '권오영, 「1881년의 嶺南萬人疏」, 『尹炳奭教授華甲紀念韓國近代史論叢』, 지식산업사, 1990 ; 권오영, 앞의 책, 2003 ; 정진영, 「19세기 후반 嶺南儒林의 정치적 동향 –萬人疏를 중심으로–」, 『지역과 역사』 4, 부경역사연구소, 1997'에 자세히 정리되어 있다.

91) 권오영, 앞의 책, 2003, 377~380쪽.

초월하여 전국적으로 연대할 수 있는 근거가 되었다.

1881년 영남만인소 이후 영남 남인의 척사론은 격변하는 시대에 부합하여 현실적인 실천 운동으로 나타났으며, 류치명의 문인들은 영남 유림을 대표하는 위치에서 척사운동을 주도해 나갔다. 특히 김도화는 기존 척사론의 한계를 극복하며 적극적인 자세로 의병운동을 이끌어 나갔고, 죽는 날까지 현실문제에 대한 관심을 놓지 않았다.[92]

류치명의 문인집단이 개항 이후 안동을 중심으로 한 척사운동을 이끌어 간 것은 시대에 대한 위기의식에서 비롯된 행동이었다. 그리고 그 바탕에는 스승의 척사론이 있었다. 문인집단이 보여준 척사운동은 더이상 류치명의 단계에서 보여준 '종교적 이단에 대한 배척'이라는 원론적 성격의 척사가 아니었다. 그렇다 하더라도 '유교적 사회질서를 위협하는 새로운 사상에 대한 철저한 배척'이라는 척사론의 본질이 변한 것은 아니었다. 여기에 현실문제에 대한 관심과 폐단의 개선을 강조한 류치명의 경세관은 척사운동에 원동력으로 작용하였을 것이다. 나아가 스승을 통해 계승된 퇴계학의

---

92) 김도화는 영남만인소를 겪으며 보다 현실적으로 구체적인 척사론을 정립하였고, 꾸준한 상소를 통해 자신의 의견을 개진하였다. 먼저 1884년(고종 21) 「請衣制勿變疏」를 작성해 의복제도가 서양식으로 개조되는 것에 반대하며 전통 문물의 수호를 주장하였다(『拓菴續集』 권2, 疏 「請衣制勿變疏 代人作 甲申」). 특히 을미사변과 을미개혁으로 인한 단발령이 발표되자 문인들과 함께 의병을 조직하여 적극적인 자세로 척사에 앞장섰는데, 이때 「倡義陳情疏」를 지어 일본을 척사의 대상으로 명시하고 의병의 당위성을 역설하며 나라를 위해 유생들이 앞장설 것을 독려하였다(『拓菴別集』 권1, 疏 「倡義陳情疏」 乙未). 이후 의병해산을 촉구하는 고종의 명령이 내려지자 「破兵後自明疏」를 작성해 항일 정신을 앞세우는 등 비통함을 밝혔으며, 국왕의 조치가 부당한 것이라고 비판하였다(『拓菴別集』 권1, 疏 「破兵後自明疏」). 을사조약이 체결된 이후에는 「請罷五條約疏」를 통해 조약의 무효성과 함께 이를 주도한 세력에 대해 신랄한 비판을 가하였고, 나아가 조약 폐기와 관련한 구체적 방안과 국권회복을 위한 백성의 노력을 강조하였다(『拓菴別集』 권1, 疏 「請罷五條約疏」). 1910년 국권 침탈 후에는 86세의 고령에도 불구하고 「請勿合邦疏」를 지어 조약의 무효를 주장하기도 하였다(『拓菴別集』 권1, 疏 「請勿合邦疏」).

도통 의식은 학문적 자부심과 사회적 책임감을 부여하여 척사운동을 이끌어가는 명분이 되었다고 생각한다.

제5장

문인록과 문인집단의 분석

1. 문인록의 종류와 그 특징

'定齋學派'로 일컬어지는 류치명의 문인집단은 그에게 가르침을 받았던 전주류씨 문중 자제들을 중심으로 결성된 계의 인명을 수록한 『大坪約案』의 작성을 시작으로 조직화되었다.[1] 1827년(순조 27) 정월 21명의 전주류씨를 수록한 『대평약안』은 이후 수 차례 追入이 이루어졌다.[2] 최종적으로 327명의 문인을 수록한 계안은 구성원의 이름과 함께 자·생년·본관·거주지 등을 함께 기록하였다.

327명의 문인 중 전주류씨는 120명으로 전체의 36.7%를 차지하고 있다. 주목할 만한 것은 '1845년 追錄'을 기준으로 1827년부터 1839년까지 등록된 문인 68명 가운데 전주류씨의 비율은 85%(58명)로 문인 구성의 압도적인 부분을 차지하는 반면, 1845년부터 1861년까지 등록된 259명 중 전주류씨의 비율은 24%(62명)로 급감하였다는 사실이다. 즉 1845년을 기점으로 타성 또는 안동 외 다른 지역의 많은 유생이 류치명의 문하로 입문한 것이다.

이는 혈연적 관계를 중심을 형성되었던 문인집단이 류치명의 위상이 높아짐에 따라 그 외연을 확대한 사실을 보여주는 것이다. 실제로 문인이 추록된 해를 살펴보면 『大山先生實記』완성(1845년, 27명), 『鶴峯集』교정(1847년, 5명), 『異學集辨』교정(1848년, 12명), 병조참판 임명(1853년, 24명), 智島 유배 및 「갈암선생신도비」찬술(1855년(3명), 1856년(47명)), 晚愚

---

[1] 『大坪約案』(한국국학진흥원소장, 成冊0001).
[2] 1827년(21명), 1830년(18명), 1831년(16명), 1832년(11명), 1839년(2명), 1845년(27명), 1847년(5명), 1848년(12명), 1849년(4명), 1850년(9명), 1851년(6명), 1852년(22명), 1853년(24명), 1855년(3명), 1856년(47명), 1857년(81명), 1861년 이후(19명).

후 건립(1857년, 81명) 등과 같이 류치명의 학문적·정치적 활동과 문인의 추록이 밀접하게 연관된 것을 알 수 있다.

『晚愚亭約案』도『대평약안』과 같은 계안의 형태로 류치명의 문인을 수록하고 있는 자료이다. 1857년(철종 8) 7월 문중의 자제들과 여러 문인은 류치명을 위한 강학 공간으로 만우정을 건립하였다. 제자 김건수 등 30여 명의 유생은 류치명을 모시고『退陶書節要』를 강독하였고, 강회에 참석한 41명을 수록한『만우정약안』을 작성하였다. 이후 만우정에서 함께 수학한 류치명의 문인들을 추가로 등록하여, 총 308명의 이름과 자·생년·본관·거주지 등을 함께 기재하였다. 이 가운데 전주류씨는 133명으로 전체의 43.1%를 차지하며, 그 비율은『대평약안』의 36.7%보다 높다. 이는 류치명 사후 만우정이 전주류씨 유생들의 학문적 구심점 역할을 담당하였던 것만큼, 만우정 유지에 무엇보다 문중 유생들이 중요한 역할을 하였다는 것을 알 수 있다.[3]

1861년(철종 12) 10월, 류치명은 85세의 나이로 세상을 떠났다. 이후 문중의 자제와 여러 문인을 중심으로 류치명의 문인록이 본격적으로 제작·정비되었다.

1) 문인록의 종류

'門人'은 스승으로부터 가르침을 받은 제자를 가리킨다. 조선시대 문인은 '門下, 門下生, 門生, 敎生, 侍敎生, 侍生, 侍下生, 敎下生, 及門子' 등 다양한 용어로 불리었다. '門人錄'은 문인을 일정한 기준과 형식으로 정리해놓은 자료이다. 문인록은 한 번의 편찬으로 완결되는 경우도 있었지만, 누락된 문인이 확인되거나 오류가 발견되면 증보의 과정을 통해 문인을 추가·삭제하였다. 그러므로 문인록에 수록된 내용과 증보의 과정을 살펴보

---

3) 『晚愚亭約案』(한국국학진흥원소장, 成冊0014).

〈표 5-1〉 류치명 문인록의 종류와 서지정보

〈表題〉	『考終錄』	『坪門諸賢錄』	『及門錄』乾·坤	『坪門諸賢錄』(안동)	『全州柳氏水谷派之文獻叢刊』內
〈書題〉	「及門諸子錄」	「坪上及門諸賢錄」	「坪上及門諸賢錄」	「坪上及門諸賢錄」	「定齋門人錄」
발간연도	미상	미상	미상	미상	1989
문인 수	423명	571명	564명	540명	545명
책수		1冊	2冊	4卷 2冊	
판종	필사본	필사본	필사본	필사본	인쇄본
소장처	한국국학진흥원	한국국학진흥원	한국국학진흥원	안동대학교 도서관	
약칭	「及門諸子錄」	『坪門諸賢錄』(국학)	『及門錄』	『坪門諸賢錄』(안동)	「定齋門人錄」

면 해당 학자와 문인집단에 대한 많은 정보를 얻을 수 있다.[4]

현재 확인된 류치명의 문인록은 모두 다섯 종류이다. 한국국학진흥원에서 소장하고 있는 문인록이 세 종류이며, 그 외 안동대학교 도서관에서 소장하고 있는 문인록과 1989년 安東水柳文獻刊行會에서 발간한 『全州柳氏水谷派之文獻叢刊』 12권에 수록된 문인록이 그것이다. 한국국학진흥원에는 「及門諸子錄」, 『坪上及門諸賢錄(表題: 『坪門諸賢錄』)』, 『坪上及門諸賢錄(表題: 『及門錄』乾·坤)이 소장되어 있다.

먼저 「及門諸子錄」은 류치명이 병상에 누워서부터 임종 순간까지 100여일 동안 문인들의 병문안 기록과 병세의 경과, 사후에 거행된 일련의 의례 과정을 기록한 상례일기인 『考終錄』의 마지막 부분에 실려 있는 문인록이다.[5] 「급문제자록」에는 총 423명의 문인이 수록되어 있으며, 연령순으로

4) 우인수, 「사미헌 장복추의 문인록과 문인집단 분석」, 『어문논총』 47, 한국문학언어학회, 2007, 76~82쪽.
5) 『고종록』은 「급문제자록」 외에도 류치명이 1861년 7월 20일 병상에 들어 10월 6일 숨을 거둔 후 습염과 성복 치르는 과정을 기록한 류치숙의 「考終日記」, 제자들 간

이름·자·본관·거주지·생몰년·급제 여부 등을 함께 기록하였다. 「급문제자
록」은 『고종록』 내 다른 글들과 달리 작성자가 분명하지 않으며, 작성 시
기 역시 명확하지 않다. 한 사람의 필체로 일목요연하게 정리되어 있으며,
이후 다른 필체로 빠진 문인과 문인 정보가 기재되어 있어 후학들 간의 보
완작업이 이루어졌다는 것을 알 수 있다.

『坪上及門諸賢錄(表題: 『坪門諸賢錄』)』은 필사본 형태의 1册이다.6) 별
도의 범례 없이 연령순으로 문인을 배열하였고, 이름·자·본관·거주지·생
몰년 외에도 류치명에게 입문한 시기 및 관련 설명을 추가로 기재하고 있
다. 많은 사람에 의해 수차례 수정과 보완을 거친 것이 육안으로도 쉽게
확인되며, 주로 나이의 오류에 따른 위치 조정과 중복으로 기재한 문인의
삭제가 이루어졌다. 총 571명의 문인을 수록하고 있으며, 작성자 및 작성
시기는 나타나 있지 않다.7)

『坪上及門諸賢錄(表題: 『及門錄』乾·坤)』은 필사본으로 건·곤의 2册으

에 류치명의 복제를 둘러싸고 벌인 논쟁을 기록한 류치엄의 「記師門成服時事」,
장지의 선정에서 祔祭까지의 절차를 기록한 류연호의 「葬事時日記」, 발인을 전
후하여 특별히 쟁점이 된 사항을 기록한 윤최식의 「會葬錄」 등으로 구성되어 있
다(김미영, 「조선후기 상례의 미시적 연구 - 정재 류치명의 상례일기 『考終錄』을
중심으로」, 『실천민속학연구』 12, 실천민속학회, 2008, 239~240쪽).
6) 전주류씨는 안동 임동면 무실[水谷]에 자리를 잡아 반촌을 형성하였다. 문인록의
'坪上'이라는 용어는 무실의 여러 마을 중 류치명의 거주지였던 '大坪[한들]'에서
비롯된 것이다.
7) 『坪上及門諸賢錄(表題:坪門諸賢錄)』에는 571명의 문인을 끝으로 그 뒷장부터는
문인록과 별개인 명단이 수록되어 있다. 이들 대부분은 이상정의 『高山及門錄』에
기재된 문인의 일부로 확인되며, 문인에 대한 기본정보 외에도 이상정에게 보낸
편지·輓詞·祭文 등이 함께 실려 있다. 이상정의 문인 가운데서도 먼저 류도원부
터 류회문까지 전주류씨 문인을 수록한 후 남한조, 조술도, 정종로 등을 포함한 문
인을 기재하였다. 이 명단은 다른 문인록에서는 발견되지 않으며, 수록 이유를 따
로 밝히지 않아 정확한 작성 경위는 파악하기 어렵다. 다만 류치명 문인들이 스승
과 자신들의 학맥적 뿌리가 이상정에게 있다는 사실을 강조하기 위하여 이 명단을
수록하였을 가능성을 유추해볼 수 있다.

로 되어있다. 564명의 문인을 연령순으로 배열하여 기본정보와 함께 스승과 관련한 일화 등을 기록하였고, 문인에 따라 그들이 지은 墓誌銘·祭文·輓詞 등을 함께 수록하였다. 그 결과 문인 수는 『坪上及門諸賢錄(表題: 『坪門諸賢錄』)』보다 줄었지만, 수록 내용 자체가 늘어나 2冊이 되었다. 여러 명의 필체가 섞여 있긴 하지만 일정한 기준과 형식 아래 편찬되어 체계적으로 정리된 느낌을 준다. 작성과정에서 본관과 거주지 등 명확하지 않은 부분은 보완할 수 있도록 공간을 비워두었고, 추후 다른 사람에 의해 수차례 기입이 이루어졌다. 이 외에도 종이를 덧대어 문인과 관련 정보를 추가한 흔적 등이 남아있다.

안동대학교 도서관에 소장된 『坪上及門諸賢錄(表題: 『坪門諸賢錄』乾·坤)』에는 총 540명의 문인이 수록되어 있다. 개인별 기재 내용은 『坪上及門諸賢錄(表題: 『及門錄』乾·坤)』과 거의 유사하며, 작성 시기와 작성자는 정확하지 않다.[8] 문인의 기재 순서는 다른 문인록과 마찬가지로 연령순으로 하였고, 일관된 형식으로 필사하였다. 주목할 만한 점은 지금까지와는 달리 추후 수정과 보완의 흔적이 거의 보이지 않는다는 것이다. 이는 이 문인록이 후학들과 문중을 중심으로 문인록을 정비해가는 과정에 놓여있었던 문인록이 아니라, 어느 정도 정비된 문인록을 누군가가 필사하여 보관한 것이기 때문으로 생각해볼 수 있다.

마지막은 『全州柳氏水谷派之文獻叢刊』 12권에 수록된 「定齋門人錄」으로 1989년 문중의 주도로 발간된 문인록이다. 여기에는 모두 545명의 문인이 수록되었고, 개인별 기재 내용은 만사·제문 등이 추가된 다른 문인록의

8) 안동대학교 도서관에서 사서로 근무한 윤동원은 『坪上及門諸賢錄(表題: 『坪門諸賢錄』乾·坤)』이 1998년 9월 포항에 거주하는 윤석기씨가 안동대학교 도서관으로 기증한 <仙雲文庫>의 고서 중에서 발견되었다고 하였다. 그는 기증자인 윤석기씨의 선대가 영양 석보에서 세거했으므로 류치명과의 교류가 있었을 것이고, 그 영향으로 윤석기 문중의 누군가가 이 문인록을 필사하였을 가능성이 있다고 추정하였다(윤동원, 「정재 류치명의 생애와 『坪上及門諸賢錄』에 관한 연구」, 『도서관』 62, 2007, 11쪽).

것과 유사하다. 인쇄본으로 제작된 문인록은 가나다순으로 문인 명단을 정
리한 색인을 추가한 점이 특이하다.[9] 또 범례를 수록하여『陶山及門錄』의
형식에 의거해 문인록을 편찬한 사실 등을 밝히고 있다.

2) 문인록의 작성 순서와 특징

　류치명의 문인록 가운데 그 시기가 분명한 것은「정재문인록」이다.[10]
발간 연도나 형식으로 볼 때 이 문인록이 가장 최근에 만들어진 것은 확실
하다. 다른 문인록은 모두 필사본으로 작성 시기가 명확하지 않아 작성 순
서를 정확하게 파악하기는 쉽지 않으나, 각 문인록의 내용과 구성을 살펴
보면 충분히 유추해 볼 수 있다.

　류치명의 문인록은 1900년을 전후하여 작성되기 시작한 것으로 보인다.
먼저 모든 문인록에 수록된 崔龍壽(1807~?)의 거주지가 '江原道 蔚珍 梅野'
로 기재되어 있기 때문이다. 행정구역상 울진이 강원도에 속하게 된 것은
1896년(고종 33) 13도제의 실시에 따른 것이다. 그러므로 문인록은 이 시기
이후 작성되었다고 생각해 볼 수 있다. 이와 함께『고종록』의「記師門成服
時事」를 쓴 柳致儼(1810~1876)이『定齋集』의 편찬과 교정에 참여한 것과
遺事와 年譜를 지은 사실은 다섯 종류의 문인록에 모두 기록되어 있다.
『정재집』이 간행된 것이 1883년이고, 연보가 수록된 부록은 1901년에 간행
되었으므로 문인록은 적어도 그 이후 작성되었을 것이다.

　문인록 가운데 가장 이른 시기 작성된 것은「급문제자록」이다. 이는
『고종록』에 수록된『고종일기』를 작성한 柳致淑(1823~1881)을 통해 알 수

---

9) 문인록 해제에서는 연령순으로 기재되어 찾기가 어려웠던 점을 해결하기 위해 문
　인을 가나다순으로 분류한 색인을 추가하였다고 밝히고 있다(「定齋門人錄」,『全
　州柳氏水谷派之文獻叢刊』권12, 안동수류문헌간행회, 1989, 2쪽).
10) 이후 각 문인록은 이해의 편의를 위하여 <표 5-1>에서 제시한 약칭으로 표기하도
　록 하겠다.

있다. 류치숙은 류치명의 族弟로 어린 시절부터 류치명에게 수학한 인물이다. 그는 『고종록』의 편찬을 주도하였고, 훗날 이름을 致德으로 개명하였다. 이는 「급문제자록」을 제외한 모든 문인록에 기재되어 있다. 그러므로 『고종록』안에 수록된 「급문제자록」이 다른 문인록보다 시기적으로 앞선 것은 분명해 보인다.[11]

다음으로 작성된 문인록은 『평문제현록』(국학)이다. 이 자료를 살펴보면 「급문제자록」에 수록된 문인들을 유사한 순서대로 일정한 간격을 두고 기록한 뒤, 이후 새로운 문인들을 그사이에 기재한 것을 쉽게 확인할 수 있다. 그리고 이 같은 과정은 여러 사람에 의해 수차례 진행되었다. 실제로 「급문제자록」의 423명 가운데 420번째 수록된 林應聲을 제외한 422명의 문인이 모두 『평문제현록』(국학)에 수록되어 있다.[12] 여기에 149명의 문인을 생년을 기준으로 사이사이에 추가로 기재하였고, 그 결과 수록된 문인은 모두 571명에 이른다.

세 번째로 작성된 문인록은 『급문록』이다. 『급문록』의 문인 기재 순서 및 문인 명단이 『평문제현록』(국학)과 거의 유사하며, 『평문제현록』(국학)에서 수정해 놓은 사항 등이 『급문록』에 대부분 반영되어 있기 때문이다. 특히 『평문제현록』(국학)을 보면 생년에 따른 문인의 위치 수정이 여러 번 발견되는데, 『급문록』에는 그 수정의 순서대로 문인을 기록하고 있다. 『급문록』은 문인들의 개인적인 정보 외에도 스승과의 인연이나 스승을 위해 남긴 만사·제문 등을 수록하고 있다. 이에 『급문록』은 일반적으로 알려진 문인록의 형식을 갖추고 있으며, 구성도 『평문제현록』(국학)과 비교가 안 될 정도로 체계적으로 변하였다.

네 번째로 작성된 문인록은 4권 2책으로 이뤄진 『평문제현록』(안동)이다. 우선 형식과 구성이 『급문록』과 유사하며, 보다 짜임새가 있다. 나아가

---

11) 「급문제자록」에 류치숙은 230번째 수록되어 있으며, 자·생년·인척관계·문집의 존재만이 적혀 있다.
12) 임응성은 「급문제자록」외 『평문제현록』(안동)과 「정재문인록」에 수록되어 있다.

「정재문인록」의 해제를 보면 「정재문인록」의 바탕이 된 문인록이 『평문제
현록』(안동)이라는 것을 유추할 수 있다. 4권 2책의 필사본 문인록이 不精
한 관계로 인쇄본으로 다시 작성하였고, 그 과정에서 권수의 표시는 필요
없는 관계로 삭제하였다는 것이다.[13] 즉 『평문제현록』(안동)이 「정재문인
록」 해제에서 언급한 필사본 문인록에 해당하지 않는다고 하더라도, 『평문
제현록』(안동)은 「정재문인록」이 만들어지기 전 최종단계의 문인록을 필
사한 것으로 생각해볼 수 있는 것이다.

정리하자면 류치명의 문인록은 '① 「급문제자록」 → ② 『평문제현록』
(국학) → ③ 『급문록』 → ④ 『평문제현록』(안동) → ⑤ 「정재문인록」,' 순
으로 작성되었다. 각각의 문인록은 증보 과정에서 문인의 신규 수록과 삭
제를 동시에 진행하였고, 그 결과 423명이었던 문인 수는 최종적으로 545
명이 되었다. 이 과정을 면밀히 살펴보면 류치명 문인록의 정비과정에서
나타난 특징을 파악할 수 있다. 먼저 문인록의 문인 수 증감과정을 표로
정리하면 아래와 같다.

〈표 5-2〉 류치명 문인록의 수록 문인 수 증감과정

	「及門諸子錄」	『坪門諸賢錄』 (국학)	『及門錄』	『坪門諸賢錄』 (안동)	「定齋門人錄」
신규 수록	423명	149명	7명	17명	5명
삭제	·	1명	14명	41명	·
최종 문인 수	423명	571명	564명	540명	545명

가장 눈에 띄는 것은 『평문제현록』(국학)이 작성되면서 149명의 문인이
신규 수록된 사실이다. 즉 423명이었던 문인의 수가 최종 545명으로 120명

---

13) 「定齋門人錄」, 『全州柳氏水谷派之文獻叢刊』 12권, 안동수류문헌간행회, 1989, 2쪽.

이상 늘어난 결정적인 이유가 여기에 있다. 신규 수록된 149명을 좀 더 자세히 살펴보도록 하자. <표 5-3>과 같이 149명 가운데 성관이 명시되어 있는 문인은 78명이다. 78명 중 전주류씨가 42명(53.8%)으로 반수 이상을 차지하며, 다음은 의성김씨로 10명(10.3%)을 차지하고 있다. 전주류씨는 柳城(1533~1560)이 金璡(1500~1580)의 큰 사위가 되면서 안동에 입향 하였고, 이후 수백 년간 의성김씨와의 혼인 관계를 통해 긴밀한 유대를 이어왔다. 이를 증명하듯 신규 수록된 문인의 상당수는 전주류씨와 의성김씨 등 혈연적 관계에서 비롯된 인물이었다.

〈표 5-3〉『평문제현록』(국학) 신규 수록 문인(149명)의 성관별 분포

연번	문인 수 (명)	성관별	성관 수 (개)	% (오차범위 ±0.5)
1	42	全州柳氏	1	28.2%
2	8	義城金氏	1	5.4%
3	3〈6〉	固城李氏, 安東權氏	2	각 2.0%
4	2〈4〉	寧海申氏, 載寧李氏	2	각 1.3%
5	1〈18〉	高靈朴氏, 曲江裵氏, 南陽洪氏, 密陽朴氏, 潘南朴氏, 上洛金氏, 宣城金氏, 水原金氏, 醴泉林氏, 烏川鄭氏, 月城金氏, 全州李氏, 晉州姜氏, 晉州河氏, 靑松沈氏, 淸道金氏, 花山金氏, 淸州鄭氏	1	각 0.7%
6	71	확인 불가		47.7%
합계	149		7	100%

다음으로 신규 수록 문인 149명의 거주지별 분포이다. <표5-4>를 보면 벽동, 초산 등 관서지역 문인이 69명(46.3%)에 달하며, 안동(51명(34.2%))을 포함해 영남지역에 거주하는 문인은 70명(47%)을 차지하고 있다.

〈표 5-4〉『평문제현록』(국학) 신규수록 문인(149명)의 거주지별 분포

연번	거주지	문인 수 (명)	% (오차범위±0.5)
1	安東	51	34.2%
2	碧潼, 楚山	6〈12〉	각 4.0%
3	嘉山, 昌城, 泰川	5〈15〉	각 3.4%
4	江界, 寧邊, 宣川, 定州, 鐵山	4〈20〉	각 2.7%
5	龜城, 龍川, 博川, 朔州, 盈德, 雲山, 渭原, 義州	3〈24〉	각 2.0%
6	慶州, 義城, 青松	2〈6〉	각 1.3%
7	高靈, 密陽, 奉化, 松坡, 順興, 榮川, 永川, 甕泉, 晋州, 昌寧, 河陽, 熙川	1〈12〉	각 0.7%
8	확인 불가	9	6.0%
합계		149	100%

　　류치명은 2년간 초산도호부사로 활동하면서 초산의 학풍을 진작시키기 위해 노력하였다. 그 영향으로 문인록에 관서지역 출신들이 포함되었고, 『평문제현록』(국학)이 작성될 때 69명의 문인이 추가 기재 되었다. 다만 이들은 다른 문인과는 달리 이름과 거주지만 기록되어 있다. 실제로 <표 5-3>에서 성관의 확인 불가로 명시된 71명 가운데 69명은 관서지역 문인 이다.

　　이처럼 『평문제현록』(국학)을 작성할 때 전주류씨 등 혈연적 관계에 놓여있던 유생(52명)과 관서지역의 유생(69명)을 대거 문인으로 신규 기재하였다는 것을 알 수 있다. 이후 작성된 문인록에서는 『평문제현록』(국학)과 같은 대규모의 추입은 이뤄지지 않았다. 특히 신규 등록 문인의 많은 수를 차지하였던 관서지역 문인은 1명도 추가되지 않았다. 전주류씨도 『급문록』의 신규 문인 7명 가운데 1명, 『평문제현록』(안동)의 신규 문인 17명 가운

데 3명만이 추가되었을 뿐이었다.

반면『평문제현록』(국학)에서 571명으로 늘어난 문인 수가 최종 545명
으로 줄어든 이유는『급문록』과『평문제현록』(안동)이 작성되면서 각각
14명, 41명의 문인 삭제가 있었기 때문이다. 눈길을 끄는 것은 이 과정에서
「급문제자록」에 수록되어 있던 14명의 관서지역 문인과『평문제현록』(국
학)에 신규 수록된 관서지역 문인 69명은 한 명도 삭제되지 않았다는 사실
이다. 반면 전주류씨 문인들은『급문록』이 만들어질 때 5명(35.7%),『평문
제현록』(안동)이 만들어질 때 28명(68.3%)이 삭제되었다. 이후 더 이상의
삭제는 이뤄지지 않았으며,『평문제현록』(국학)이 작성될 때 추가된 42명
의 전주류씨 중「정재문인록」에는 13명의 문인만 수록되어 있다.

〈표 5-5〉『평문제현록』(국학) 신규 수록 전주류씨(42명)의 변화 상황[14]

연번	성명	자	생년	비고	『坪門諸賢錄』(국학)	『及門錄』	『坪門諸賢錄』(안동),「定齋門人錄」	『大坪約案』	『晩愚亭約案』
1	柳致喬	叔久	1790	류치명 族弟	2	2	2	67	242
2	柳致聖	學道	1790	류치명 再從弟	4	4	4	×	×
3	柳華鎭	聖觀	1790	류치명 族姪	5	5	×	40	43
4	柳裳文	中吾	1790	류치명 族叔	6	7	×	91	×
5	柳箕鎭	京老	1792	류치명 族姪	9	10	×	×	×
6	柳致約	魯守	1793	류치명 族弟	14	16	×	138	44
7	柳漢休	孟起	1794	류치명 族祖	15	20	×	100	×
8	柳根文	公爀	1795	류치명 族叔	18	23	×	139	45
9	柳家鎭	士毅	1795	류치명 宗姪	20	21	×	×	×
10	柳衡鎭	殷老	1796	류치명 婦姪	21	25	17	253	47
11	柳致五	秀能	1796	류치명 族弟	22	26	×	118	48
12	柳廷煥	晦伯	1796	류치명 族叔	23	×	×	34	46
13	柳東鎭	孟仁	1797	류치명 婦姪	24	27	×	140	52
14	柳家休	繼祖	1797	류치명 族祖	26	29	×	43	50
15	柳致發	商伯	1797	류치명 族弟	28	31	×	×	49
16	柳齊文	子韶	1799	류치명 族叔	35	39	34	162	56

14) 각 문인록 아래 명시된 문인 별 숫자는 해당 문인록에서의 연번을 표기한 것이다.

연번	성명	자	생년	비고	『坪門諸賢錄』(국학)	『及門錄』	『坪門諸賢錄』(안동), 「定齋門人錄」	『大坪約案』	『晚愚亭約案』
17	柳海鎭	聖會	1799	류치명 族姪	37	40	28	9	×
18	柳致福	景萬	1799	류치명 族弟	39	41	×	×	55
19	柳致球	來鳳	1793	류치명 族弟	42	18	13	76	×
20	柳商文	質汝	1800	류치명 族叔	43	44	×	22	59
21	柳致瑄	德溫	1803	류치명 族弟	54	54	×	77	×
22	柳夔文	士龍	1804	류치명 族叔	68	69	×	37	69
23	柳致復	无悔	1804	류치명 族弟	73	74	59	78	×
24	柳致朝	叔夏	1805	柳致喬 弟	78	79	70	×	70
25	柳致吾	性能	1805	류치명 族弟	85	86	×	25	×
26	柳致綱	漢擧	1806	류치명 族弟	90	91	×	58	×
27	柳揖文	士益	1806	류치명 族叔	93	94	×	38	76
28	柳致恭		1806	류치명 族弟	97	98	×	51	×
29	柳致寬	汝裕	1807	류치명 族弟	112	113	×	46	×
30	柳致珩	行玉	1807	류치명 族弟	116	116	×	45	84
31	柳重鎭	汝任	1809	류치명 族姪	144	142	×	79	97
32	柳致祐	景百	1809	류치명 族弟	148	146	×	244	92
33	柳致經	魯述	1810	류치명 族弟	150	148	×	59	×
34	柳致宅	士安	1811	류치명 族弟	160	161	×	116	104
35	柳致傳	而述	1811	류치명 再從弟	164	166	148	20	×
36	柳皥文	士熙	1812	류치명 族叔	177	176	×	269	204
37	柳致琮	宗玉	1812	류치명 族弟	179	178	×	49	×
38	柳致儶	英叔	1814	柳致傳 弟	202	200	187	122	×
39	柳綱鎭	紀仲	1814	류치명族姪	206	204	186	80	118
40	柳朝休	鳳瑞	1816	류치명 族祖	223	222	×	50	×
41	柳致思	大立	1817	류치명 族弟	230	228	215	62	×
42	柳宗鎬	周老	1827	류치명 族姪	369	365	344	×	×

관서지역 문인들과 전주류씨 문인들은 같은 시기 류치명의 문인으로 대
거 등록되었지만, 문인록이 정비되어 가는 과정에서 완전히 상반되는 모습
을 보였다. 자연스럽지 못한 이 과정은 문인록을 편찬하는 이들 간의 의도
가 반영된 결과라고 생각한다. 먼저 류치명의 학문적 영향력과 위상을 부

각하기 위하여 영남지역에 집중되었던 문인의 지역적 범위를 관서지역으로 확대한 것으로 보인다. 「급문제자록」에는 초산 문인 14명이 수록되어 있다. 여기에 초산을 포함한 다른 관서지역 출신 69명의 명단을 『평문제현록』(국학)을 작성하면서 일괄 수록하였고, 이후 한 명의 삭제도 이뤄지지 않았다.[15) 그 결과 545명의 문인 가운데 관서지역 문인이 83명 즉 15% 이상을 차지하게 되었고, 문인집단의 구성에서 중요한 지역적 위치를 점하게 되었다.

같은 의도에서 전주류씨 문인들은 증보의 과정에서 대량 삭제된 것으로 보인다. 류치명의 문인집단은 문중의 자제들을 중심으로 형성되었고, 강한 혈연적·학문적·지역적 유대관계는 문인집단의 핵심 기반이었다. 류치명이 세상을 떠난 후에도 문중의 유생들은 만우정을 중심으로 계를 운영해가며 학문 전승을 위해 노력하였다. 그러나 문인집단의 구성에서 혈연적 관계의 문인이 다수를 차지하는 것은 해당 학자의 학문적 영향력이 가학의 전승에 그친다는 한계로 비춰질 수 있는 요소라 할 수 있다. 학자의 위상은 단순히 문인집단의 규모뿐만 아니라 구성 문인들의 다양성, 학문적 수준, 사회적 영향력 등으로 결정되는 것이기 때문이다.

즉 류치명과 문인집단의 위상을 부각하기 위해선 문중의 문인 비율보다는 타성의 다른 지역 문인의 비율을 높이는 것이 훨씬 효과적인 방법일 것이다. 그러므로 문인록을 증보해가는 과정에서 우선 전주류씨 문인을 일괄 등록한 후,16) 타성의 다른 지역 문인보다 엄격한 기준으로 사승 관계가 분명한 경우를 제외하고는 상당수 삭제한 것으로 생각한다.

이처럼 류치명의 문인록은 여러 차례 증보의 과정을 거치며 완성되었다.

15) 관서지역 문인들의 삭제는 없었으나, 「정재문인록」이 편찬되면서 관서지역 문인의 배치순서가 북쪽에서 남쪽에 있는 거주지 순으로 일부 조정되었다.
16) <표 5-5>를 보면 알 수 있듯이 신규 등록된 49명의 전주류씨 문인 대부분은 문중계안인 『대평약안』과 『만우정약안』에 기재된 인물이다.
17) 서울대학교 규장각한국학연구원 소장, 「관서총도」(http://e-kyujanggak.snu.ac.kr/).

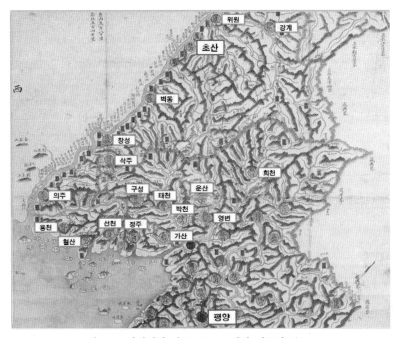

〈그림 5-1〉 관서지역 신규 등록 문인의 거주지 분포도[17]

그 과정에서 문인 수는 423명에서 545명으로 증가하였다. 그러나 문인록 편찬자들은 문인집단의 양적 성장에만 초점을 맞춘 것이 아니었다. 그들은 학파의 지역적 범위를 확대하기 위해 관서지역의 문인들을 대거 추가 등 록하였다. 아울러 학파의 가학적 한계를 극복하고 그 학문적 위상을 강화 하기 위해 문중의 문인 수십여 명을 삭제하였다. 바로 이점이 류치명의 문 인록이 갖는 특징이라 할 수 있다.

2. 「급문제자록」을 중심으로 한 문인집단의 분석

1) 「급문제자록」의 자료적 가치

그동안 류치명의 문인집단 연구에서 분석의 대상이 된 문인록은 『평문제현록』(안동) 또는 「정재문인록」이었던 것으로 추정된다. 즉 어느 정도 정비가 마무리된 문인록을 바탕으로 류치명의 문인집단을 분석한 것이다. 그러나 류치명의 문인록은 각 단계를 거치면서 편찬자의 의도에 따라 문인의 가감이 이루어졌다. 그러므로 류치명 사후 후학들이 보편적으로 인식하고 있었던 문인집단의 범주를 보여주는 것은 가장 이른 시기 작성된 「급문제자록」이라 생각한다.

「급문제자록」에 기재된 423명의 문인은 『평문제현록』(국학)에 422명, 『급문록』에 418명, 『평문제현록』(안동)에 417명, 「정재문인록」에 418명이 중복으로 수록되어 있다. 다시 말해 「급문제자록」에 수록된 문인 대부분이 이후 작성된 문인록에 포함된 것이다. 이는 그들이 류치명 문인으로서의 확실한 존재감을 갖고 있었던 것을 보여주는 것이며, 문인록으로서 「급문제자록」의 자료적 가치를 확인시켜 주는 것이라 할 수 있다.

더욱 중요한 것은 『평문제현록』(국학)에서 추가된 문인들 가운데 관서 지역 문인 69명은 그들이 류치명의 문인이라는 뚜렷한 증거 없이 문인록에 일괄 등록되었다는 사실이다. 실제로 이 69명은 정재 종가에서 보관하고 있었던 「1852년 淸北儒生 上書」와 「1857년 淸北儒生 上書」에 수록된 평안도 유생명단과 그 순서와 인명이 상당 부분 일치한다.

〈표 5-6〉『평문제현록』(국학) 신규수록 관서지역 문인과
「1852년 淸北儒生 上書」와 「1857년 淸北儒生 上書」의 유생명단 비교[18]

연번	성명	거주지	「1852年 上書」	「1857年 上書」	연번	성명	거주지	「1852年 上書」	「1857年 上書」
1	安敎默	碧潼	1	1	36	金奎煥	泰川	3	2
2	金臣玟	碧潼	2	2	37	韓仁個	泰川	×	×
3	金翊龍	碧潼	5	3	38	金奎獻	泰川	2	×
4	姜益周	碧潼	6	4	39	李文賢	泰川	×	3
5	安敎憲	碧潼	4	5	40	李繼悅	博川	1	1
6	安敎熙	碧潼	3	×	41	宋處疇	博川	2	2
7	金基祖	楚山	2	1	42	徐仲輔	博川	3	3
8	崔齊華	楚山	1	×	43	金正鉉	寧邊	1	1
9	李基泰	楚山	3	2	44	蔡錫洛	寧邊	2	2
10	金燦國	楚山	4	3	45	尹樂堯	寧邊	3	3
11	金㵋柱	楚山	×	4	46	車錫圭	寧邊	×	4
12	金鳳薰	楚山	×	5	47	朴基讓	鐵山	1	1
13	姜興國	昌城	×	1	48	朴基壯	鐵山	2	2
14	康錫鳳	昌城	×	2	49	鄭尙行	鐵山	3	×
15	許典	昌城	2	3	50	鄭相珩	鐵山	×	3
16	尹聖奉	昌城	3	4	51	李昌會	定州	1	1
17	姜奎瑞	昌城	1	×	52	李昌幹	定州	2	2
18	李亨杙	朔州	1	1	53	安慶壽	定州	3	×
19	朴鳳一	朔州	2	2	54	金雲傑	定州	×	3
20	崔之憲	朔州	3	3	55	金達五	嘉山	1	1
21	朴薰	渭原	1	1	56	尹樂道	嘉山	2	2
22	宋儀鳳	渭原	2	2	57	安學敬	嘉山	3	3
23	宋龍徵	渭原	×	3	58	尹承鎬	嘉山	×	×
24	桂國	江界	1	×	59	金樂洙	嘉山	×	4
25	金禧麟	江界	2	1	60	尹政敏	雲山	×	1
26	田興悅	江界	3	2	61	李士幹	雲山	×	2
27	金魯養	江界	4	3	62	白三鳳	雲山	×	3

---

18) 각 상서 아래 명시된 숫자는 해당 문인이 거주지별로 상서에 기재된 순서를 표시
한 것이다.

연번	성명	거주지	「1852年 上書」	「1857年 上書」	연번	성명	거주지	「1852年 上書」	「1857年 上書」
28	張慶國	龜城	1	1	63	張孝日	義州	×	1
29	安 權	龜城	2	2	64	洪徐樂	義州	×	2
30	金志喆	龜城	3	3	65	張孝乾	義州	×	3
31	朴基龍	宣川	1	1	66	白觀熙	龍川	×	1
32	田昌傑	宣川	2	2	67	安愚相	龍川	×	2
33	桂南楫	宣川	3	3	68	李再蓮	龍川	×	3
34	崔龍一	宣川	×	4	69	成舜汝	熙川	×	1
35	白樂元	泰川	1	1					

　두 상서는 류치명이 초산도호부사를 역임하며 베푼 선정에 감복한 지역 유생들이 순찰사와 어사에게 류치명을 표창해줄 것을 청한 문서이다. 특히 「1857년 청북유생 상서」에 수록된 유생 60명은 모두 『평문제현록』(국학)에 기재되어 있고, 상서에 기재된 거주지별 유생목록의 순서 역시 문인록과 거의 동일하다. 즉 상서에 작성자로 이름을 올린 관서지방 유생들을 『평문제현록』(국학)을 제작하는 과정에서 그대로 류치명의 문인으로 올린 것이다. 그러므로 이들이 포함된 이후의 문인록을 통해 류치명의 문인집단을 분석하는 것은 분명 한계를 지닌다 할 수 있다.
　마지막으로 20세기에 작성된 문인록이 갖는 특징도 고려할 필요가 있다.

〈표 5-7〉 퇴계학파 영남 남인 주요 학자의 문인현황[19]

학자	생몰년	문인록	문인 수
이 황	1501~1570	『陶山及門諸賢錄』	309명
조 목	1524~1606	「月川先生門人錄」	19명
김성일	1538~1593	「鶴峯先生門人錄」	40명
류성룡	1542~1607	「西厓先生門賢錄」	117명

19) 이 표는 '김학수, 「조선중기 寒岡學派의 등장과 전개 – 門人錄을 중심으로」, 『한국학논집』 40, 계명대 한국학연구원, 2010, 113쪽'의 표를 재구성한 것이다.

학자	생몰년	문인록	문인 수
정 구	1543~1620	「檜淵及門錄」	342명
장현광	1554~1637	『旅軒先生及門錄』	355명
정경세	1563~1633	「愚伏門人錄」	107명
장흥효	1564~1633	「敬堂先生及門諸賢錄」	221명
이현일	1627~1704	「錦陽及門錄」	341명
이상정	1711~1781	「高山及門錄」	273명

18세기까지 조선후기 영남 남인을 대표하는 학자의 문인록에 수록된 문인 수는 <표 5-8>과 같다. 그러나 19세기 학자들의 경우 문인록에 수록된 문인 수는 이전보다 큰 폭으로 증가하였다. 류치명의 「정재문인록」에는 545명, 許傳(1797~1886)의 『冷泉及門錄』에는 514명,[20] 張福樞(1815~1900)의 『四未軒全書』에 수록된 급문록에는 747명의 문인이 수록된 것이다.[21] 이처럼 문인집단의 규모는 이전보다 약 200명 이상 늘어났다.

19세기 이후가 되면 신분제를 비롯한 사회제도 전반이 와해 되면서 학문을 향유하는 이들의 수 자체가 이전 시기보다 큰 폭으로 증가하였다. 아울러 1871년(고종 8) 서원철폐령을 계기로 문집의 간행과 참여 범위는 서원이라는 제한된 영역에서 양반층 전반으로 확산되었다.[22] 인적자원의 증가와 출판문화의 보편화는 학파의 정체성을 확립하고 문인을 결집하는 데 중요한 요인이 되었을 것이다. 그렇다 하더라도 문인 수가 200명 이상 증가한 것은 자연스러운 흐름이라 말하기 어렵다.

문인록은 해당 학자가 사망한 이후 그 후손과 제자들의 주도로 간행되

---

20) 강동욱, 「性齋 許傳의 江右地域 文人 考察」, 『남명학연구』 31, 경상대 경남문화
    연구원, 2011.
21) 우인수, 앞의 논문, 2007.
22) 손계영, 「조선후기 영남 문집 목판본 간행의 확산 양상에 관한 연구 – 한국국학진
    흥원 소장 책판을 중심으로」, 『한국도서관정보학회지』 44-3, 한국도서관정보학회,
    2013, 15쪽.

는 것으로, 19세기 학자들의 문인록 대부분은 20세기 이후 해당 문중의 주
도로 편찬되었다. 여기서 보이는 문인 수의 급격한 증가에는 선현의 학문
적 위상을 바탕으로 지역 내 문중의 권위를 확보하려는 목적이 어느 정도
포함되어 있다고 생각한다. 20세기 이후 해당 학자의 학맥과 학문적 수준
은 더이상 개인과 가문의 위상을 정립하는 결정적 요소가 되지 못하였다.
반면 보다 알기 쉽고 명확한 '문인 수'라는 양적 지표는 그 학자와 가문의
학문적 위상을 증명하는 데 유용한 요소로 작용하였다. 류치명의 문인록에
서 관서지역의 유생들을 별다른 검증 없이 문인으로 일괄 등록하여 학파
의 규모를 확대한 것은 이 같은 흐름과 무관하지 않을 것이다.

그러므로 가장 먼저 작성된 문인록인 「급문제자록」은 20세기 이후 편찬
된 문인록의 한계를 극복하고, 류치명 문인집단의 실제적 양상과 규모를
파악할 수 있는 자료로서의 가치를 지닌다고 할 수 있다.

2) 문인집단의 분석

먼저 문인집단의 성관별 구성을 살펴보도록 하겠다. 「급문제자록」에 수
록된 423명 가운데 전주류씨는 82명(19.4%)으로 가장 많은 수를 차지하고
있다. 이는 가학의 전승을 중시해온 전주류씨 가문의 특징을 그대로 보여
주는 것이다. 즉 문인집단이 문중의 자제들을 중심으로 형성되었고, 그들
이 학맥 계승의 중추적 역할을 담당한 것이다. 특히 류치명의 子·壻·孫을
포함하는 친족과 內姪·內弟를 포함하는 외족에서 비롯한 문인이 54명에
달하여 혈연관계가 류치명 문인 구성에 중요한 기반이라는 것을 알 수 있
다. 뒤를 이어 의성김씨(54명, 12.8%), 안동권씨(27명, 6.4%), 진성이씨·한
산이씨(각 13명, 각 3.1%), 영양남씨(12명, 2.8%) 등의 순으로 총 98개의 성
관이 문인을 구성하고 있다. 문인의 다수를 차지하는 성관의 경우 혼인과
학맥의 영향이 그대로 반영되어 있다.

〈표 5-8〉「급문제자록」내 류치명 一家

연번	관계	성명(문인록 연번)	수
1	子	柳止鎬(258)	1
2	壻	金在九(45), 金精壽(67), 金達銖(148)	3
3	孫	柳淵博(410)	1
4	從弟	柳致說(7), 柳致正(76), 柳致璋(142)	3
5	從叔	柳蘊文(3)	1
6	從姪	柳應鎬(350), 柳慶鎬(400)	2
7	再從弟	柳致冕(51), 柳致傅(130), 柳致修(244)	3
8	三從弟	柳致孝(15), 柳致潤(46), 柳致儼(100)	3
9	族叔	柳聖文(2), 柳遠文(12), 柳澤文(16), 柳珩文(69), 柳徽文(217), 柳潤文(236)	6
10	族弟	柳致博(9), 柳致祿(17), 柳致皜(22), 柳致誠(56), 柳致楨(78), 柳致璿(225), 柳致相(228), 柳基洛(229), 柳致格(231), 柳基厚(285)	10
11	族姪	柳鼎鎬(50), 柳星鎭(64), 柳宅欽(77), 柳養欽(93), 柳冕鎬(110), 柳嚴鎭(131), 柳天欽(188)	7
12	族孫	柳道永(83), 柳泰永(122), 柳根永(238), 柳纘永(383), 柳淵慤(423)	5
13	族曾孫	柳箕植(339), 柳元植(346)	2
14	甥姪	李晩德(89)	1
15	從甥	金鑢(150)	1
16	內弟	李秀懋(116)	1
17	內姪	李明稷(91), 李文稷(99), 李敦愚(196)	3
18	婦姪	申桀(13)	1
합계			54

또 부자가 함께 또는 형제가 함께 류치명에게 수학하는 경우도 있었다. 문인 내 부자관계는 25건(54명, 12.7%), 형제관계는 21건(31명, 7.3%)으로 나타난다. 85세에 생을 마감한 류치명은 학문적 위상 및 활동의 영향뿐만 아니라 시간적으로도 많은 문인을 양성할 수 있는 조건을 갖추고 있었다. 그 결과 부자·형제간에 시간적 차이를 두고 그에게 수학하는 일이 종종 있었다. 이들은 당대에 류치명의 학문적 영향력을 확대해 나가는 역할을 담당하였을 뿐만 아니라 가학의 전승을 통해 그 학맥이 후대로 이어질 수 있는 기반을 마련하였다. 이 경우의 대부분을 차지하는 성관 또한 전주류씨

였으며, 의성김씨·진성이씨·한산이씨 등이 그 뒤를 이었다. 이는 혈연·혼인·학맥과 밀접하게 연관된 류치명 문인집단의 성격을 명확히 보여주는 것이라 할 수 있다.

〈표 5-9〉「급문제자록」 내 성관별 문인분포

연번	문인 수(명)	성관별	성관 수(개)	%
1	82	全州柳氏	1	19.4
2	54	義城金氏	1	12.8
3	27	安東權氏	1	6.4
4	13	眞城李氏, 韓山李氏	2	각 3.1
5	12	英陽南氏	1	2.8
6	7	固城李氏, 烏川鄭氏	2	각 1.7
7	6	寧海申氏, 達城徐氏, 永川李氏	3	각 1.4
8	5	密陽朴氏, 潘南朴氏, 全州崔氏, 漢陽趙氏	4	각 1.2
9	4	光山金氏, 光州李氏, 丹陽禹氏, 商山金氏, 載寧李氏, 晉州姜氏, 昌寧成氏, 耽津安氏, 平山申氏, 陝川李氏	10	각 0.9
10	3	高敞吳氏, 南平文氏, 大興白氏, 務安朴氏, 昌寧曺氏, 咸安趙氏	6	각 0.7
11	2	慶州李氏, 光山李氏, 光州盧氏, 金海金氏, 金海裵氏, 金海許氏, 東萊鄭氏, 驪江李氏, 醴泉權氏, 利川徐氏, 文化柳氏, 密陽孫氏, 碧珍李氏, 上洛金氏, 宣城金氏, 水原金氏, 鵝洲申氏, 安東金氏, 冶城宋氏, 玉山張氏, 晉州柳氏, 淸道金氏, 坡平尹氏, 河陽許氏, 咸陽朴氏, 花山李氏	26	각 0.5
12	1	江陵崔氏, 康津安氏, 開城金氏, 慶州朴氏, 高靈金氏, 曲江裵氏, 廣州安氏, 龜山朴氏, 德山尹氏, 礪山宋氏, 靈山辛氏, 醴泉林氏, 奉化琴氏, 缶林洪氏, 尙州周氏, 宣城李氏, 星州呂氏, 星州李氏, 星州裵氏, 順天朴氏, 順興安氏, 安東張氏, 延安李氏, 完山李氏, 月城李氏, 月城朴氏, 宜寧南氏, 仁同張氏, 長水黃氏, 長興林氏, 全州金氏, 全州李氏, 晉州鄭氏, 昌原黃氏, 靑松沈氏, 淸安李氏, 淸州鄭氏, 淸州韓氏, 靑海孟氏, 咸陽吳氏, 玄風郭氏	41	각 0.2
13	19	확인불가		4.5
합계	423		98	100

다음으로 거주지별 분포를 살펴보자. 423명의 문인 가운데 영남지역 거주 문인은 394명으로 93.1%를 차지할 만큼 압도적이다. 영남 내에서는 류치명의 근거지라 할 수 있는 안동이 172명(43.7%)으로 거의 과반을 차지하고 있다. 다음으로 봉화 26명(6.6%), 영천 15명(3.8%), 영해·예안 각 14명 (각 3.6%), 영주·의성·청송 각 11명(각 2.8%) 등의 순을 보인다.

가장 많은 문인이 거주하고 있었던 안동을 중심으로 다시 그 거주지를 분석해보면, 172명중 임동에 87명(50.6%, 전주류씨), 금계(의성김씨)·소호 (한산이씨)에 각각 13명(각 7.5%), 임하에 11명(6.3%, 의성김씨) 등 안동 동남부 지역에만 124명(72%)이 거주하고 있다. 이는 19세기 안동의 학맥에 따른 호파의 권역을 그대로 반영하고 있는 것이다. 더욱이 문인들 가운데 하회를 중심으로 한 서부권과 예안 상계를 중심으로 한 북부권에 거주하는 이는 한 사람도 존재하지 않는다. 19세기 병호시비로 인한 안동 유림의 첨예한 분열 양상이 그대로 문인집단 구성에도 나타나고 있는 것이다.[23]

영남 외에도 초산도호부사 부임에 따른 영향으로 초산 거주 문인이 14 명이며, 함흥에 거주하는 문인도 1명 수록되어 있다. 또 지도 유배 생활 (1855년(철종 6)) 등으로 전라도 거주 문인이 4명 포함되어 있다. 짧은 시간이었긴 하지만 중앙 관직생활로 도성과 경기도에 거주하는 문인도 각 1 명씩 기재되어 있다. 이처럼 류치명의 정치활동 경험은 학파의 영향력이 영남지역을 넘어 그 외연을 확대해 가는 계기가 되었다.

<그림 5-2>와 같이 류치명의 문인은 안동권 및 영남 북부권에 집중적으로 거주하고 있었다. 이는 류치명의 거주와 활동이 이 지역을 중심으로 이루어졌기 때문일 것이다. 여기서 주목해야 하는 것은 문인의 분포가 낙동강 하류 지역까지 나타나고 있다는 점이다. 즉 소수이긴 하지만 병파 계

---

23) 권오영 역시 문인록 분석을 통해 당시 안동 유림이 병호 양론으로 완전히 분열되어 있었기 때문에 류치명 문인 중 병론에 속한 인사나 병론을 지지하는 성향을 지닌 인물이 한 사람도 발견되지 않는 것이라고 지적한 바 있다(권오영, 「유치명 학파의 형성과 위정척사운동」, 『조선 후기 유림의 사상과 활동』, 돌베개, 2003, 352쪽).

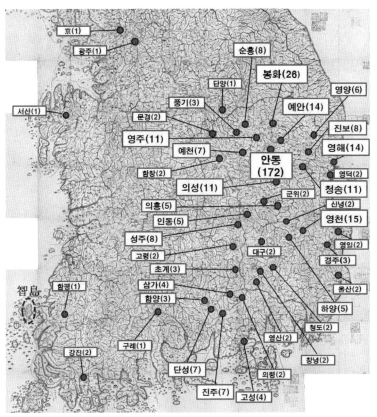

〈그림 5-2〉 류치명 문인의 거주지별 분포24)

열의 상주권을 제외한 영남지역 전체에 문인이 골고루 분포하고 있었다. 이는 19세기 류치명의 학문적 위상과 영향력이 안동권과 그 주변부에만 그친 것이 아니라, 영남 전역에 두루 미치고 있었다는 것을 확인시켜 주는 것이라 할 수 있다.

마지막으로 문인 가운데 生·進 및 出仕한 경우를 살펴보도록 하겠다.

---

24) 서울대학교 규장각한국학연구원 소장, 「대동여지도」(http://e-kyujanggak.snu.ac.kr/). 관서지역의 문인분포와 영남 내 거주지별 1명의 문인분포는 표기를 생략하였다.

423명의 문인 중 소과·대과·음관·천거 등으로 관직에 나아간 이는 모두 55명이며, 이는 전체 문인의 13%에 해당한다. 류치명은 1805년(순조 5) 29세의 나이로 문과에 급제하였다. 그는 관직에 뜻을 두지 않고 학자로 사는 삶에 매진하였지만, 문과 급제와 관직의 제수는 류치명의 사회적 명망을 더욱 확고히 해주었다.

그의 문인 중 소과에 급제한 자는 33명(생원시 20명, 진사시 13명)으로 7.8%, 대과(문과)에 급제한 자는 11명으로 전체 문인의 2.6%에 해당한다. 이들은 과거를 통한 자신들의 입지를 바탕으로 스승의 뜻을 이어 문인들과 안동 내 유림을 이끌어가는 구심점 역할을 하였으리라 생각한다. 가문과 자신의 학망 및 덕망을 기반으로 음관·천거를 통해 출사한 문인은 11명(6명, 5명)이다. 이들 역시 문인집단 내에서 주축 세력으로 활동하며 스승의 학문을 계승해 나갔을 것이다.

〈표 5-10〉「급문제자록」내 生·進 및 出仕 문인 명단

연번	성명	본관	자	호	거주	생몰년	출사경로	관직	비 고	문인록25)
1	朴宗喬	潘南	孟執	可庵	榮州蟠谷	1789~1856	진사		朴承任 후손, 朴時源 子	1
2	朴宗垕	潘南	仲厚	惺庵	榮州蟠谷	1792~1864	생원		朴承任 후손, 朴時源 子, 朴宗喬 弟	6
3	金翊東	淸道	子翼	直齋	河陽洛山	1793~1860	진사		1855년 智島 방문	8
4	柳致皜	全州	濯叟	東林	安東高川	1800~1862	천거	泰陵參奉	柳楷 후손, 류치명 族弟, 류치명 장례에 5개월 加麻, 묘지명을 지음	22
5	柳致敎	全州	仲敎	嘉齋	安東臨東	1800~1841	진사		柳致孝 弟	23
6	金健壽	義城	文瑞	止庵	安東金溪	1804~1866	진사		金誠一 후손, 류치명 장례에 3개월 加麻	34
7	金禹銖	義城	乃錫	鶴浦	奉化海底	1804~1874	문과		金聲久 후손, 金熙紹 孫	38
8	曹克承	昌寧	景休	龜厓	新寧龜溪	1803~1877	문과	工曹 參議		43

연번	성명	본관	자	호	거주	생몰년	출사경로	관직	비 고	문인록25)
9	金遇洙	義城	景淵	下齋	安東 龜湖	1804~1877	생원			44
10	柳致潤	全州	必身		安東 朴谷	1805~1880	음관	金山 守	柳道源 曾孫, 류치명 三從弟	46
11	李敦禹	韓山	始能	肯庵	安東 蘇湖	1807~1884	문과	吏曹 參判	李象靖 후손, 1831년 입문 (고산서당), 1855년 智島 유배길 동행, 류치명 장례에 3개월 白布巾·白布帶, 『정재집』간행 주관	62
12	南 皐	英陽	仲元	時庵	寧海 元邱	1807~1879	생원			63
13	金度銖	義城	貞百	默容齋	奉化 海底	1807~1840	생원		金聲久 후손	68
14	趙 㴡	咸安	文源		蔚山 鶴南	1807~ ?	생원			74
15	柳致好	全州	季好	孔巖	安東 朴谷	1808~1870	문과	參議	柳致孝 弟, 1855년 智島 방문	75
16	成赫壽	昌寧	公履	玄圃	忠淸 瑞山	1804~ ?	생원	海州判官		81
17	權泳夏	安東	聖游	退逸軒	奉化 酉谷	1810~1879	문과	兵曹 參判	權撥후손, 權載大 子, 1855년 智島 방문	84
18	李晩德	眞城	日休		禮安 下溪	1809~1849	문과	正言	李滉 후손, 李泰淳 孫, 류치명 甥姪	89
19	李文稷	韓山	法祖	靜村	安東 蘇湖	1809~1877	음관	假監役	李秉運 孫, 류치명 內姪	99
20	柳致游	全州	少游	櫟庵	安東 朴谷	1811~1871	진사		柳致孝 弟, 류치명 장례에 3개월 加麻, 『정재집』 편찬과 교정, 묘지명, 家狀 지음	104
21	李庭德	固城	而述	笑山	安東 法興	1809~1882	진사	顯陵參奉	李周楨 孫	115
22	朴宗義	務安	仁應		順興 花川	1812~1852	진사			126
23	權璉夏	安東	可器	頤齋	奉化 酉谷	1813~1896	천거	敦寧府 都正	權撥 후손, 1840년 초산에 자금을 보냄, 류치명 장례에 3개월 加麻, 『정재집』교감	128
24	金鎭明	義城	文若	吉軒	安東 臨河	1813~1872	생원		金是榲 후손	132
25	李應稷	韓山	啓初	樟皐	安東 蘇湖	1807~1872	생원		李光靖 玄孫	135
26	金達銖	義城	弼吾		奉化 海底	1814 ~ ?	음관	假監役	金熙周 孫, 류치명 女壻	148

연번	성명	본관	자	호	거주	생몰년	출사경로	관직	비고	문인록25)
27	李晚運	眞城	文五	雙翠	禮安溪南	1815~1886	문과	吏曹 參判	李滉 후손, 李彦淳 孫	156
28	李晚愨	眞城	謹休	愼庵	禮安下溪	1815~1874	천거	繕工監役	李晚德 弟, 『정재집』교감, 묘지명 지음	157
29	李璜周	慶州	鯉瑞	藥山	醴泉龍山	1816~1888	생원			165
30	安世英	順興			京畿廣州	1816~ ?	진사	南部都事	安裕 후손, 安景禕 子	168
31	崔溍	全州	汝善	止窩	晉州青岡	1818~ ?	생원			179
32	李震相	星州	汝雷	寒洲	星州大浦	1818~1886	생원	義禁府都事		183
33	柳肯鎬	全州	乃構	博羅	安東朴谷	1819~1876	음관	新昌縣監	柳致敎 子, 1866년 병인양요 시 첨모사로 천거	186
34	裵克紹	金海	乃休	默庵	河陽孝山	1819~1871	생원		1855년 智島 방문, 류치명 장례 참석	187
35	李輝鳳	花山	德朝		奉化滄海	1819~1890	생원			194
36	權好淵	安東	希顔	二山	奉化酉谷	1824~1865	문과	持平	權橃 후손	210
37	柳章鎬	全州	伯憲		安東臨東	1823~1870	문과	假注書	柳致潤 子	234
38	朴致馥	密陽	薰卿	晚醒	三嘉大田	1824~1894	진사	義禁府都事		247
39	權楗	安東	子建		順興南洞	1825~ ?	생원			256
40	柳止鎬	全州	元佐	洗山	安東臨東	1825~1904	음관	蓮川郡守	류치명 子	258
41	金道和	義城	達民	拓庵	安東龜湖	1825~1912	천거	義禁府都事	金垙曾 曾孫, 류치명 장례에 加麻	262
42	金興洛	義城	繼孟	西山	安東金溪	1827~1899	천거	右副承旨	金誠一 奉祀孫, 金鎭華 子, 류치명 장례에 3개월 加麻, 『정재집』교감, 行狀을 지음	277
43	金麟燮	商山	聖夫	端溪	丹城丹溪	1827~1903	문과	司諫院正言		283
44	權進博	安東	周伯	河南	安東臨河	1827~1890	생원			289
45	徐在正	達城	士剛	東湖	順興沙川	1829~1898	생원			302

연번	성명	본관	자	호	거주	생몰년	출사경로	관직	비 고	문인록25)
46	李晩起	眞城	文八		禮安溪南	1828~?	진사	東部都事	李滉 후손, 李彦淳 孫, 李晩運 弟	305
47	金濟模	義城	君弼		安東金溪	1832~?	생원		金誠一 후손	317
48	金泰林	義城	伯鸞	雲村	奉化海底	1831~1878	진사		金聲久 후손, 金建銖 孫	327
49	安孝寔	廣州	舜寬	小廬	密陽台洞	1834~?	진사			371
50	金承洛	義城	士欽	屛西	安東金溪	1835~1899	생원		金興洛 弟	380
51	黃在英	昌原	應護	大溪	豊基白洞	1835~1885	음관	繕工監監役	黃暹 후손	385
52	權世淵	安東	祖源	星臺	奉化西谷	1836~1899	생원	崇陵參奉	權橃 후손	390
53	朴在誠	密陽	伯翁	進溪	淸道仙湖	1838~1900	생원		朴時默 子	398
54	權玉淵	安東	景德	素盧齋	奉化西谷	1839~1900	문과	正言	權橃 후손	401
55	柳淵博	全州	景深		安東臨東	1844~1925	진사		류치명 孫	410

　과거 등을 통해 출사한 문인들의 존재는 19세기 영남 유림 내 류치명 문인집단의 학문적 위상과 입지를 증명해주는 것이라 할 수 있다. 이들은 자신의 위상을 기반으로 문인집단을 유지하고 활발한 활동을 전개하는 데 핵심 역할을 담당하였다.

　'정재학파'로 칭해지는 문인집단을 대표하는 인물로는 金興洛과 金道和를 비롯해 李敦禹, 柳致皜, 柳致儼, 李晩慤, 權世淵, 柳必永 등을 꼽을 수 있다.26) 이들은 이황 이후 이상정으로 계승된 퇴계학맥의 사상을 담은 관

---

25) 해당 숫자는 「급문제자록」의 연번을 표기한 것이다.

26) 정재학파의 활동과 역사적 의미와 관련해서는 '金祥起, 「1895~1896년 安東義兵의 思想的 淵源과 抗日鬪爭」, 『史學志』31, 단국사학회, 1998 ; 權五榮, 「定齋學派의 형성과 衛正斥邪運動」, 『한국근현대사연구』10, 한국근현대사학회, 1999 ; 설석규, 「정재학파 위정척사론의 대두와 성격」, 『국학연구』4, 한국국학진흥원,

런 저술을 읽고 함께 강론하며 류치명의 嫡傳으로 입지를 굳혀나갔다. 특히 김성일의 奉祀孫인 김흥락은 류치명으로 이어진 퇴계학맥을 계승·정립한 19세기 말 영남 유림을 대표하는 학자로 평가받고 있으며, 이후 많은 문인을 양성하였다. 이돈우와 이만각 역시 류치명의 학문을 계승한 대표 학자이다. 류치호와 류치엄은 류치명의 학문을 가학으로 계승한 학자들로 류치명이 세상을 떠나자 전주류씨 수곡파 문중의 학문을 이끌어가는 역할을 담당하였다.

19세기 외세의 침략에 직면하자 류치명의 문인집단은 안동을 중심으로 한 위정척사 운동을 이끌어 가는 역할을 담당하였다. 그들은 서원 복설을 주장하는 등 퇴계학맥의 도통을 지키고 성리학적 질서를 유지하기 위해 노력하였으며, 적극적인 자세로 영남만인소와 의병운동을 주도하였다. 특히 김도화와 권세연은 의병장으로 추대되어 안동의병을 이끌어 나간 대표 인물이다. 류필영 또한 의병활동과 함께 이후 파리장서에 서명하며 조선 국권 침탈의 부당성을 호소하는 등 외세의 침입에 적극적으로 대응하였다. 이들 대부분은 <표 5-10>의 명단에 수록된 인물로 출사를 통한 개인의 위상이 이후 문인집단을 이끌어가는 데 많은 영향을 미쳤다는 것을 알 수 있다.

「급문제자록」에는 가학을 중시한 류치명 가문의 학문적 특징과 병파와 호파 간의 심각한 분열 양상, 류치명 정치활동에 따른 지역적 영향력의 확대 등 문인집단의 형성 과정과 그 특징이 그대로 담겨 있다. 문인집단을 이해하는 기초 자료인 문인록은 증보 과정에서 사실관계에 따라 수정과 보완이 이루어졌고, 집필자의 의도가 수정에 반영되기도 하였다. 그러므로 문인록을 활용한 문인집단 연구는 무엇보다 증보된 문인록 간의 비교를 통해 문인록의 자료적 신뢰성을 확보하는 작업이 선행되어야 할 것이다.

2004; 강윤정,「定齋學派의 現實認識과 救國運動」, 단국대학교 박사학위논문, 2006 ; 이상호,「정재학파 성리학의 지역적 전개양상과 사상적 특성」,『국학연구』 15, 한국국학진흥원, 2009' 등을 참고할 수 있다.

결 론

19세기 영남 남인은 세도정치의 전개로 인한 중앙정계와의 거리 속에서 수탈의 심화에 따른 향촌 사회 운영의 혼란, 천주교의 직접적인 위협, '병호시비'로 대표되는 내부 분열 등 여러 어려움에 직면해 있었다. 그들은 퇴계학의 심화와 도통의 확립을 통해 성리학적 사회 질서를 지켜가고자 하였고, 사회폐단의 개선 방안을 고심하며 백성의 삶을 안정시키고자 하였다. 개항을 계기로 외세의 침략이 현실로 다가오자 적극적인 척사운동을 전개하였고, 이는 의병운동 및 민족 독립운동의 참여로 이어졌다. 류치명과 그의 문인들은 이 과정에서 영남 남인의 움직임을 주도해간 세력이었다.

류치명은 김성일에서 이상정으로 이어진 퇴계학맥을 적전으로 계승한 학자였다. 그동안 류치명은 선현들의 학문과 이론을 검토·집성하며 수양론과 예학에 심혈을 기울인 보수적 사상가로 평가받았다. 반면 '정재학파'로 불리는 그의 문인집단은 외세에 대항해 적극적으로 척사운동을 이끌어가며 의병운동 및 독립운동의 주역으로 활동한 세력으로 주목받았다. 그 결과 류치명의 보수성과 문인집단의 실천성 사이에는 그 이해와 논리적 연관 사이에 적지 않은 괴리가 생겨났다. 이 책은 류치명과 문인집단 사이의 연관성을 밝혀 이를 좁히는 데 목적을 두었다. 류치명은 현실문제에 많은 관심을 두고, 폐해의 개선과 해결방안 마련에 적극적인 자세를 지닌 인물이었다. 따라서 그가 보여준 시대인식과 실천적 자세에 주목하여 경세관을 규명하고, 문인집단으로의 전승 양상과 특징을 살펴보았다.

제1장에서는 류치명의 지연적·혈연적·학연적 배경을 고찰하였다. 조선 후기 안동은 퇴계 이황으로 상징되는 영남학파의 본산으로서 서인 정권에

대항하는 남인의 정치적 중심지였다. 남인이 정치적으로 실각한 후에도 안
동의 학문적 위상은 꾸준히 유지되었으며, 여러 학자에게 동경의 대상이
되었다. 전주류씨 수곡파 가문은 16세기 중엽 류성이 안동에 입향한 이후,
400년간 '무실'에 세거하며 안동 동부지역을 대표하는 가문으로 성장하였
다. 그들은 안동의 유력 가문인 의성김씨와의 혼인 및 사승관계를 통해 학
문적·경제적 입지를 다져나갔다. 18세기에는 다수가 이상정의 문하에서
수학하였고, 학문적·혈연적으로 밀접한 관련을 맺으며 가문의 위상을 확
고히 하였다. 수곡파 가문에서는 많은 학자가 배출되었고, 그들은 다양한
분야의 저술을 남겼다. 류치명이 19세기 호파를 중심으로 한 영남 남인을
대표하는 위치에서 퇴계학의 正脈을 계승한 학자로 자리매김할 수 있었던
것은 안동 내 전주류씨 가문의 학문적·사회적 입지가 바탕이 되었기에 가
능한 일이었다.

　　류치명의 가계는 입향조인 류성 이후 '류복기(9世) – 류우잠(10世) – 류숙
(11世) – 류진휘(12世) – 류봉시(13世) – 류관현(14世) – 류통원(15世) – 류성
휴(16世) – 류회문(17世) – 류치명(18世)'으로 이어졌다. 류치명의 고조부인
류관현은 문과에 급제한 후 사도세자의 교육을 담당하였고, 도산서원 원장
을 역임한 만큼 명망 있는 인물이었다. 조부 류성휴와 부 류회문은 모두
이상정의 문하에서 수학하였고, 특히 류회문은 이상정의 아들인 이완의 딸
과 혼인하여 그의 손녀사위가 되었다. 류회문은 사도세자의 신원을 촉구하
는 상소 운동과 병호시비 과정에서 호파의 공론을 이끌어가는 역할을 담
당하기도 하였다. 이상정의 외증손으로 태어난 류치명은 친가와 외가의 사
회적·경제적 명망과 퇴계학의 학통을 계승하는 데 앞장서 온 학문적 위상
을 배경으로 성장하였다. 그의 아들 류지호(19世), 손자 류연박(20世)·류연
성은 일제의 탄압에 맞서 적극적인 자세로 의병운동과 독립운동에 앞장서
며 가문의 위상에 걸맞은 사회적 책무를 다하는 모습을 보여주었다.

　　류치명은 퇴계학맥에 기반한 사승관계를 통해 자신의 학문을 형성하였

다. 5세부터 종증조부인 류장원에게 수학하였고, 21세부터는 남한조를 찾아가 가르침을 청하였다. 이외에도 정종로·류범휴 등 당대의 名儒와 교유하며 학문적 외연을 넓혀나갔다. 그들은 모두 이상정의 문인이었으며, 류치명은 이상정으로 이어진 학맥을 도통으로 정립하기 위해 노력하였다. 그는 병호시비의 과정에서 호파를 대표하는 학자로 성장하였고, 40년이 넘는 활발한 강학 활동과 저술을 통해 학맥의 이론적 근거를 정립해 나갔다. 더욱이 29세의 나이로 문과에 급제한 이후 간헐적이긴 하지만 관직에 임하였고, 이는 영남에서 그의 입지를 더욱 확고히 해주었다. 이 과정에서 자연스럽게 '정재학파'로 칭해지는 문인집단이 형성되었으며, 그들은 류치명을 통해 이상정의 학문과 영남학파의 정체성을 배워갔다.

제2장에서는 류치명의 현실인식과 경세관의 특징을 살펴보았다. 먼저 경세관의 연원을 '영남 퇴계학맥과 가학, 근기지역 성호학파와의 교유, 명대 유학자의 구황책 수용'이라는 세 가지 측면으로 나누어 고찰하였다. 현실문제에 대한 관심과 실천을 중요시하는 경향은 영남 남인 내에서 지속적으로 계승되고 있었다. 이현일은『홍범연의』에서 당시 조선이 직면하였던 사회 전반에 걸친 문제점을 진단하며, 이를 해결하기 위한 구체적인 개혁안을 제시하였다. 특히 富國安民을 추구한 경세 지향적 인물들의 주장에 대해서는 사상적 성향이나 당색과 관계없이 수용하는 개방적인 모습을 보여주었다. 이상정은 지방관을 역임할 때 고을의 폐단을 바로잡고 백성들의 삶을 개선하기 위해 노력하였다. 또「科擧私議」를 지어 당시 과거제도의 폐단과 함께 인재 선발과 관련한 개혁안을 제시하기도 하였으며, 국왕이 국정을 운영할 때 유념해야 할 9개의 방안을 지어 올리기도 하였다. 영남 남인의 경세론은 성리학적 사회질서 유지를 위한 원론적인 논의를 벗어나지 못한 한계를 지니고 있지만, 그들은 자신이 직면한 폐단의 극복을 위해서는 누구보다 능동적으로 해결방안을 모색하는 적극성을 보여주었다.

가학은 류치명의 학문관 구축에 중요한 부분을 차지하는 것이었다. 특히 예학의 발달은 수곡파 가문의 자랑이었다. 류치명의 스승인 류장원이 편찬한『常變通攷』는 영남의 예학을 집대성한 것이었다. 여기서 류장원은 時宜에 적합한 예제를 강구하기 위해 당색에 구애받지 않으며 노론과 소론의 예설까지 참고하는 개방성을 보여주었다. 나아가 류치명은 시대의 변화에 부합하고, 형식보다는 실천하기 쉬운 예제의 중요성을 강조하였다. 더하여 가문에는 문과 급제 후 지방관으로 부임해 선정을 베푼 이가 많았다. 그들은 현실에 대한 관심과 실천적 개혁 의지를 바탕으로 백성의 삶을 안정시키고 사회폐단을 해결하기 위해 적극적으로 노력하였다. 류치명은 선조의 행적을 통해 경세적 능력의 중요성을 배워간 것으로 보인다.

한편 영남 남인과 근기 남인은 퇴계학을 계승하고 있다는 공통점을 기반으로 학문적 교유를 이어오고 있었다. 안정복 계열로 이어지는 성호학파는 천주교로 인해 존립의 위기에 처한 학파를 지키고자 이단에 대한 철저한 배격을 주장하였고, 이는 영남 남인의 견해와도 부합하는 것이었다. 이와 함께 일상생활과 관련한 실천적 학문을 강조한 성호학파의 주장에 영남 남인은 공감을 표하며 관계를 지속하였다. 더욱이 류치명은 황덕길의 제자 안경의와의 교유를 통해 근기지역의 동향과 성호학파의 학문을 보다 직접적으로 파악하고 있었다. 이는 류치명이 현실문제 해결과 관련한 인식의 범위를 확대하는 계기가 되었다.

특히 류치명은 성호학파와의 교유를 통해 명대 유학자의 구황책을 접할 수 있었다. 그는 임희원과 왕정상의 구황책을 수용하였고, 초산부사 시절 백성을 구휼하는 데 활용하였다. 주목할 만한 것은 왕정상이 '氣一元論'의 입장에서 氣를 우주의 실체로 인식한 학자라는 것이다. 당시 영남 남인은 理 중심 사상에 절대성을 부여하고, 그 이론을 심화시켜 가는 데 집중하였다. 즉 氣를 강조한 왕정상의 사상은 영남 남인의 사상에 정면으로 반하는 것이었다. 그러나 류치명은 왕정상의 사상적 견해와는 상관없이 폐단의 해결을 위해 그가 주장하였던 구황책을 수용하였고, 이를 활용하는 모습을 보여주었다. 사상적 관념과 당색에 구애받지 않는 개방적 자세는 류치명의 경세관이 갖는 중요한 특징이라 할 수 있다.

류치명은 1831년(순조 31), 全羅右道掌試都事에 제수되면서 본격적으로 관직 활동을 시작하였다. 그는 관계 진출 이후 현실문제에 관심을 두고 해결방안에 대한 모색과 실천의 중요성을 꾸준히 제안하였다. 나아가 부세 제도 개선을 통해 백성들의 절박한 현실을 구제하는 것을 시대의 급선무로 주장하며, 이를 해결하기 위해선 임금의 결단과 실천이 가장 필요하다고 강조하였다. 류치명의 현실적이고 적극적인 개혁 의지는 순조의 기대에 부합하였고, 종5품 홍문관 교리에서 정3품 승정원 동부승지로 특진하였다. 순조 대 영남 출신 문인으로 당상관까지 오른 자는 그를 포함해 두 명에 불과하였기 때문에 임금의 대우는 그만큼 파격적인 일이었다. 그러나 얼마 되지 않아 순조가 승하였고, 류치명은 자신의 역량을 조정에서 펼쳐 보지 못한 채 낙향을 선택하였다.

경세가로서의 능력은 2년간의 초산도호부사 활동을 통해 유감없이 발휘되었다. 당시 초산은 부세 제도의 문란, 지방관의 수탈강화, 기근과 자연재해 등으로 고을이 없어질 위기를 겪고 있었다. 류치명은 부임과 동시에 백성들의 어려운 상황을 목격한 후 이를 해결하기 위해 노력하였다. 환곡과 전세 등 부세 제도의 정비를 통해 백성들의 부담을 줄여주었고, 적극적인 진휼을 시행하여 빈민을 구제하는 데 앞장섰다. 이와 함께 강회를 시행하여 초산의 사회 풍속을 교화하는 데에도 힘썼다. 류치명은 백성의 안정을 최우선에 두었고, 지속해서 평안감사에게 도움을 요청하며 초산의 상황을 개선해 주길 당부하였다. 경세가로서의 뛰어난 능력을 보여준 류치명은 당시 관리들에게 역량을 인정받았으며, 백성들은 그를 위해 生祠堂을 건립하기도 하였다.

77세의 나이로 병조 참판에 제수된 류치명은 해당 사직소에 자신의 경세관을 담은 '三綱十目'을 덧붙였다. 그는 수취제도의 개선을 통해 백성을 구휼하고, 軍政을 다스려 국방력을 강화하며, 치우침 없이 모두에게 공평한 기회가 부여될 수 있도록 公道를 넓히고, 直諫이 가능하도록 言路를 확대해 진실한 정사를 논하는 일이야말로 '시대의 급무'라 주장하였다. 류치명의 경세관은 유교적 명분과 의리에 기반을 둔 시대 인식이라는 점에서, 또 성리학적 이상 실현을 위한 추상적이고 원론적인 해결방안이라는 점에서 영남 남인 경세론의 한계를 벗어난 것은 아니었다. 그러나 변화된 시대 상황을 고려해 더욱 실제적으로 사회문제를 인식하고 있었고, 현실적인 해결방안을 모색하고자 노력하였다. 류치명의 관직활동은 류치명이 시대의 여러 폐단을 마주하고, 경험을 통해 경세관을 구체화하는 계기가 되었다.

'3강 10목'을 통해 완성된 그의 경세관은 문인들에 의해 계승되었다. 문인 이돈우는 류치명의 '3강 10목'을 19세기 말 국내외 혼란과 위기를 극복하는 대안을 마련하는 데 지침으로 삼았다. 그리고 스승의 경세관을 바탕으로 작성한 '3강 9목'의 상소를 올려 고종의 비답을 받기도 하였다. 특히 군사력 강화를 통해 외세의 침입에 대항할 것을 주장하였던 류치명의 주장은 개항 이후 외세의 침략이 현실로 다가온 상황에서 무엇보다 중요한 시대의 과제로 떠올랐다. 그가 보여준 현실문제에 대한 관심과 적극적인 실천 의지는 급변한 시대적 상황 속에서 문인들의 행동으로 표출되었다. 이처럼 류치명의 문인집단이 외세에 대응하여 활발한 의병운동·민족운동을 펼쳐간 원동력에는 학맥을 통해 계승된 류치명의 경세관이 내재해 있었다.

제3장에서는 1855년(철종 6) 류치명이 사도세자 추숭 상소를 올린 경위와 전라도 智島에서의 유배생활을 살펴보았다. 1855년은 사도세자 탄생 2周甲이 되는 해로, 영남 남인에게는 정치적 숙원을 풀 수 있는 중요한 시기였다. 류치명은 영남 유생들의 사도세자추존만인소 준비와 별개로 그해 3월 사도세자의 추숭을 청하는 상소를 올렸다. 호파의 領袖로서 영남 남인의 정치적 숙원을 대변하고, 사도세자의 스승이었던 고조부 류관현에 대한

후손의 도리를 다하기 위함이었다. 조정에서는 그의 상소를 국가의 典禮를 거스르는 행위로 받아들이며 크게 반발하였고, 결국 류치명은 79세의 나이로 絶島 유배라는 무거운 형벌을 받았다.

유배길은 아들을 포함한 문인 5명이 수행하였다. 류치명 일행은 5월 2일 전라도 智島에 도착하였으며, 그때부터 解配의 관문이 도착한 11월 27일까지 6개월이 넘는 유배생활이 시작되었다. 류치명은 후원자들의 지원과 문인 및 지인과의 교류 속에서 큰 어려움 없이 유배생활을 이어갔다. 조정의 상황과 영남의 소식은 발 빠르게 전해졌으며, 류치명 또한 편지로 섬에 적응해가는 자신의 근황을 전하였다. 문인들은 꾸준히 지도를 방문하여 스승의 안부를 살폈고, 지도의 경관을 둘러보는 등 새로운 경험을 공유하였다. 학문 활동도 계속되었다. 매일 경전을 읽으며 학문의 깊이를 더하였고, 저술과 교정 작업도 게을리하지 않았다. 문인과의 교육 활동도 지속해서 이루어졌다. 류치명의 명망을 듣고 글을 부탁하거나 제자가 되기 위해 찾아오는 이들도 많았다.

류치명은 영남 남인의 원로로 자신에게 주어진 책무를 다하기 위해 사도세자의 추숭을 청하였고, 겸허히 유배형을 받아들였다. 유배생활에서 무엇보다 중요한 것은 후원자의 존재였고, 학문적 관계망에서 비롯한 다양한 지원과 교류였다. 류치명은 이들을 통해 조정의 소식 등 여러 정보를 접하며 활발한 학술 활동을 이어갔다. 여기에 새로운 곳에서의 특별한 경험은 문인의 결속을 다지는 계기가 되기도 하였다. 이후 영남에서 류치명의 입지는 더욱 확고해졌으며, 학문적 영향력은 확대되었다. 류치명에게 1855년의 지도 유배는 시련이 아닌, 학자로서의 위상을 돈독히 하는 시간이었다.

제4장에서는 류치명 문인집단의 실천적 성향을 이해하는 중요한 단서로 류치명의 척사론과 그 전승 양상을 검토해 보았다. 류치명을 비롯한 19세기 영남 남인은 시대의 총체적 위기를 극복하기 위해 理의 강조와 도통의 확립이라는 사상적 대응방안을 마련하였다. 먼저 퇴계학에서 지속해서 주

장해 온 理의 절대성·능동성을 더욱 강조하며 불변의 理를 통해 邪로 총
칭되는 사상적·외교적 위협을 극복하고자 하였다. 이와 함께 영남에서 호
파의 학문적 우위를 확보하기 위해 병호시비를 이끌며, 이황으로부터 이상
정으로 이어진 학통을 '도통'으로 확립하는 데에 주력하였다. 류치명에게
척사는 도통의 계승자로, 조정의 관료로, 그리고 향촌의 지배 사족으로 책
임감에서 비롯된 중요한 역사적 사명이었다.

　류치명은 학맥 내 사승관계 및 교우관계를 통해 자신의 척사론을 정립
하였다. 안정복은 천주교로 인한 학파 존립의 위기를 영남 남인과의 공조
를 통해 극복하고자 하였고, 자신이 지은 척사의 글들을 영남으로 보내 검
토를 부탁하였다. 이에 영남에서도 본격적으로 척사에 대한 논의가 일어났
다. 류장원, 정종로는 보다 분명한 입장의 척사를 주장하였고, 남한조는 미
진하다고 느껴지는 부분을 추가로 비판하여 이를 다시 안정복에게 보낼
만큼 구체적이고 체계적인 척사론을 보여주었다. 그들은 근기 남인의 척사
론에 동의를 표하는 한편, 근기 남인의 사례를 경계로 더 보수적이고 강한
척사론을 주장하였다. 류치명은 오랜 시간 류장원, 남한조 문하에서 수학
하며 그들의 척사론에 영향을 받았던 것으로 보인다.

　동료와의 학문적 교류 또한 류치명의 척사론 형성에 큰 영향을 미쳤다.
류건휴는 『이학집변』에서 이단에 대한 비판적 견해를 집대성하였다. 그는
남한조가 보여주었던 보수적이고 철저한 척사론을 계승하고, 영남 남인의
척사론을 종합하여 14개 조목으로 나누어 천주교를 비판하였다. 『이학집
변』의 척사론은 더욱 유교적 관점에 입각한 보수성을 띠었다. 이는 천주교
와의 연관으로 영남 남인이 위기에 처할 것을 경계하는 것과 동시에, 근기
남인의 척사론과 거리를 둠으로써 척사에서 영남이 가지는 상징성을 부각
하려는 의도가 포함된 것이었다. 류치명은 『이학집변』의 교정을 주도하며
영남 남인 척사론의 완성에 중요한 역할을 담당하였다. 이 외에도 당시 관
료로 활발히 활동하고 있던 이원조와의 지속적 교유를 통해서 천주교에

대한 위기의식과 배척 의지를 공유하였다.

류치명의 척사론은 『이학집변』으로 완성된 영남 남인의 척사론을 계승하고 따르는 양상으로 전개되었다. 그의 척사론은 척사가 시대의 과제라는 인식 아래 유교적 세계관에 바탕 한 이론적 논증을 통해 천주교가 '왜 이단일 수밖에 없는가?'를 입증하는 데 초점을 맞추고 있었다. 특히 제사와 그 대상인 '귀신'에 대한 실체의 규명은 천주교의 영혼불멸설 및 제사폐지설과 관련해 그가 많은 관심을 표한 부분이었다. 류치명은 척사론과 관련한 별도의 저술을 남기지 않았다. 당시 그는 천주교 전파와 관련한 직접적인 위기를 경험하지 않았고, 학문적 비판의 목적으로도 천주교를 가까이하는 것은 금지하고 있었다. 또 『이학집변』을 통해 영남 남인의 척사론이 완성된 이상 별도의 개인적 논의는 불필요한 것으로 판단하였을지 모른다. 그러나 며느리 장례에 '洋布'를 사용하지 못하도록 하는 등 서양물품의 확산을 경계하는 실천적인 성향을 보여주었다.

류치명의 척사론은 활발한 강학 활동을 통해 문인들에게 자연스럽게 전승되었다. 병인양요를 시작으로 외세의 침략이 본격화하고, 강화도조약을 통해 개항이 현실로 다가오자 척사는 시대의 급무로 떠올랐다. 사상적 측면의 배척으로 머물러 있던 척사론은 그 대상과 방향을 구체화하며 1880년대 이후 척사운동으로 나아갔다. 류치명의 문인들도 척사에 대한 강한 의지를 보여주었다. 이돈우는 1877년(고종 14) 작성한 '3강 9목'에서 '군사'라는 직접적이고 강경한 방안을 통해 척사를 실현할 것을 주장하였다. 김도화는 『조선책략』의 유입으로 정국이 혼란스러워지자 「斥邪說疏」를 작성해 적극적으로 대응하였다. 그는 서양의 통상 요구 및 군사력의 허구성을 지적하였고, 특히 '야소교'를 집중적으로 비판하면서 철저한 배척을 주장하였다. 그러나 이들은 척사의 근본적 방법을 '철저한 유학의 수호를 통한 사학의 소멸'이라는 전통적인 틀 안에서 찾고 있는 한계를 보여주었다.

『조선책략』의 영향으로 조정에서 개화를 표명하며 유교적 사회질서의

변화를 공식화하자, 영남 남인의 척사론은 '영남만인소'라는 집단적 형태
의 척사운동으로 표출되었다. 영남 남인의 척사론은 격변하는 시대에 부합
하여 현실적인 실천 운동으로 변화해 갔으며, 류치명의 문인집단은 영남
유림을 대표하는 위치에서 척사운동을 주도하였다. 이는 시대에 대한 위기
의식뿐만 아니라 스승으로부터 전승된 척사론의 영향으로 나타난 결과였
다. 여기에 사회폐단의 개선을 강조한 류치명의 경세관은 척사운동에 원동
력으로 작용하였을 것이다. 나아가 퇴계학의 도통 의식은 학문적 자부심과
사회적 책임감을 부여하여 척사운동을 이끌어가는 명분이 되었다고 생각
한다.

　제5장에서는 류치명의 문인록 분석을 통해 문인집단의 실제적 양상과
성격을 파악해 보았다. 문인집단 연구는 해당 학자의 학문적 영향력 등을
파악할 수 있는 것으로, 이때 여러 문인을 일정한 기준과 형식으로 정리하
여 수록한 문인록 분석은 문인집단 연구의 출발이라 할 수 있다. 현존하는
류치명의 문인록은 모두 다섯 종류이다. 「정재문인록」을 제외한 문인록들
은 모두 필사본으로 작성 시기가 명확하지 않으나 내용과 구성을 고려해
볼 때 '①「급문제자록」(423명) → ②『평상급문제현록(표제: 『평문제현록』)』
(571명) → ③『평상급문제현록(표제: 『급문록』 건·곤)』(564명) → ④『평상
급문제현록(표제: 『평문제현록』건·곤)』(540명) → ⑤「정재문인록」(545명)'
의 순서로 편찬된 것으로 보인다. 각각의 문인록은 증보 과정에서 문인의
신규 수록과 삭제를 동시에 진행하였고, 그 결과 423명이었던 문인 수는
최종적으로 545명이 되었다.

　특히『평문제현록』(국학)을 작성하면서 전주류씨 등 혈연적 관계의 유
생(52명)과 관서지역의 유생(69명)을 일괄 신규 등록하였다. 이후 관서지역
의 문인들은 1명도 삭제되지 않았지만, 전주류씨 문인은 사승관계가 분명
한 경우를 제외하고는 상당수 삭제되었다. 이는 문인록을 편찬한 이들의
의도가 반영된 결과라고 생각한다. 다시말해 학파의 지역적 범위를 확대하

기 위해 관서지역의 문인들을 대거 추가 등록하였고, 학파의 가학적 한계를 극복하고 학문적 위상을 강화하기 위해 문중의 문인들은 삭제한 것이다. 그러므로 류치명 문인집단의 실체를 파악하기 위해서는 문인록 편찬자들의 의도를 반영해 수정이 가해진 문인록이 아니라, 가장 이른 시기 작성된 「급문제자록」을 분석의 대상으로 삼아야 한다.

423명에 달하는 그의 문인은 혈연적 관계(전주류씨)를 기반으로 혼맥·학맥과 밀접하게 연관되어 확대되어 갔다. 문인들 대부분은 안동 동남부권에 분포하고 있어 19세기 병호시비에 따른 안동의 학맥적·지리적 분열 양상을 그대로 보여주었다. 또 소수이긴 하지만 상주권을 제외한 영남 지역 전역에 문인들이 골고루 분포하고 있었다. 이는 19세기 류치명의 학문적 위상과 영향력이 안동권과 그 주변부에 그친 것이 아니라, 영남 전역에 두루 미치고 있었다는 사실을 확인시켜 주는 것이다. 아울러 문인들 가운데 과거 등을 통해 出仕한 문인이 55명에 달하여 문인집단의 학문적 역량을 가늠해 볼 수 있다. 그들은 자신들의 학문적·사회적 입지를 바탕으로 스승의 가르침을 계승하였고, 문인과 안동 내 유림을 이끌어가는 주축 세력이 되었다.

「급문제자록」에는 가학을 중시한 류치명 가문의 학문적 특징과 병파와 호파 간의 심각한 분열 양상, 류치명 정치활동에 따른 지역적 영향력의 확대 등 문인집단의 형성 과정과 그 특징이 그대로 담겨 있다. 류치명이 세상을 떠난 후, 그의 문인집단은 19세기 말 일본으로 대표되는 외세의 침략을 극복하기 위해 적극적인 척사운동을 전개하였다. 나아가 민족 독립운동에서도 큰 활약을 하며 스승의 가르침을 계승해 나가는 모습을 보여주었다.

류치명은 사상적 측면에서는 자신만의 새로운 이론을 정립하기보다 학맥을 통해 계승된 퇴계학을 정밀히 검토하고 이를 집성하기 위해 노력한 보수적 성향의 학자였다. 그러나 자신에게 주어진 상황이 직면한 현실문제에 대해서는 폐단의 해결을 위해 힘쓰는 등 실천적 성향을 지닌 경세가로서의 모습을 보여주었다. 나아가 대응책을 모색하는 과정에서 사상과 당색을 초월해 다양한 견해를 수용하는 개방적인 자세를 갖고 있었다. 그러므로 류치명의 삶과 그 의미에 대한 온전한 이해는 이 같은 양 측면을 함께 고려할 때 가능한 것이라 할 수 있다.

류치명은 정치적·사상적 위기와 영남 남인의 내부 분열 등 19세기의 다양한 시대적 혼란 속에서 김성일로 이어진 퇴계 학맥을 대표하는 위치에 선 인물이었다. 그는 영남 남인의 결집과 정치적 재기를 위해 누구보다 많은 고민과 노력을 기울였다. 또 지방관으로 활동하며 백성의 생활을 안정시키는 방안 마련에 고심하였다. 영남 남인의 정치적 숙원을 대변하기 위해서는 위험을 무릅쓰고 사도세자의 추숭을 청한 상소를 올려 유배형을 받기도 하였다. 더욱이 천주교로 대표되는 새로운 사상의 도전에 직면해서는 '척사'의 입장에서 유교 중심의 전통적 사회질서를 지키기 위해 힘을 기울였다.

류치명이 보여준 시대인식과 실천적 자세는 학문적 사승관계를 통해 수백 명의 문인에게 전승되었고, 이는 문인집단의 성장과 활동에 큰 원동력이 되었다. 그들은 19세기 말 개항 이후 안동을 중심으로 한 영남의 척사운동을 이끌어 가는 주역으로 활동하였다. 이처럼 학맥을 통해 계승된 류치명의 경세관은 개항과 국권 상실이라는 시대의 위기에 직면하였을 때 문인집단의 행동으로 표출되었다. 전근대를 살았던 류치명과 근대전환기를 살아간 그의 문인집단에 대한 이해의 간극은 스승에서부터 비롯된 역사적 경험과 사유의 축적으로 이어진 연속의 관점으로 바라볼 때 좁혀질 수 있을 것이다.

부 록

문인록

「及門諸子錄」

연번	성명	본관	자	호	거주지	생몰년	임문시기	과거(연도)	관직	문집	비고	大坪約案 (327명)	晚愚亭約案 (308명)	坪門諸賢錄 (540명)	定齋門人錄 (545명)
1	朴宗喬	潘南	孟執	可庵	蘂川蟠谷	1789~1856		진사(1814)		『可庵遺稿』	朴承任 후손, 朴時源 子	●		●	●
2	柳聖文	全州	景學	南樓	安東臨東	1792~1852				『南樓集』	柳椅 후손, 류치명 族叔, 1850년 류치명의 명으로 柳致皡와 함께 주관하여 문중을 운제하고 인도하는 역할을 맡음	●	●	●	●
3	柳蕃文	全州	穎玉		安東大坪	1790~1865					柳長源 孫, 류치명 從叔	●		●	●
4	權秉性	安東	性浩		眞寶新漢	1792~?					權德操 후손	●	●	●	●
5	李宜相	眞城	聖輔	華下	安東鹿洞	1792~?					李東標 후손	●	●	●	●
6	朴宗垕	潘南	仲厚	惺庵	蘂川蟠谷	1792~1864	1855	생원(1855)		『惺庵集』	朴承任 후손, 朴時源 子, 朴宗喬 弟	●	●	●	●
7	柳致羔	全州	天敘		安東大坪	1792~1859					류치명 從弟, 1840년 류치명의 조산루원에 동행하여 함께 생활	●	●	●	●
8	金翊東	淸道	子翼	直齋	河陽洛山	1793~1860	1845	진사(1819)		『直齋集』	1855년 지도의 류치명을 찾아뵘	●	●	●	●
9	柳致博	全州	聖獻		安東臨東	1793~1844					류치명 族弟	●	●	●	●
10	柳致頣	全州	周翰		安東臨東	1796~1837					柳致羔 弟	●	●	●	●
11	李章備	延安	漢子		安東東城	1797~?					李觀徵 후손			●	●

연번	성명	본관	자	호	거주지	생몰년	입문시기	과거(연도)	관직	문집	비 고	大坪約案 (327명)	晩愚亭約案 (308명)	拆門諸賢錄 (540명)	定齋門人錄 (545명)
12	柳潼文	全州	近質		安東臨東	1797~1835					류치명 族叔	●		●	●
13	申檠	平山	德輩		咸昌菊洞	1798~1883	卯角登門		謙同樞		류치명 婦姪, 1840년 류치명의 조신부임에 동행	●		●	●
14	朴頤壽	月城	正章	羅庵	義興羅湖	1798~1850		1844		○				●	●
15	柳致孝	全州	伯孝	伯篤	安東臨東	1798~1836					柳鼎文 子, 류치명 三從弟	●		●	●
16	柳澤文	全州	炳如	弟卒	安東臨東	1798~1857					류치명 族叔	●		●	●
17	柳致鏶	全州	德必		安東臨東	1798~1858					류치명 族弟			●	●
18	金周珍	水原	景晦	.	延日玉洞	1799~?						●	●	●	●
19	金近峴	金海	咏浩		仁同浦南	1798~?						●	●	●	●
20	李秀學	韓山	穉敎		安東蘇湖	1793~?					李弘岵 주손			●	●
21	李穡運	光州	盆汝		星州高灘	1800~?					1855년 지도의 류치명을 찾아뵘	●		●	●
22	柳致嘯	全州	灌叟	東林	安東高川	1800~1862	卯角登門	薦擧(1846)	茶陵參奉	『東林集』	柳耈 주손, 류치명 族弟, 류치명 장배(1861)에 5개월 간 加廟, 묘지명을 지음	●		●	●

연번	성명	본관	자	호	거주지	생몰년	입문시기	과거(연도)	편저	문집	비고	大坪約案 (327명)	晩愚亭約案 (308명)	拜門諸賢錄 (540명)	定齋門人錄 (545명)
23	柳致敎	全州	仲敎	嘉齋	安東臨東	1800~1841		진사(1828)			柳致孝 弟, 李源祚와 동서지간	●	●	●	●
24	郭龍見	玄風	大謙		玄風安村	1800~?						●	●	●	●
25	李宗楨	光州	達汝		星州泜谷	1800~?					1855년 지도의 류지명을 뵈러 가는 길에 고령에서 죽음	●		●	●
26	金鈺	光山	大用		禮安烏川	1800~?					金恰 주손, 류지명 장례(1861)에 3개월 간 加麻			●	●
27	南仁壽	英陽	君必	寒湖齋	寧海	1790~1849				○		●		●	●
28	金光壽	義城	孟賓	龜陰	安東龜峴	1801~?				『龜陰林集』	金是鑑 주손		●	●	●
29	呂大縣	星州	順如	德隱	宜寧景山	1802~1869	1837			『德隱隱集』			●	●	●
30	權宗鎭	安東	平叔		安東山月	1802~?						●	●	●	●
31	金性壽	義城	汝恒		安東臨河	1802~?					金是鑑 주손, 金溥運 子	●	●	●	●
32	金憲壽	義城	聖章		安東川前	1803~1869	1822				金涌 주손	●	●	●	●
33	柳洛鎮	全州	龜應		安東臨東	1803~1863					柳海鎮 弟	●	●	●	●
34	金健壽	義城	文瑞	止庵	安東金溪	1804~1866		진사(1837)		○	金誠一 주손, 류지명 장례(1861)에 3개월 간 加麻	●	●	●	●

214 조선후기 류지명의 시대인식과 문인집단

연번	성명	본관	자	호	거주지	생몰년	임문시기	과거(연도)	관직	문집	비 고	大坪約案 (327명)	晩愚亭約案 (308명)	壎門諸賢錄 (540명)	定齋門人錄 (545명)
35	崔洞	全州	洛膽	省齋	晉州中坪	1804~?				○	1855년 지도의 류지명을 찾아냄	●	●	●	●
36	崔台鑛	全州	應天	吾山	晉州中坪	1804~1867	1845			『吾山集』	崔洞 弟, 1855년 지도의 류지명을 찾아냄, 류지명 사후 3년간 心喪	●	●	●	●
37	鄭時權	晉州	立中		晉州松亭	1804~?						●	●	●	●
38	金禹銖	義城	乃錫	鶴浦	奉化海底	1804~1874	1834	文科(1834)			金馨久 후손, 金熙紹 孫	●	●	●	●
39	柳平佑	文化	季正	慕軒	軍威屛湖	1804~?				『慕軒集』		●		●	●
40	趙秉常	漢陽	孟卿	晚窩	英陽沂里	1804~1862						●		●	●
41	曺相龍	昌寧	殷叟		永川滄水	1804~?							●	●	●
42	權昇淵	安東	士懿		全羅求禮	1804~?								●	●
43	曺允承	昌寧	景休	龜厓	新寧龜溪	1803~1877		文科(1831)	工曹參議	『龜厓集』		●		●	●
44	金潝洙	義城	景淵	下齋	安東龜湖	1804~1877	1837	생원(1835)		『下齋集』					●
45	金在九	義城	士範	東谿	奉化海底	1804~1859					金馨久 후손, 金翰東 孫, 류지명 女婿			●	●

연번	성명	본관	字	號	거주지	생몰년	입문시기	과거(연도)	관직	문집	비고	大坪約案 (327명)	晚愚亭約案 (308명)	坪門諸賢錄 (540명)	定齋門人錄 (545명)
46	柳致潤	全州	必身		安東 朴谷	1805~1880		蔭官 (1859)	金山郡守 敦寧都正		柳道源 曾孫, 류치명 三從弟	●	●	●	●
47	柳致任	全州	仲車	起軒	安東 朴谷	1805~1876					柳範休 孫, 류치명 三從弟, 1840년 조신, 1855년 지도에 류치명과 모두 동행	●	●	●	●
48	李遇秀	固城	德翁	心齋	安東 法興	1805~?					1855년 지도의 류치명을 찾아뵘	●	●	●	●
49	權人夏	安東	而秉	素軒	醴泉 渚谷	1805~1889	1837			『素軒集』		●	●	●	●
50	柳鼎鎬	全州	仲德		安東 遠坡	1805~1875					류치명 族姪	●	●	●	●
51	柳致筧	全州	周五		安東 臨東	1805~1835					류치명 再從弟	●	●	●	●
52	孫應錫	密陽	硯國		永川 梨洞	1805~?						●	●	●	●
53	權五奎	安東	明應		青松 南谷	1805~?					權以復 孫		●	●	●
54	盧有翰	光州	周應		三嘉 德村	1805~?						●		●	●
55	柳致好	全州	叔厚	督軒	安東 朴谷	1806~1883					柳致孝 弟	●	●	●	●
56	柳致誠	全州	明仲		安東 臨東	1806~1834					류치명 族弟	●	●	●	●

연번	성명	본관	자	호	거주지	생몰년	입문 시기	과거 (연도)	관직	문집	비 고	大坪約案 (327명)	晚愚亭約案 (308명)	坪門諸賢錄 (540명)	定齋門人錄 (545명)
57	李堉奎	永川			紫川 烏川	1806~?					李德弘 후손	●		●	●
58	金曄	水原	文彦		延日 龍山亭	1806~?						●		●	●
59	權靖夏	安東	惠民	松皐	安東 道村	1806~1892	1840			『松皐集』	權瞫 후손	●		●	●
60	鄭之坤	淸州	景厚	西皐	安東 道津	1806~1874	1843							●	●
61	金鍍壽	義城	士遠		安東 川前	1806~?					金是榲 후손		●	●	
62	李敦禹	韓山	始能	靑庵	安東 蘇湖	1807~1884	1831	文科 (1850)	吏曹參判	『靑庵集』	李象靖 후손, 1831년 류치명의 고산서당 교육활동에 선발, 1855년 류치명 지도 유배길 동행, 류치명 장례(1861)에 3개월 간 白布巾 白布帶, 『정재집』간행 주관				●
63	南皐	英陽	仲元	時庵	寧海 元邱	1807~1879	1836	생원 (1840)		『時庵集』					
64	柳星鎭	全州	厚民	容齋	安東 三峴	1807~1878					柳正源 후손, 류치명 族姪, 1855년 류치명 지도 유배길 동행	●		●	●
65	柳星儉	全州	仲輔		安東 臨東	1807~1853					柳致任 弟	●		●	●
66	鄭道休	烏川	聖由	眉山	永川 仙源	1807~1878	1852			『眉山集』	鄭世雅 후손	●		●	●

연번	성명	본관	자	호	거주지	생몰년	입문시기	과거(연도)	관직	문집	비 고	大坪約案 (327명)	晩愚亭約案 (308명)	坪門諸賢錄 (540명)	定齋門人錄 (545명)
67	金精壽	義城	辭一		安東臨河	1807~?					金是榲 幸亡, 金漸運 子, 金性壽 弟, 규지명 女婿	●	●	●	●
68	金度銖	義城	貞百	默容齋	奉化海底	1807~1840		생원(1837)		『默容齋遺稿』	金馨久 幸亡		●	●	●
69	柳祈文	全州	而玉		安東臨東	1807~1857					柳楷 幸亡, 규지명 族叔	●		●	●
70	申楨應	平山	量𣛂		仁同若木	1807~?									●
71	朴世綸	咸陽	聖任	耐俺	寧海元邱	1807~1857								●	●
72	崔龍壽	江陵	雲叟		蔚珍梅野	1807~?						●			●
73	權 爔	安東	景和	雲皜	永川立巖	1807~1880					權濟敬 孫	●	●	●	●
74	趙 黑	咸安	汝源	孔巖	蔚山鶴南	1807~?		생원(1852)				●	●	●	●
75	柳致好	全州	李好		安東朴谷	1808~1870		文科(1852)	參議		柳致孝 弟, 1855년 지도 유배 시, 규지명을 빌러 감	●	●	●	●
76	柳致正	全州	平叟		安東大坪	1808~1869					규지명 從弟	●	●	●	●
77	柳宅欽	全州	揆老		安東三峴	1808~1884					柳正源 幸亡, 규지명 族姪	●	●	●	●

연번	성명	본관	자	호	거주지	생몰년	입문시기	과거(연도)	관직	문집	비고	大坪約案 (327명)	晚愚亭約案 (308명)	拚門諸賢錄 (540명)	定齋門人錄 (545명)
78	柳致儼	全州	國輔	月庵	安東 臨東	1808~1852					柳㙧 족손, 류치명 族弟	•	•	•	•
79	權相鐵	安東	王卿		安東 山月	1808~?						•	•	•	•
80	李圭夏	光山	陽叟		全羅道 康津	1808~?						•	•	•	•
81	成稀壽	昌寧	公園	玄圃	忠淸道 瑞山	1804~?	생원 (1846)		海州判官		1854년 英陽縣監 부임 시 문인이 됨			•	•
82	金周敎		凡秀	誠齋	京	?~?	1854		壽同樞		1854년 眞寶縣監 부임 시 문인이 됨			•	•
83	柳道永	全州	士凝		安東 臨東	1808~1891					류치명 族孫			•	•
84	權泳夏	安東	聖游	退遂軒	奉化 酉谷	1810~1879		文科 (1850)	兵曹參判		權綏 족손, 權載大 子, 1855년 지도 유배 시 류치명을 뵈러 감			•	•
85	李秀瑩	韓山	致元	大隱	安東 蘇湖	1807~1892	1836				李秉殷 子	•		•	•
86	裵善源	曲江	聖海	守軒	安東 道木	1808~1880				『守軒集』	裵三益 후손			•	•
87	金壽東	上洛	文瑞	省軒	義城 沙村	1808~1839	1837					•		•	•
88	金應懬	義城	景斗	喬巖	靑松 西回	1808~1885	1855			『棄堂集』				•	•
89	李晚應	眞城	日休		禮安 下溪	1809~1849		文科 (장원)	正言		李滉 족손, 李泰淳 孫, 류치명 甥姪			•	•

연번	성명	본관	자	호	거주지	생몰년	입문시기	과거(연도)	관직	문집	비고	大坪約案 (327명)	晚愚亭約案 (308명)	坪門諸賢錄 (540명)	定齋門人錄 (545명)
90	金驪洛	義城	應一	花西	安東 栗里	1809~?	1853	(1846)			金涌 후손	●		●	●
91	李明樓	韓山	德馨		安東 蘇湖	1809~?					규치명 內姪			●	●
92	權翊黃	安東	渭端	漢樓	眞寶 新漢	1809~1882								●	●
93	柳囊欽	全州	涵叟		安東 午峴	1809~1869					柳柄文 孫, 규치명 族姪			●	●
94	李晚淑	眞城	仲闓	鑑栖	眞城 浮浦	1810~1851				『鑑栖集』	李滉 후손		●	●	●
95	李晚常	眞城	文吉	運蓮	眞城 下溪	1810~1873					李滉 후손, 1855년 지도 시 규치명에게 자금을 보냄			●	●
96	李庭老	固城	土龍		安東 法興	1809~1864					李宗周 孫			●	●
97	文周憲	南平	聖汝	省窩	慶山 慶峰	1809~1887				『省窩集』			●	●	●
98	申曾道	寧海	魯汝		盈德 釗湖	1809~?		蔭官 (1873)	假監役			●		●	●
99	李文樓	韓山	法祖	靜村	安東 蘇湖	1809~1887				『靜村集』	李秉運 孫, 규치명 內姪	●		●	●
100	柳致儼	全州	仲思	萬山	安東 朴谷	1810~1876				『萬山集』	柳致任 弟, 1855년 지도 유배 생활을 함께 함, 규치명 장례(1861)에 3개월간	●		●	●

연번	성명	본관	자	호	거주지	생몰년	입문시기	과거(연도)	관직	문집	비고	大坪約案 (327명)	晚愚亭約案 (308명)	坪門諸賢錄 (540명)	定齋門人錄 (545명)
101	權大紳	安東	士搢	畏齋	安東石南	1810~1890				○	素食, 3년간 白布巾·白布帶, 『정재집』 편찬 및 교정, 遺事와 年譜 지음			●	●
102	南守明	英陽	熙則	菊隱	青松楡川	1810~1894						●	●	●	●
103	金箕壽	義城	浩彦		安東知禮	1811~?					金是榲 후손	●	●	●	●
104	柳致游	全州	少游	樗庵	安東朴谷	1811~1871		진사(1844)		『樗庵集』	柳致孝 弟, 류치명 장례(1861)에 3개월 간 加麻, 『정재집』 편찬 및 교정, 묘지명과 家狀 지음			●	●
105	金定壽	義城	定國	止盧	安東知禮	1810~1846				『止盧集』	金邦烋 후손	●	●	●	●
106	金箕壽	義城	浩彦		安東知禮	1811~?					金是榲 후손	●	●	●	●
107	李鼎和	清安	文賁	五汕	蔚山伴鷗亭	1811~?						●	●	●	●
108	李尙喆	陜川	處一		咸陽柯村	1811~?	1835				李源 후손	●	●	●	●
109	李尙旭	陜川	德進		咸陽柯村	1811~?					李源 후손	●	●	●	●
110	柳冕鎭	全州	元輔		安東臨東	1811~1857					류치명 族姪	●	●	●	●

연번	성명	본관	자	호	거주지	생몰년	입문시기	과거(연도)	관직	문집	비 고	大坪約案 (327명)	晩愚亭約案 (308명)	坪門諸賢錄 (540명)	定齋門人錄 (545명)
111	徐炳華	達城	錫汝	花塢	靑松馬坪	1811~1886						●		●	●
112	金駉洛	義城	駉藏		固城楸溪	1811~?						●		●	●
113	柳 韓	文化	奎五		咸陽	?~?								●	●
114	李宗熙	光州	孟賁	小庵	星州高離	1812~?						●		●	●
115	李庭德	固城	而迪	笑山	安東法興	1809~1882		進士(1855)	顯陵參奉		李周楨 係			●	●
116	李秀憼	韓山	穀立		安東蘇湖	1810~?					큐지명 內弟		●	●	●
117	李致稷	韓山	始伯	晩霞	安東蘇湖	1811~1891					李敦禹 弟	●		●	●
118	金鎭度	義城	孟剛		安東金溪	1808~?					金誠一 후손			●	●
119	權度鈵	安東	琢汝	湖隱	豐海觀魚臺	1811~1888								●	●
120	金鎭奎	淸道	聖天	道山	河陽南河洞	1812~1876					1855년 지도 유배시 큐지명을 보러 감	●		●	●
121	柳致疇	全州	子純	養眞窩	安東臨東	1812~1836					柳致皜 弟	●		●	●
122	柳泰永	全州	大汝	洗心齋	安東臨東	1812~1851					큐지명 族孫	●		●	●

연번	성명	본관	자	호	거주지	생몰년	입문시기	과거(연도)	관직	문집	비고	大坪約案 (327명)	晚愚亭約案 (308명)	泙門諸賢錄 (540명)	定齋門人錄 (545명)
123	金履杓	商山	士衡	杏塢	丹城 法坪	1812~?						●	●	●	●
124	盧應五	光州	見九		草溪 中谷	1812~?						●	●	●	●
125	金簊	宣城	南叟		榮川 新坪	1812~?						●	●	●	●
126	朴宗羲	務安	仁應		順興 花川	1817~1852		진사 (1859)				●	●	●	●
127	金道淵	義城	而會		安東 金溪	?~?							●	●	●
128	權璉夏	安東	可器	頤齋	奉化 酉谷	1813~1896	1838	薦擧 (1879)	敦寧府都正	『頤齋集』	權璲 족손, 1840년 조신의 류치명에게 자금을 보냄, 류치명 장례(1861)에 3개월간 加麻, 『정재집』 교감		●	●	●
129	徐聖熙	達城	景希		青松 馬坪	1813~?						●	●	●	●
130	柳致傳	全州	而述		安東 臨東	1811~1849					류치명 再從弟	●	●	●	●
131	柳犧鑭	全州	傅立	木石齋	安東 朴谷	1813~1871					류치명 族姪	●	●	●	●
132	金鎭明	義城	文若	吉軒	安東 臨河	1813~1872	1844	생원 (1844)		『吉軒集』	金是榲 후손	●	●	●	●
133	許銈	河陽	順則	晚悔	河陽 釜谷	1813~1886					許稠 후손		●	●	●

연번	성명	본관	자	호	거주지	생몰년	입문시기	과거(연도)	관직	문집	비고	大坪約案 (327명)	晚愚亭約案 (308명)	坪門諸賢錄 (540명)	定齋門人錄 (545명)
134	權錫璋	安東	周瑞	畏庵	眞寶 新村	1813~1885				『畏庵集』	權鍏璜 弟	●		●	●
135	李應稷	韓山	啓初	樗窩	安東 蘇湖	1807~1872		생원 (1867)			李光靖 玄孫			●	●
136	李得魯	眞城	憲可	靜窩	榮川 鹿洞	1808~?					李宜相 子			●	●
137	申佐欽	寧海				眞寶 中坪	?~?								●	●
138	權宗復	安東	穉休	桃源	順興 桃村	1804~1870							●	●	●
139	南基麟	英陽	稚會	屛窩	安東 臨東	1810~1851		생원 (1843)		『屛窩遺集』				●	●
140	南基明	英陽	天則		安東 安谷	1820~?								●	●
141	南基應	英陽	明汝		安東 安谷	1815~?								●	●
142	柳致球	全州	章玉		安東 葛田	1813~1860					류치명 從弟	●		●	●
143	南有璜	英陽	德遠		寧海 槐市	1813~1885						●		●	●
144	金重潤	光山	海應		順興 龜洞	1813~?						●		●	●

연번	성명	본관	자	호	거주지	생몰년	입문시기	과거(연도)	관직	문집	비고	大坪約案 (327명)	晚愚亭約案 (308명)	坪門諸賢錄 (540명)	定齋門人錄 (545명)
145	趙彦教	漢陽	英曳		英陽注谷	1813~?					趙述道 曾孫	●		●	●
146	林致鍾	長興			醴泉栗峴	1813~?								●	●
147	南轟壽	英陽	稺殖	澡隱	寧海槐市	1813~1899						●	●	●	●
148	金達銖	義城	弼吾		奉化海底	1814~?		蔭官	假監役		金熙用 孫, 규지명 女壻	●	●	●	●
149	朴承魯	密陽	伯顯	巖居	義興栗里	1814~1903	1843			『巖居集』	규지명 장례(1861)에 加麻, 素食	●	●	●	●
150	金 慇	光山	英仲		安東芳岑	1814~?					金怜 족손, 규지명 從孫	●	●	●	●
151	孫晉錫	密陽	應七		永川梨洞	1814~?						●	●	●	●
152	崔祥純	全州	保汝	絅齋	固城堂山	1814~?	1843			『絅齋集』	1855년 지도의 규지명을 찾아뵘, 규지명 사후 3년 간 心喪	●	●	●	●
153	李相瑍	瓛慂	可仁		安東馬洞	1814~?			監察					●	●
154	朴時默	密陽	輝道	雲岡	清道仙湖	1814~1875	1846			『雲岡集』		●		●	●
155	許 焞	金海	明峻		三嘉五道	1815~?	1842						●	●	●

연번	성명	본관	자	호	거주지	생몰년	입문시기	과거(연도)	관직	문집	비고	大坪約案(327명)	晚愚亭約案(308명)	坪門諸賢錄(540명)	定齋門人錄(545명)
156	李晩運	眞城	文五	雙翠	禮安溪南	1815~1886		文科(1844)	吏曹參判			李滉 후손, 李彥淳 孫			●	●
157	李晩慤	眞城	謹休	愼菴	禮安下溪	1815~1874		薦擧(1865)	繕工監役	『愼菴集』		李晩德 弟, 『정재집』 교감, 묘지명 지음		●	●	●
158	尹最植	坡平	士善	道山	丹陽品達	1815~1874					O	규지명 정례(1861)에 加麻			●	●
159	權行夏	安東	時仲	鰲山	奉化酉谷	1815~1855						權綏 후손		●	●	●
160	朴奎祥	順天	裕吉		丹城丹溪	?~?								●	●	●
161	金敬壽	義城	孟學		安東臨河	1816~?						金是榲 후손	●	●	●	●
162	金鎭球	義城	鳴玉		安東臨河	1816~?						金是榲 후손	●	●	●	●
163	成鍾版	昌寧	德五	石溪	昌寧石阜	1816~1869	1859			『石溪集』		규지명 정례(1861)에 心要	●	●	●	●
164	柳觀鉉	全州	重國		安東遠坡	1816~1864						柳鼎鉉 弟	●	●	●	●
165	李贇周	慶州	鯉瑞	藥山	醴泉龍山	1816~1888		생원(1848)					●	●	●	●
166	禹鍾幾	丹陽	幾玉		安東美質	1816~?							●		●	●

연번	성명	본관	자	호	거주지	생몰년	입문시기	과거(연도)	관직	문집	비 고	大坪約案(327명)	晚愚亭約案(308명)	坪門諸賢錄(540명)	定齋門人錄(545명)
167	吳 鏓	高敞	穉宣	鳳南	義城梨洞	1816~1872						●		●	●
168	安世英	順興			京畿道廣州退村	1816~?		진사(1843)	南部都事		安裕 후손, 安景禕 子			●	●
169	吳 鑽	高敞	堅汝		義城梨洞	?~?								●	●
170	李桐左	永川	章彦		義城山雲	1817~?	1839				雲谷 李養發 孫			●	●
171	許 暄	金海	乃碩		固城尺谷	1817~?						●	●	●	●
172	金弘洛	義城	恭伯	西林	安東川前	1817~1869				○	金涌 후손, 류치명 장례(1861)에 加麻	●	●	●	●
173	姜 橒	晉州	建夫	復齋	奉化法田	1817~1881	1836			『復齋遺稿』	姜橒 従弟, 1855년 지도의 류치명을 찾아뵘, 류치명 장례(1861)에 3개월 간 加麻, 『정제집』교감, 敍述을 지음		●	●	●
174	辛泳烈	靈山	景瑞		靈山道泉	1817~?						●	●	●	●
175	南秉仁	英陽	霖彦	老山	青松枕日	1817~1874				『老山集』		●	●	●	●
176	李在懍	驪江	醉醋	敬庵	慶州良洞	1817~?				○	李彦迪 후손		●	●	●
177	南魯洙	宜寧	泗源			?~?								●	●

연번	성명	본관	자	호	거주지	생몰년	입문시기	과거(연도)	관직	문집	비 고	大坪約案 (327명)	晚愚亭約案 (308명)	坪門諸賢錄 (540명)	定齋門人錄 (545명)
178	鄭弘任	烏川	李毅	菊隱	榮川 仙源	1819~1897				○				●	●
179	崔 濱	全州	汝普	止窩	榮州 青岡	1818~?		생원 (1840)				●		●	●
180	柳致璿	全州	景哲		安東 朴谷	1818~1862					柳致問 弟	●	●	●	●
181	李宅進	宣城	士安		安東 馬巖	1818~?						●	●	●	●
182	金圭洙	商山	致遠	稻後	居昌	1818~?	1850			『稻後集』		●	●	●	●
183	李霞相	星州	汝雷	寒洲	星州 大浦	1818~1886	1857	생원 (1849)	義禁府都事	『寒洲集』				●	●
184	李鉉玉	全州	文用		固城 時達	1819~?					張興孝 奉祀	●		●	●
185	張九鳳	安東	德韶	春阜	安東 金溪	1819~1897								●	●
186	柳肯鎬	全州	乃構	博隱	安東 朴谷	1819~1876		蔭官	新昌縣監		柳致敎 子, 1866년 병인양요 때 침모사로 천거되어 공적을 세움	●		●	●
187	裵克紹	金海	乃休	默庵	河陽 孝山	1819~1871	1845	생원 (1850)		『默庵集』	1855년 지도의 규지명을 찾아봄. 규지명 참석. 장례(1861)에 참석	●		●	●
188	柳天欽	全州	龜則		安東 道谷	1819~1883					규지명 族姪	●		●	●

228 조선후기 류지명의 시대인식과 문인집단

연번	성명	본관	자	호	거주지	생몰년	입문시기	과거(연도)	관직	문집	비 고	大坪約案 (327명)	晩愚亭約案 (308명)	拜門諸賢錄 (540명)	定齋門人錄 (545명)
189	裵文漢	金海	乃元		靈山道泉	1819~?						●	●	●	●
190	金鎭大	義城	而遠		安東臨河	1819~?					金是榲 후손	●	●	●	●
191	金政沫	義城			安東龜湖	1818~?					金熩沫 弟		●	●	●
192	李運楨	慶州	周彦	方山	慶州杞溪	1819~1893				『方山集』		●	●	●	●
193	金基定	商山	英遠		丹城法坪	1819~?						●	●	●	●
194	李輝鳳	花山	德朝		奉化渚海	1819~1890		생원 (1850)				●	●	●	●
195	柳海麟	晉州	忠汝		泗川倉平	1819~?	1845				1855년 지도의 류치명을 찾아뵘		●	●	●
196	李敦尙	韓山	仲平		安東蘇湖	1819~?					류치명 內姪	●	●	●	●
197	李祺稷	韓山	致祥	午山	安東蘇湖	1817~1877				『午山遺稿』			●	●	●
198	崔瀧	全州	躍汝	霞叟	晉州靑岡	1825~?					崔雲 弟, 1855년 지도의 류치명을 찾아뵘		●	●	●
199	李致模	星州	用和	陶西	星州楡谷	1821~1873						●		●	●

연번	성명	본관	자	호	거주지	생몰년	입문시기	과거(연도)	관직	문집	비고	大坪約案(327명)	晚愚亭約案(308명)	坪門諸賢錄(540명)	定齋門人錄(545명)
200	金麒禎	開城		豊墅		?~?								●	●
201	徐敎辭	利川			永川松山	?~?								●	●
202	金普永	義城	和老	釣簃	奉化海底	1822~1879					金聲久 후손			●	●
203	金鎭誠	義城	純若	賁溪	安東川前	1820~1883					金聖鐸 玄孫	●		●	●
204	李魯守	永川	子約	悔軒	義城山雲	1820~?	1837						●	●	●
205	周光烈	尙州	文彥		咸安漆原武陵	1820~?						●	●	●	●
206	李尙碩	陜川	乃潤		丹城培養	1820~?							●	●	●
207	金善鐸	高靈	鳴遠		星州高灘	1820~?					1855년 지도의 규지명을 찾아냄			●	●
208	金膺壽	義城	大休		安東臨河	1820~?					金是榲 후손	●	●	●	●
209	金溂永	義城	君弼		奉化海底	1820~?					金聲久 후손		●	●	●
210	權好淵	安東	希顏	二山	奉化酉谷	1824~1865		文科(1859)	持平		權襏 후손			●	●

연번	성명	본관	자	호	거주지	생몰년	입문시기	과거(연도)	관직	문집	비 고	大坪約案 (327명)	晚愚亭約案 (308명)	屛門諸賢錄 (540명)	定齋門人錄 (545명)
211	金鎭懋	義城	誠仲		安東金溪	1821~?					金誠一 후손	●	●	●	●
212	李性和	眞城	公普	水山	眞寶木溪	1821~1899				『水山集』		●	●	●	●
213	安 鈺	康津	景玉		宜寧立山	1821~?						●	●	●	●
214	金頊洛	義城	敬輔	靜窩	安東川前	1821~1895					金涌 후손		●	●	●
215	李王集	固城	元振	平泉	安東法興	1822~1895				『平泉遺稿』		●	●	●	●
216	李敦變	韓山	公一	岳山	安東蘇湖	1822~1879					李敦禹 弟	●		●	●
217	柳震文	全州	土用		安東高川	1816~1869					柳㯢 후손, 류치명 族叔	●	●	●	●
218	金斗相	光山	伯卯		禮安烏川	1822~?					金富弼 후손	●	●	●	●
219	柳致侃	全州	直夫		安東大坪	1822~1876					柳致傳 弟	●	●	●	●
220	朴明壽	潘南	汝絹	菊泉	安東雲洞	1823~1882				『菊泉遺稿』		●	●	●	●
221	鄭絡周	烏川	顯叔		永川仙源	1822~?					鄭世雅 후손	●		●	●

연번	성명	본관	자	호	거주지	생몰년	입문시기	과거(연도)	관직	문집	비 고	大坪約案 (327명)	晚愚亭約案 (308명)	瑞門諸賢錄 (540명)	忠齋門人錄 (545명)
222	張應遠	玉山	仲謙	谷隱	仁同 新谷	1822~?					張顯光 후손		●	●	●
223	朴文祚	慶州	華瑞		義興 坡坪	1822~?						●	●	●	●
224	李洛基	花山	學普		順興 愚谷	1823~?						●		●	●
225	柳致曙	全州	舜七	林淵	安東 水谷	1823~1893					류치명 族弟	●	●	●	●
226	柳青鎬	全州	乃宇	華朴	安東 朴谷	1823~1871					柳致敎 子		●	●	●
227	柳基鎬	全州	肇甫	石隱	安東 朴谷	1823~1886				『石隱集』	柳致孝 子	●	●	●	●
228	柳致相	全州	仲章		安東 葛川	1823~1894					류치명 族弟		●	●	●
229	柳基洛	全州	周八	花溪	安東 臨東	1823~1875					류치명 族弟		●	●	●
230	柳致游(致德)	全州	道峻	近庵	安東 臨東	1823~1881	卯角 登門			『近庵集』	柳渾文 子, 류치명 장례(1861)에 巾帶		●	●	●
231	柳致格	全州	在璿		安東 臨東	1823~1891					류치명 族弟		●	●	●
232	金徽壽	義城	德巢		安東 汾川	1823~?						●		●	●

연번	성명	본관	자	호	거주지	생몰년	입문시기(연도)	관직	문집	비 고	大坪約案(327명)	晩愚亭約案(308명)	坪門諸賢錄(540명)	定齋門人錄(545명)
233	柳元欽	全州	仁伯	竹牖	安東 大坪	1823~1881				柳致思 子		●	●	●
234	柳章鎬	全州	伯憲		安東 臨東	1823~1870	文科(1861)	假注書		柳致潤 子	●	●	●	●
235	裵貞祚	星州	季卿	畏庵	大邱 覓南	1824~?			○			●	●	●
236	柳潤文	全州	叔溫	鵝山	安東 水谷	1824~1893				류치명 族叔	●	●	●	●
237	申應會	平山	士運	洛隱	咸昌 菊洞	1824~1895			○	申楶 子, 1855년 지도의 류치명을 찾아뵘		●	●	●
238	柳枝木	全州	景燁	逆庵	安東 臨東	1824~1885				柳正源 季孫, 류치명 族孫	●	●	●	●
239	金彦銖	義城	元一	鶴南	奉化 海底	1824~?				金翰東 曾孫		●	●	●
240	金教壽	義城	茂弘		安東 金溪	1824~?				金誠一 후손	●	●	●	●
241	孟學咨	青海	穉圭		咸鏡道 北青	?~?						●	●	●
242	鄭致龜	烏川	禹瑞	鶴坡	永川 仙源	1824~1901			○	鄭世雅 후손	●	●	●	●
243	禹箕準(敦燮)	丹陽	叔範	敏庵	安東 臨河	1824~?				禹倬 후손	●	●	●	●

연번	성명	본관	자	호	거주지	생몰년	입문시기	과거(연도)	관직	문집	비 고	大坪約案(327명)	晚愚亭約案(308명)	坪門諸賢錄(540명)	定齋門人錄(545명)
244	柳致修	全州	繼祖		安東大坪	1823~1875					류치명 再從弟	●	●	●	●
245	朴高祖	龜山	致極		義興後洞	1824~?						●	●	●	●
246	趙璧煥	漢陽	仲連	藏六堂	醴泉西洞	1824~1894				○		●	●	●	●
247	朴致馥	密陽	薰卿	晚醒	三嘉大田	1824~1894		진사(1832)		『晚醒集』		●	●	●	●
248	李瀚協	月城	啓若	巷隱	靑松德城	1826~1894	1852			『巷隱逸稿』		●	●	●	●
249	金天純	全州			安東臨東	?~?						●		●	●
250	金相鑛	義城	又成	節溪	安東知禮	1825~1896				○	金是榲 후손	●		●	●
251	安思龍	耽津	公見		草溪上谷	1825~?						●	●	●	●
252	李錫永	完山	世亂	溪巢	安東楓井	1825~1898			義禁府都事	『溪巢集』		●	●	●	●
253	尹喆祖		吉三			?~?								●	●
254	金平壽	義城	天老		安東金溪	1825~1891				○	金誠一 후손	●		●	●
255	朴漢奎	咸陽	子文		臨安西村	1825~?								●	●

연번	성명	본관	자	호	거주지	생몰년	입문시기	과거(연도)	관직	문집	비 고	大坪約案 (327명)	晚愚亭約案 (308명)	玤門諸賢錄 (540명)	定齋門人錄 (545명)
256	權(斗泳)	安東	子建		順興南洞	1825~?		생원(1861)				●		●	●
257	柳建欽	全州	剛仲	廣林	安東高川	1825~1891				○	柳致復 子		●	●	●
258	柳止鎬	全州	元佐	洗山	安東臨東	1825~1904		蔭官(1873)	漣川郡守	『洗山集』	류치명 子		●	●	●
259	李晚埈	眞城	汝卿		禮安宜仁	1825~1892				『可泉遺稿』	李滉 후손			●	●
260	權膺煥	醴泉	希直	琴樓	醴泉竹所	1825~?	1848			○	權文海 후손	●	●	●	●
261	黃蘭善	長水	同輔	是廬	尙州壽峯	1825~1908				『是廬集』	黃喜 후손			●	●
262	金道和	義城	達民	拓庵	安東龜湖	1825~1912		薦擧(1893)	義禁府都事	『拓庵集』	金垓 曾孫, 류치명 정례(1861)에 加贖		●	●	●
263	申㙜敎	鵝洲	希魯	斗湖	義城玉井洞	1825~1881						●		●	●
264	金大銖	義城	道醇		奉化海底	1825~?					金在九 子, 1855년 지도의 류치명을 찾아뵘			●	●
265	南芃煥	英陽	士星		聞慶官基	1825~?						●		●	●
266	洪晚權	缶林	而煥		義興大栗	1825~?						●			

연번	성명	본관	자	호	거주지	생몰년	입문시기	과거(연도)	관직	문집	비고	大坪約案 (327명)	晩愚亭約案 (308명)	拚門諸賢錄 (540명)	定齋門人錄 (545명)
267	權世新	安東	仲文		安東龍溪	1825~?						●		●	●
268	柳致輅	全州	士行		安東臨東	1819~1846					柳致冕 弟			●	●
269	申光浩	鵝海	公賓		眞寶中坪	1826~?						●		●	●
270	姜時會	晉州	徹元		晉州搭洞	1826~?								●	●
271	申遇昌	平山	文伯		聞慶昭池	1826~?						●		●	●
272	李致益	韓山	舜佐		安東蘇湖	1826~?					李致高 弟			●	●
273	李能德	驪江	九吉	耻齋	慶州廣巖	1826~1861	1842				李彥迪 卒손	●		●	●
274	文鑽洛 (鑽洛)	南平	聖重	讓讓堂	三嘉墿村	1826~?						●	●	●	●
275	柳胄鏑	全州	繼文	那简子	安東臨東	1826~1849					柳致聖 子	●		●	●
276	柳建鏑	全州	彝執	石下	安東臨東	1826~1903				○	柳致任 子	●		●	●
277	金興洛	義城	繼孟	西山	安東金溪	1827~1899	薦擧 (1867)	右副承旨	『西山集』	金誠一 奉祀孫, 金鑛華 子, 류치명 장례(1861)에 3개월 간 加麻, 『정재집』 교정, 行狀을 지음			●	●

연번	성명	본관	자	호	거주지	생몰년	입문시기	과거(연도)	관직	문집	비고	大坪約案 (327명)	晩愚亭約案 (308명)	坪門諸賢錄 (540명)	定齋門人錄 (545명)
278	金稜銖	義城	用方		奉化海底	1827~?					金聲久 추손	•		•	•
279	申鍾浩	鄒海	達元	泗隱	眞寶中坪	1827~1906				『泗隱集』		•	•	•	•
280	李尙敬	陝川	順可		丹城培養	1827~?					李源 추손			•	•
281	金㒰林	義城	鳴會		奉化海底	1827~?					金聲久 추손			•	•
282	李進榮	載寧	會可	墨嶝	安東馬洞	1827~1902				『墨嶝集』	李樔 추손			•	•
283	金麟燮	商山	聖夫	端溪	丹城丹溪	1827~1903	1847	文科 (1846)	司諫院正言	『端溪集』		•		•	•
284	柳進鎬	全州	彙吉	所山	安東臨東	1827~1906					柳致球 子, 1855년 지도 유배 시 규지명을 배웅하고 돌이옴			•	•
285	柳基厚	全州	德重		安東水谷	1827~1888					규지명 族弟		•	•	•
286	李灝華	載寧	聖華	海隱	寧海石浦	1827~?	1842							•	•
287	金鑮萬	義城	一元	金溪	安東金溪	1827~?					金健壽 子			•	•
288	安厚坤	眈津	厚用		草溪上谷	1827~?						•	•	•	•

연번	성명	본관	자	호	거주지	생몰년	임문시기	과거(연도)	관직	문집	비고	大坪約案 (327명)	晚悔亭約案 (308명)	坪門諸賢錄 (540명)	定齋門人錄 (545명)
289	權進博	安東	周伯	河南	安東臨河	1827~1890		생원(1867)						●	●
290	李宗泰	光山	都哉		全羅道唐津扶蘇門	1827~?						●		●	●
291	宋寅懋	冶城	楚叟	遯庵	星州公山亭	1827~1892						●		●	●
292	權 鍵	安東			奉化酉谷	?~?									
293	琴命基	奉化	致密		禮安浮浦	?~?								●	●
294	權羲浩	安東	士集		安東金溪	1828~?								●	●
295	金鎭懋	義城	義叟		安東金溪	1828~?				金鎭懋 弟	●		●	●
296	李光魯	碧珍	景觀	究庵	永川土洞	1828~1905			『究庵集』	李孟尃 卒	●	●	●	●
297	安德正	耽津	武寀		高靈館洞	1828~?					●		●	●
298	權經夏	安東	濟亨	正庵	醴泉渚谷	1828~1905			○		●	●	●	●
299	權命煥	醴泉	性初	琴園	醴泉金谷	1828~1863				文海 卒	●		●	●

238 조선후기 류치명의 시대인식과 문인집단

연번	성명	본관	자	호	거주지	생몰년	입문 시기	과거 (연도)	관직	문집	비 고	大坪約案 (327명)	晚愚亭約案 (308명)	玗門諸賢錄 (540명)	定齋門人錄 (545명)
300	張鎭錫	仁同	康彥	錦庵	榮川 錦江	1829~1880				『錦庵集』		●	●	●	●
301	朴巌華	務安	聖子	近庵	寧海 反浦	1829~?	1845			○	朴毅長 후손, 류지명 장례(1861)에 白布巾·白布帶, 心喪	●	●	●	●
302	徐任正	達城	士剛	東湖	順興 沙川	1829~1898		생원 (1870)		『東湖集』		●	●	●	●
303	金襄鎭	義城	正伯	愚軒	安東 鞠川	1829~1901	卯角 登門			『愚軒集』	金涌 후손, 류지명 장례(1861)에 加麻		●	●	●
304	金夏均	安東	禹用	一庵	安東 春陽	1829~1910				○			●	●	●
305	李晚起	眞城	文八		禮安 溪南	1828~?		진사 (1858)	東部都事		李滉 후손, 李彥淳 孫, 李晚運 弟		●	●	●
306	李中建	眞城	君範		禮安 溪南	1829~1881				○	李晚運 子		●	●	●
307	成宗訓	昌寧	孝元		永川 道川	1829~?						●	●	●	●
308	金龍洙	義城	永孝	惺齋	奉化 海底	1829~1904					金聲久 후손		●	●	●
309	金頎奎	宣城	德文	耻庵	榮川 斗釀	1826~1883	1850			○		●	●	●	●
310	許鑴	河陽	誨民		河陽 釜谷	1830~?					許薫 弟	●		●	●

연번	성명	본관	자	호	거주지	생몰년	입문시기	과거(연도)	관직	문집	비고	大坊約案(327명)	晚愚亭約案(308명)	坪門諸賢錄(540명)	定齋門人錄(545명)
311	吳世奎(世珪)	咸陽	致賢	謙齋	英陽 菁杞	1830~1896				○		●	●	●	●
312	申綸錫(任錫)	鷲海	汝經	田齋	盈德 三近	1830~1910	1857			『田齋集』		●	●	●	●
313	趙達振	漢陽	子泉		仁同 浦南	1830~?						●	●	●	●
314	朴齊學	潘南	聖三		紫川 甘谷	1830~?						●	●	●	●
315	李重鼎	韓山	正絨		安東 蘇湖	1830~?					李文樓 子			●	●
316	宋 衡	冶城	景獻	臥雲	紫川 瓦坪	1830~1881	1859			『臥雲集』		●		●	●
317	金瀅模	義城	君瑞		安東 金溪	1832~?		생원(1832)			金誠一 후손			●	●
318	朴炳幾	密陽	幼省		全羅道 咸平 鉢山	1830~?	1855				1855년 지도의 유치명을 찾아뵘	●		●	●
319	柳哲鎬	全州	世有		安東 朴谷	1830~1892					柳致好 子			●	●
320	權重淵	安東	士準	月室	奉化 酉谷	1830~1883	1857				權行夏 子		●	●	●
321	李秉夏	眞城	安叟		安東 石坪	1830~?						●		●	●

연번	성명	본관	字	호	거주지	생몰년	입문시기	과거(연도)	관직	문집	비고	大坪約案 (327명)	晚愚亭約案 (308명)	坪門諸賢錄 (540명)	定齋門人錄 (545명)
322	徐庠烈	達城	繇則		順興沙川	1830~1907		司馬試				●	●	●	●
323	申寊浩	寧海	學羽	古山	眞寶中坪	1830~?						●	●	●	●
324	柳景賢	晉州	希聖		丹城丁泰	1830~?							●	●	●
325	金㦿麒	義城	剛瑞		安東川前	1830~?					金㦿壽 子			●	●
326	金泳洛	義城	譽伯	陶隱	安東臨河	1831~1907		진사 (1867)		『陶隱集』	金是㷘 卒仝	●	●	●	●
327	金泰林	義城	伯鸞	雲村	奉化海底	1831~1878					金聲久 卒仝, 金建銖 孫			●	●
328	張海相	玉山	希元		仁同新谷	1831~?					張顯光 卒仝			●	●
329	李深在	永川	季涵	茶山	義城山雲	1831~?				O		●		●	●
330	柳相鎬	全州	士立		安東臨東	1831~1873					柳致愼 子			●	●
331	柳永鎬	全州	君燮		安東臨東	1831~1904					柳致嚴 子			●	●
332	金斗永	義城	建直		奉化海底	1832~?					金聲久 卒仝	●		●	●

연번	성명	본관	자	호	거주지	생몰년	입문시기	과거(연도)	관직	문집	비 고	大坪約案 (327명)	晚愚亭約案 (308명)	坪門諸賢錄 (540명)	定齋門人錄 (545명)
333	禹世準	丹陽	顯伯		安東美質	1832~?					禹倬 후손	●	●	●	●
334	李達彙	星州	泰吉		星州德坪	1832~?						●	●	●	●
335	鄭鑽鑂	東萊	景端	機隱	英陽泗川	1832~1909						●	●	●	●
336	白肇運	大興	基汝	九溪	寧海元邱	1832~1909						●		●	●
337	李銓	固城	可珍	平潭	安東法興	1832~1886				『平潭集』		●	●	●	●
338	柳東植	全州	應春	楠坡	安東水谷	1832~1904					柳泰永 子		●	●	●
339	柳箕植	全州	善長	範夫	安東臨東	1832~1884					異지며 族曾孫			●	●
340	南永錫	英陽	學淮		豊基道村	1833~?							●	●	●
341	鄭原性	東萊	公善		英陽泗川	1833~?						●	●	●	●
342	朴齊衡	潘南	舜七		榮川甘谷	1833~?						●	●	●	●
343	柳膺鎬	全州	乃永	朴廬	安東臨東	1833~1888					柳致敎 子		●	●	●

연번	성명	본관	자	호	거주지	생몰년	입문시기	과거(연도)	관직	문집	비고	大坪約案 (327명)	晚愚亭約案 (308명)	坪門諸賢錄 (540명)	定齋門人錄 (545명)
344	姜正秀	晉州	文瑞		晉州東山	1833~?						●		●	●
345	安璿	耽津	奉玉		高靈館洞	1834~?						●		●	●
346	柳元植	全州	子長		安東三峴	1834~1878					柳致明 族會孫	●	●	●	●
347	朴載衡	務安	仲幾		寧海反浦	1834~1862					朴載華 弟	●		●	●
348	金壽熙	上洛	敬汝	止窩	義城沙村	1834~?								●	●
349	金炳昊	安東	聖欽		安東默溪	1834~?						●		●	●
350	柳膺鎬	全州	挺吉		安東朴谷	1832~1878					柳致明 從姪, 柳致儼 子		●	●	●
351	柳敬鎬	全州	敬哉		安東臨東	1834~1899					柳致厚 子		●	●	●
352	柳在鎬	全州	家聚		安東臨東	1831~?					柳基鎬 弟			●	●
353	鄭弘九	烏川	聖範		永川橫溪	1839~?								●	
354	韓致琦	淸州			咸鏡道咸興	?~?								●	●

연번	성명	본관	자	호	거주지	생몰년	입문시기	과거(연도)	관직	문집	비고	大坪約案 (327명)	晩悳亭約案 (308명)	坪門諸賢錄 (540명)	定齋門人錄 (545명)
355	盧希曾				昌寧 大巖	?~?								●	●
356	李淵鍾				平安道 楚山	?~?								●	●
357	李膺午					?~?								●	●
358	李麟晉					?~?								●	●
359	李宅模					?~?								●	●
360	鄭達用					?~?								●	●
361	李樂敎					?~?								●	●
362	劉宋長					?~?								●	●
363	李宅薰					?~?								●	●
364	咸斗寬					?~?								●	●
365	朴淇英					?~?								●	●
366	李宅銃					?~?								●	●
367	李元八					?~?								●	●
368	李宅麟					?~?								●	●
369	崔鴻漸					?~?								●	●
370	禹世準	丹陽	顯伯		安東 美質	1832~?					馬阜 출신	●		●	●
371	安孝定	廣州	絳寬	小廬	密陽 合洞	1834~?		진사 (1867)						●	●

244 조선후기 류치명의 시대인식과 문인집단

연번	성명	본관	자	호	거주지	생몰년	입문시기	과거(연도)	관직	문집	비고	大坪約案(327명)	晩愚亭契案(308명)	坪門諸賢錄(540명)	定齋門人錄(545명)
372	金文銖	義城	繼夓		奉化海底	1834~?					金大銖 弟		●	●	●
373	金秉德	義城	達吾		奉化海底	?~?								●	●
374	金仁權	金海			大邱蔦南	?~?								●	●
375	尹汝衡	德山	商弼		禮安	?~?									●
376	鄭鎭德	烏川	大有	庸軒	永川慈川	1824~1881					鄭世雅 후손			●	●
377	鄭鎭基	烏川	大有		永川慈川	1824~?								●	●
378	曺秉秀	昌寧	舜賫	雲坡	新寧龜溪	1832~1903					曺兄承 子	●	●	●	●
379	趙明熙(根容)	漢陽	晦可	念山	英陽沂里	1836~?		생원(1891)							●
380	金承洛	義城	士欽	屏西	安東金溪	1835~1899	辛卯登門				金興洛 弟		●		●
381	李鍾德	固城	肇參		安東法城	1835~1899						●	●		●
382	柳致洙	全州	泗老		安東大坪	1835~1905					柳㫌文 子		●		●
383	柳鑽永	全州	景緖		安東三峴	1835~1859					柳正源 후손, 류치명 族孫	●	●	●	●

연번	성명	본관	자	호	거주지	생몰년	입문시기	과거(연도)	관직	문집	비 고	大坪約案(327명)	晚愚亭約案(308명)	坪門諸賢錄(540명)	定齋門人錄(545명)
384	柳沂永	全州	景能		安東臨東	1835~?					柳星鎮 子			●	●
385	黃在英	昌原	應護	大溪	豊基白洞	1835~1885		蔭官(1883)	繕工監監役	『大溪遺稿』	黃遭 후손			●	●
386	成鍾鑢	昌寧	聖章		順興可邱	1835~?						●		●	●
387	李采榮	載寧	和叔		安東馬洞	1836~?					李相遷 子			●	●
388	南有箕	英陽	恕可		寧海佳山	1836~?						●	●	●	●
389	柳道東	全州	可任		安東臨東	1836~1892					柳宗鎬 子			●	●
390	權世淵	安東	祖源	星臺	奉化酉谷	1836~1899		生員(1870)	崇陵參奉		權稷 후손			●	●
391	柳承鎬	全州	子極		安東臨東	1836~?								●	●
392	李承穆	固城	君顯	秋巖	安東法興	1837~1873				『秋巖遺稿』			●	●	●
393	吳道澂	高敞	聖一		義城梨洞	1836~?						●		●	●
394	柳廷鎬	全州	元直	修齋	安東朴谷	1837~1907				『修齋集』	柳致儉 子		●	●	●

연번	성명	본관	자	호	거주지	생몰년	입문시기	과거(연도)	관직	문집	비 고	大坪約案 (327명)	晩愚亭約案 (308명)	坪門諸賢錄 (540명)	定齋門人錄 (545명)
395	李晩忠	眞城	士能		禮安下溪	1837~?					李滉 후손			●	●
396	李章敬	永川	熙文		義城山雲	1838~?						●		●	●
397	白淳惠	大興	士眞	敬庵	寧海元邱	1844~1897								●	●
398	朴任誠 (在肇)	密陽	伯翁	進溪	淸道仙湖	1838~1900		생원 (1870)			朴時默 子		●	●	●
399	柳正鎬	全州	景中		安東大坪	1838~1874					柳致僑 子			●	●
400	柳慶鎬	全州	善必		安東臨東	1838~1906					규지명 從姪			●	●
401	權玉淵	安東	景德	素畦齋	奉化西谷	1839~1900		文科 (1892)	正言	『素畦齋集』	權橃 후손	●		●	●
402	徐孝源	達城	百順	石澗	靑松馬坪	1839~1897	卯角登門			『石澗集』		●	●	●	●
403	申相夏	鵝洲	用華		義城广阜	1839~?								●	●
404	趙生健	咸安	道貫		靑松德城	1839~?							●	●	
405	白宗運	大興	凝元		寧海元邱	1840~1891	1854					●		●	●

연번	성명	본관	자	호	거주지	생몰년	임문 시기	과거 (연도)	관직	문집	비 고	大坪約案 (327명)	晚愚亭約案 (308명)	坪門諸賢錄 (540명)	定齋門人錄 (545명)
406	徐壽錫	達城	正夫	穎水	永川 慈川	1841~1925				『穎水集』				●	●
407	趙運奎	咸安	建中		青松 德城	1841~?						●	●		
408	柳必永	全州	景達	西坡	安東 東郊	1841~1924	1852				柳穉永 弟	●	●	●	●
409	姜 鏐 (鎔)	晉州	寶卿	斗菴	奉化 法田	1842~1900					姜橒 曾孫			●	●
410	柳淵博	全州	景深		安東 臨東	1844~1925		진사 (1832)			류치명 孫			●	●
411	金鎭澤	義城	應瑞	迂山	安東 臨河	1846~1904				『迂山遺稿』	金精壽 子			●	●
412	文 鎬	南平			露谷	?~?								●	●
413	朱鑫武	礪山			軍威 校洞	?~?								●	●
414	尹斗永	坡平			繁海 池洞	1850~?								●	●
415	沈應奎	青松			眞賀 荒木	?~?								●	●
416	權正規					?~?								●	●
417	李鳳淳				清河	?~?								●	●
418	李康在	永川	復汝		青松	1834~?								●	●

248 조선후기 류치명의 시대인식과 문인집단

연번	성명	본관	자	호	거주지	생몰년	임문시기	과거(연도)	관직	문집	비고	大坪約案 (327명)	晩愚亭約案 (308명)	枋門諸賢錄 (540명)	定齋門人錄 (545명)
419	徐炳奎	利川	敏辰		永川 松山	1809~?	1842					•	•	•	•
420	林應聲	醴泉	鍾休	菊隱	安東 錦水	1806~1866								•	•
421	權周新	安東	命吉	止齋	安東 龍溪	1828~1886								•	•
422	柳致斗	全州	伯元		安東 臨東	1836~1901								•	•
423	柳淵愨	全州	剛伯		安東 水谷	1834~1891					류치명 族孫	•		•	•

참고문헌

1. 사료

『승정원일기』, 『영조실록』, 『정조실록』, 『순조실록』, 『헌종실록』,
『비변사등록』, 『승정원일기』, 『일성록』

『明世宗實錄』

郭鍾錫, 『俛宇集』
金道和, 『拓菴集』
金誠一, 『鶴峯集』
金䎱柬, 『直齋集』
金興洛, 『西山集』
南漢朝, 『損齋集』
柳健休, 『異學集辨』
柳長源, 『東巖集』
柳致明, 『定齋集』
柳致儼, 『涪島趨拜錄』; 『湖學輯成』
安景禕, 『順窩遺藁』
安鼎福, 『順菴集』
李敦禹, 『肯庵集』
李象靖, 『大山集』; 『大山先生實紀』
李源祚, 『凝窩全集』; 『凝窩集』
李瀷, 『星湖僿說』; 『星湖全集』
李玄逸, 『葛庵集』
丁若鏞, 『牧民心書』
鄭宗魯, 『立齋集』
趙述道, 『晩谷集』
許　傳, 『性齋集』

王廷相,『王廷相集』

『星山李氏世譜』,『全州柳氏大同譜』

『湖南邑誌』

「及門諸子錄」(『考終錄』內, 한국국학진흥원소장, 1冊, 1861)
『及門錄』乾·坤(한국국학진흥원소장, 2冊)
『大坪約案』(한국국학진흥원소장, 成冊0001)
『晩愚亭約案』(한국국학진흥원소장, 成冊0014)
「定齋門人錄」(『全州柳氏水谷派之文獻叢刊』 12권 內, 안동수류문헌간행회, 1989)
『坪上及門諸賢錄(表題:坪門諸賢錄)』(한국국학진흥원소장, 1冊)
『坪上及門諸賢錄(表題:坪門諸賢錄)』乾·坤(안동대학교도서관소장, 2冊)

김홍락,『국역 서산선생문집』, 한국국학진흥원, 2016.
류건휴,『이학집변』 1~3, 한국국학진흥원, 2013.
류건휴·류치엄,『溪湖學的/湖學輯成』, 한국국학진흥원, 2009.
이상정,『국역 대산집』, 한국고전번역원, 2008.
이현일,『국역 갈암집』, 민족문화추진회, 2001.
황준헌 저/조일문 역,『朝鮮策略』, 건국대학교출판부, 2001.

2. 단행본

강세구,『순암 안정복의 학문과 사상 연구』, 혜안, 1996.
김득만/장윤수,『중국 철학의 이해』, 예문서원, 2000.
권오영,『조선후기 유림의 사상과 활동』, 돌베개, 2003.
권진호,『19세기 영남학파의 종장 정재 류치명의 삶과 학문』, 한국국학진흥원,
        2008.
금장태,『退溪學派의 사상』Ⅰ·Ⅱ, 집문당, 1995.
_____,『退溪學派와 理철학의 전개』, 서울대학교출판부, 2000.
_____,『退溪學派의 사상Ⅱ』, 집문당, 2001.
都珖淳 編,『嶺南學派의 硏究』, 병암사, 1995.

안동대학교 안동문화연구소, 『안동 무실마을 - 문헌의 향기로 남다』, 예문서원,
　　　　2008.

영남퇴계학연구원, 『高山及門錄』(상), 국학미디어, 2011.

오용원, 『영남학의 맥을 잇다, 안동 정재 류치명 종가』, 예문서원, 2016.

우인수, 『朝鮮後期 嶺南 南人 硏究』, 경인문화사, 2015.

李秉休, 『朝鮮前期 士林派의 現實認識과 對應』, 일조각, 1999.

李樹健, 『嶺南學派의 形成과 展開』, 일조각, 1995.

영남퇴계학연구원, 『高山及門錄』(상), 국학미디어, 2011.

이수환, 『朝鮮後期書院硏究』, 일조각, 2001.

정재식, 『한국유교와 서구문명의 충돌』, 연세대 출판부, 2004.

정재훈, 『조선전기 유교 정치사상 연구』, 태학사, 2005

＿＿＿＿, 『조선시대의 학파와 사상』, 신구문화사, 2008.

한국국학진흥원, 『전주류씨 수곡파 자료로 본 조선후기 양반가의 생활상』, 한국
　　　　국학진흥원, 2004.

＿＿＿＿＿＿＿＿, 『한국국학진흥원소장 국학자료목록집 33. 전주류씨 정재종택』,
　　　　한국국학진흥원, 2016.

한국국학진흥원 기록유산센터(김문식 외 6인), 『만인의 청원, 만인소』, 한국국학
　　　　진흥원. 2019.

한국역사연구회 19세기정치사연구반, 『조선정치사 1800~1863』 상·하. 청년사, 1990.

3. 논문

강대민, 「性齊 許傳 門徒의 義兵運動」, 『문화전통논집』 6, 경성대 한국학연구소,
　　　　1998.

강동욱, 「性齋 許傳의 江右地域 門人 考察」, 『남명학연구』 31, 경상대 경남문화
　　　　연구원, 2011.

강세구, 「星湖死後 星湖學統의 變遷과 性格」, 『성호학보』 1, 성호학회, 2003.

＿＿＿, 「順窩 安景禕와 19세기 星湖學統의 확산」, 『성호학보』 6, 성호학회, 2009.

강윤정, 「定齋學派의 現實認識과 救國運動」, 단국대학교 박사학위논문, 2006.

권기중, 「조선후기 수령의 업무 능력과 부세 수취의 자율권 -조선후기 암행어사
　　　　서계를 중심으로-」, 『역사와 담론』 67, 호서사학회, 2013.

권오영, 「1881년의 嶺南萬人疏」, 『尹炳奭教授華甲紀念韓國近代史論叢』, 지식산

업사, 1990.

_____, 「斥邪運動에 대한 연구성과와 과제」, 『한국사론』 25, 국사편찬위원회, 1995.

_____, 「定齋學派의 형성과 衛正斥邪運動」, 『한국근현대사연구』 10, 한국근현대사학회, 1999.

_____, 「19세기 安東儒林의 學脈과 思想」, 『대동문화연구』 36, 성균관대 대동문화연구원, 2000.

_____, 「19세기 嶺南 理學의 전개와 그 실천적 성향」, 『국학연구』 9, 한국국학진흥원, 2006.

권진호, 「영남학파의 『주자가례』 수용양상 -東巖 柳長源의 『常變通攷』를 중심으로-」, 『국학연구』 16, 한국국학진흥원, 2010.

구만옥, 「好古窩 柳徽文(1773-1832)의 璿璣玉衡論 -『滄浪答問』을 중심으로-」, 『한국사상사학』 39, 한국사상사학회, 2011.

구완회, 「朝鮮後期의 收取行政과 守令의 '要譽' -17세기 중엽에서 18세기 말까지를 중심으로-」, 『복현사림』 14, 경북사학회, 1991.

_____, 「조선후기 軍役釐整의 方向과 守令」, 『조선사연구』 1, 조선사연구회, 1992.

_____, 「朝鮮後期의 守令制運營과 郡縣支配의 性格」, 경북대학교 박사학위논문, 1992.

_____, 「朝鮮後期의 賑恤行政과 郡縣支配 -守令의 역할을 중심으로-」, 『진단학보』 76, 진단학회, 1993.

금장태, 「19세기 한국성리학의 지역적 전개와 시대인식」, 『국학연구』 15, 한국국학진흥원, 2009.

김경숙, 「朝鮮時代 流配刑의 執行과 그 事例」, 『사학연구』 55·56, 한국사학회, 1998.

김경옥, 「조선시대 유배인의 현황과 문화자원의 활용 -전남지역을 중심으로-」, 『역사학연구』 40, 호남사학회, 2010.

김낙진, 「定齋 柳致明과 西山 金興洛의 本心 중시의 철학」, 『율곡사상연구』 16, 율곡학회, 2008.

_____, 「葛庵 李玄逸의 성리설과 경세론의 특색」, 『퇴계학』 20, 안동대 퇴계학연구소, 2011.

김도형, 「19세기 후반 河回 '屛儒'의 家學과 斥邪 활동」, 『퇴계학과 유교문화』 55, 경북대 퇴계연구소, 2014.

김명자, 「순조 재위기(1800~1834) 하회 풍산류씨의 현실 대응과 관계망의 변화」,

『국학연구』 29, 한국국학진흥원, 2016.

김문식, 「『嶠南賓興錄』을 통해 본 정조의 대영남정책」, 『퇴계학보』 110, 퇴계학연구원, 2001.

김미영, 「조선후기 상례의 미시적 연구 : 정재 류치명의 상례일기『考終錄』을 중심으로」, 『실천민속학연구』 12, 실천민속학회, 2008.

金祥起, 「1895-1896년 安東義兵의 思想的 淵源과 抗日鬪爭」, 『사학지』 31, 단국사학회, 1998.

김성윤, 「『홍범연의』의 정치론과 군제개혁론 -葛庵 李玄逸을 중심으로 한 조선후기 영남남인의 실학적 경세론-」, 『대구사학』 83, 대구사학회, 2006.

_____, 「『홍범연의』의 토지개혁론과 상업론 -갈암 이현일의 경제사상과 그 성격-」, 『퇴계학보』 119, 퇴계학연구원, 2006.

김선희, 「19세기 영남 남인의 서학 비판과 지식 권력: 류건휴의『이학집변』을 중심으로」, 『한국사상사학』 51, 한국사상사학회, 2015.

김우동, 《퇴계학자료총서》 제8차분 해제 :『大埜集』柳健休 著」, 『퇴계학』, 2007.

김종석, 「한말 영남 유학계의 동향과 지역별 특징」, 『국학연구』 4, 한국국학진흥원, 2004.

김지영, 「正祖代 思悼世子 追崇 典禮 논쟁의 재검토」, 『한국사연구』 163, 한국사연구회, 2013.

김지은, 「정재 류치명(1777~1861)의 현실인식과 경세관」, 『조선시대사학보』 72, 조선시대사학회, 2015.

_____, 「정재 류치명의 척사론과 그 전승」, 『역사교육논집』 60, 역사교육학회, 2016.

_____, 「19세기 定齋 柳致明의 현실인식과 경세론」, 경북대학교 박사학위논문, 2017.

_____, 「정재 류치명의 문인록과 문인집단의 분석」, 『조선시대사학보』 85, 조선시대사학회, 2018.

_____, 「서구문물 유입에 따른 정재학파와 미토학파의 사상적 대응 비교」, 『영남학』 67, 경북대 영남문화연구원, 2018.

_____, 「1855년 정재 류치명의 유배 경위와 智島 생활」, 『민족문화논총』 80, 영남대 민족문화연구소, 2022.

김학수, 「갈암 이현일의 학문과 경세론 연구 -영남학파의 결집과 경세론을 중심으로-」, 『청계사학』 19, 청계사학회, 2004.

_____, 「17세기 嶺南學派 연구」, 한국학중앙연구원 박사학위논문, 2008.

_____, 「조선중기 寒岡學派의 등장과 전개 - 門人錄을 중심으로」, 『한국학논집』 40, 계명대 한국학연구원, 2010.

_____, 「17세기 영남 유학자, 葛菴 李玄逸」, 『선비문화』 20, 남명학연구원, 2011.

김현미, 「정재 류치명의 여성형상 -정재집 소재 여성관련 저술을 중심으로-」, 『한국고전여성문학연구』 19, 한국고전여성문학회, 2009.

김희곤, 「정재 유치명 종가 3대의 독립운동」, 『한국독립운동사연구』 37, 독립기념관 한국독립운동사연구소, 2010.

南在珠, 「조선후기 예학의 지역적 전개 양상 연구 -영남지역 예학을 중심으로-」, 경성대학교 박사학위논문, 2012.

남정희, 「조선후기 문인의 明·淸 서적 수용과 독서의 경향성 試考」, 『한국문화연구』 8, 이화여대 한국문화연구원, 2005.

柳基水, 「定齋 柳致明의 「讀書瑣語」 譯注 -『論語』·『孟子』를 중심으로-」, 고려대학교 석사학위논문, 2014.

柳榮洙, 「全州柳氏 水谷派 家學의 形成과 展開」, 경북대학교 석사학위논문, 2008.

_____, 「定齋 柳致明 研究(1)」, 『동방한문학』 44, 동방한문학회, 2010.

_____, 「定齋 柳致明 經學 研究」, 경북대학교 박사학위논문, 2011.

박수밀, 「조선의 중국 서적 유입 양상과 그 의미 -序班과 琉璃廠의 존재를 중심으로-」, 『동아시아문화연구』 50, 한양대 동아시아문화연구소, 2011.

박원재, 「석주 이상룡의 현실인식과 유교적 실천론 -정재학파의 유교개혁론(1)-」, 『오늘의 동양사상』 11, 예문동양사상연구원, 2004.

_____, 「동산 유인식의 계몽운동과 유교개혁론 -정재 학파의 유교개혁론 연구 (2)-」, 『동양철학』 26, 한국동양철학회, 2006.

_____, 「후기 정재학파의 유교개혁론 연구 -海窓 宋基植의 『유교유신론』을 중심으로-」, 『국학연구』 10, 한국국학진흥원, 2007.

_____, 「후기 정재학파의 사상적 전회의 맥락 -이상룡과 유인식의 경우를 중심으로-」, 『대동문화연구』 58, 성균관대 대동문화연구원, 2007.

배재홍, 「凝窩 李源祚의 官歷과 三政 釐正방안」, 『퇴계학과 유교문화』 39, 경북대 퇴계학연구소, 2006.

徐錫弘, 「拓菴 金道和 研究」, 『안동한문학논집』 4, 안동한문학회, 1994.

서종태, 「順菴 安鼎福의 <天學設問>과 <天學考>·<天學問答>에 관한 연구」, 『교회사연구』 41, 한국교회사연구소, 2013.

설석규, 「정재학파定齋學派 위정척사론의 대두와 성격」, 『국학연구』 4, 한국국학진흥원, 2004.

_____, 「東巖 柳長源의 학문과 현실대응 자세」, 『조선사연구』 15, 조선사연구회, 2006.

_____, 「退溪學派의 分化와 屛虎是非(Ⅱ) -廬江(虎溪)書院 置廢 顚末 -」, 『퇴계학과 유교문화』 45, 경북대 퇴계연구소, 2009.

손계영, 「조선후기 영남 문집 목판본 간행의 확산 양상에 관한 연구 - 한국국학진흥원 소장 책판을 중심으로」, 『한국도서관정보학회지』 44-3, 한국도서관정보학회, 2013.

申虎澈, 「朝鮮後期 火田의 擴大에 대하여」, 『역사학보』 91, 역사학회, 1980.

安秉杰, 「星湖 李瀷의 퇴계와 영남에 대한 관심 -權相一과의 편지를 중심으로-」, 『한국실학연구』 18, 한국실학학회, 2009.

안영상, 「《퇴계학자료총서》 제8차분 해제 : 『損齋集』 南漢朝 著」, 『퇴계학』, 2007.

원재린, 「順菴 安鼎福(1712-1791)의 下學觀과 ‘東事’이해」, 『한국실학연구』 6, 한국실학학회, 2003.

우인수, 「立齋 鄭宗魯의 嶺南南人 學界內의 位相과 그의 現實對應」, 『동방한문학』 25, 동방한문학회, 2003.

_____, 「사미헌 장복추의 문인록과 문인집단 분석」, 『어문논총』 47, 한국문학언어학회, 2007.

_____, 「溪堂 柳疇睦과 閩山 柳道洙의 학통과 그 역사적 위상」, 『퇴계학과 유교문화』 44, 경북대 퇴계연구소, 2009.

_____, 「조선후기 도산서원 원장의 구성과 그 특징」, 『퇴계학과 유교문화』 53, 경북대 퇴계연구소, 2013.

劉明種, 「退溪의 分開說과 剔抉說 -定齋 柳致明의 理解를 中心으로-」, 『퇴계학보』 87, 퇴계학연구원, 1995.

윤동원, 「정재 류치명의 생애와 『坪上及門諸賢錄』에 관한 연구」, 『도서관』 62, 국립중앙도서관, 2007.

李圭成, 「王廷相에 있어서의 自然과 政治」, 『인문연구』 6, 영남대 인문과학연구소, 1984.

이상호, 「류건휴의 『溪湖學的』과 『異學集辨』에 나타난 후기 영남학파의 ‘도통’과 ‘벽이단’ 의식」, 『동양철학』 32, 한국동양철학회, 2009.

_____, 「정재학파 성리학의 지역적 전개양상과 사상적 특성」, 『국학연구』 15, 한국국학진흥원, 2009.

_____, 「寒洲學派 心卽理說에 대한 定齋學派 심성론의 비판적 특징」, 『유교사상문화연구』 43, 한국유교학회, 2011.

이 욱, 「18세기 영·호남 性理學者의 經世論 -李象靖과 魏伯珪의 教育 및 科學制 改革案을 중심으로-」, 『국학연구』 9, 한국국학진흥원, 2006.

임노직, 「척암 김도화의 현실인식 - 그의 小疏·사詞를 중심으로」, 『국학연구』 4, 한국국학진흥원, 2004.

정성한, 「대구·경북지역 초기 가톨릭 전래사 연구 -교유촌의 형성과 박해를 중심으로-」, 『신학과 목회』 32, 영남신학대학교, 2009.

정순우, 「성호학맥과 영남 유림」, 『성호학보』 14, 성호학회, 2013.

丁垣在, 「王廷相 철학에서 도덕규범 실천의 근거」, 『대동문화연구』 51, 2005.

정욱재, 「性齋 許傳의 경세론 -「三政策」을 중심으로-」, 『한국인물사연구』 19, 한국인물사연구회, 2013.

정 일, 「류치명의 지도 유배생활에 대한 고찰」, 『2013년 제4회 전국해양문화학자대회 자료집 1』, 목포대 도서문화연구원·(사)여수지역사회연구소·국립해양문화재연구소·(사)장보고기념사업회, 2013.

정진영, 「19세기 후반 嶺南儒林의 정치적 동향 -萬人疏를 중심으로-」, 『지역과 역사』 4, 부경역사연구소, 1997.

정해득, 「사도세자 현창의 전개과정」, 『역사문화논총』 8, 역사문화연구소, 2014.

_____, 「조선시대 墓制 연구」, 『조선시대사학보』 69, 조선시대사학회, 2014.

정호훈, 「17세기 후반 영남 남인학자의 사상 -이현일을 중심으로-」, 『역사와 현실』 13, 역사비평, 1994.

鄭亨芝, 「朝鮮後期 賑恤政策 研究 -18世紀를 중심으로-」, 이화여자대학교 박사학위논문, 1993.

劉篤才, 「中國古代民間規約引論」, 『法學研究』 2006-1, 2006.

岳天雷, 「王廷相民生思想述論」, 『學習論壇』 25-10, 2009.

李秋芳, 「林希元救荒思想述論」, 『農業考古』 2008-6, 2008.

찾아보기

김지은金知恩

대구 출신으로 경북대학교 인문대학 사학과를 졸업하고, 경북대학교 대학원 사회교육학과(역사교육전공)에서 박사학위를 받았다. 현재 한국국학진흥원 책임연구위원으로 재직하고 있다. 조선후기부터 근대전환기에 이르기까지 영남 남인을 중심으로 한 사상계의 흐름과 변화 양상에 관심을 가지고 연구를 진행해 왔다. 『대나무 벗 삼아 다진 절개, 성주 죽헌 최항경 종가』, 『천사 김종덕의 학문과 사상 재조명』(공저), 『한강 정구와 회연서원 문화』(공저) 등의 저서와 「남명 조식의 일본인식과 그 전승」, 「근대전환기 석주 이상룡의 사상적 변화와 유교개혁론의 연원」 등의 논문이 있다.

조선후기 류치명의 시대인식과 문인집단

초판 1쇄 인쇄 2022년 9월 20일
초판 1쇄 발행 2022년 9월 27일

지 은 이   김지은
발 행 인   한정희
발 행 처   경인문화사
편   집   김지선 유지혜 한주연 이다빈 김윤진
마 케 팅   전병관 유인순 하재일
출 판 번 호   406-1973-000003호
주   소   파주시 회동길 445-1 경인빌딩 B동 4층
전   화   031-955-9300 팩   스 031-955-9310
홈 페 이 지   www.kyunginp.co.kr
이 메 일   kyungin@kyunginp.co.kr

ISBN 978-89-499-6662-5 93910
값 21,000원